現代商品論

〔第2版〕

見目洋子
Yoko Kenmoku ◆ 編著
神原　理
Satoshi Kanbara

大原悟務
Satomu Ohara
朴　宰佑 ◆ 著
Baku Zeu
大平修司
Shuji Ohira

東京　**白桃書房**　神田

■はしがき

　本書は，現代の市場活動の変化に着目し，そこにおける市場活動や商品の課題，また消費の問題や社会的課題を認識して，今日的視点から新たな商品研究のあり方を論じることに焦点を当てたテキストである。

　また，本書はこれまでの商品に関するテキストや研究書の構成や議論の範囲とはいささか異なっているだろう。それは，我々の共通理解として，今日の市場競争のなかで商品の新たな課題を踏まえ，新しい商品に関する学習や研究のあり方について，その指針となる論点を提示することに努めたためである（なお，本書で表記する「商品」は，多くの場合，有形財としてのモノと無形財としてのサービスを含めて表記している）。

　例えば，現代の商品性を理解し，商品市場における競争の変化を捉えること。また，商品ならびに商品化政策の不整合性を市場の課題として認識し，できるだけ具体的に提示すること。さらに，これらの課題を社会的課題と捉え，それに接近する社会的企業の活動まで議論の範囲を広げていることである。こうした現代の商品や商品市場の学習，さらに市場活動の新たな認識を踏まえて，現代的な商品の価値を考察し，新たな商品研究への期待や問題も述べることとした。

　市場の活動が大きく変化してきている。新たな商品の登場は確実に生活を快適にしてきているが，一方で改めて商品としての課題も内在している。さらに，これまでの市場活動を各経済主体が従来の機能や活動で支えることにも，次第に困難な状況も見え始めた。また，従来の企業活動とは異なる新たな社会性を重視する企業活動やコミュニティー活動も顕在化してきている。そうした市場活動の変化の方向を捉え，改めて商品の質や提供のあり方を考察し，商品研究の新たな可能性を分析することを，本書の目的とした次第である。

　最後になったが，本書の企画に賛同し参加して頂いた方々は，編者を除き，全員が若い執筆者である。商品研究や市場活動に関する新たな論点をどのように提示するか，この展開についても編者として注目している。参加して頂いた執筆者の方々に，編者として御礼を申し上げたい。

　本書により，新たな商品研究に関心を抱く学生や企業人，関係者に何らかのヒントとなれば幸いである。

2006年9月

編著者を代表して　見 目 洋 子

■『現代商品論』目次

はしがき

序章　現代の商品市場と商品研究

- 1　はじめに……………………………………………………………… 2
- 2　商品化現象と研究領域……………………………………………… 2
  - 2-1　市場の最小単位としての商品………………………………… 2
  - 2-2　商品化現象を分析する研究スタンス ………………………… 3
  - 2-3　商品研究領域の拡大 …………………………………………… 4
  - 2-4　市場と社会的規制・法制度の関係…………………………… 5
- 3　学習のポイント・キーワード……………………………………… 6
- 4　練習問題……………………………………………………………… 6

第1章　商品の概念

- 1　はじめに……………………………………………………………… 8
- 2　商品の概念…………………………………………………………… 8
  - 2-1　商品とは何か？………………………………………………… 8
  - 2-2　商品の構造―触知可能性と不可能性―……………………… 8
  - 2-3　商品コンセプト………………………………………………… 12
- 3　商品成立の基本的要件……………………………………………… 13
- 4　商品の範囲…………………………………………………………… 14
  - 4-1　商品の範囲……………………………………………………… 14
  - 4-2　製品・商品・財の概念………………………………………… 15
- 5　学習のポイント・キーワード……………………………………… 16
- 6　練習問題……………………………………………………………… 17

第2章　商品の品質と価格

- 1　はじめに……………………………………………………………… 20
- 2　商品の評価－質の評価と価格の評価－…………………………… 20
  - 2-1　商品の品質構造の理解－商品の品質3要素－……… 20
  - 2-2　商品の価格の理解－商品のコスト的評価要素－… 22

		2-3	市場における商品評価	27
	3	学習のポイント・キーワード		29
	4	練習問題		29

第3章　商品研究の史的変遷

1	はじめに	32
2	商品研究の史的変遷	32
	2-1　商品研究（商品学）のルーツ	32
	2-2　経済社会の発展と商品研究	33
	2-3　大衆消費社会と商品研究	34
	2-4　サービス経済の進展と商品研究	36
	2-5　経済社会の変化と商品研究	37
3	学習のポイント・キーワード	38
4	練習問題	38

第4章　標準化と商品の価値

1	はじめに	42
2	標準の存在意義	42
	2-1　標準の基本的機能	42
	2-2　標準化の目的	43
	2-3　標準化の対象と適用範囲	44
3	標準化のプロセス	45
	3-1　標準の決定主体	45
	3-2　公的標準：デジュリ・スタンダード	46
	3-3　事実上の標準：デファクト・スタンダード	47
	3-4　自主合意標準：フォーラム型スタンダード	48
4	標準化による商品ネットワークの形成	48
	4-1　ネットワーク外部性	48
	4-2　クリティカル・マス	49
	4-3　標準化をめぐる協力と競争	49
5	製品アーキテクチャと標準化	50
	5-1　製品アーキテクチャ	50
	5-2　モジュラー・アーキテクチャと標準	51

		5-3 モジュラー・アーキテクチャと商品価値 ………… 52
	6	学習のポイント・キーワード ……………………………………… 53
	7	練習問題 ………………………………………………………………… 54

第5章　市場の課題と商品開発

	1	はじめに ………………………………………………………………… 56
		1-1　基本的事項；今日の商品開発をどのように理解するのか…… 57
	2	市場の課題と消費の問題，商品問題の理解 ………………………… 58
		2-1　市場の変化における企業の新たな課題 …………… 58
		2-2　消費の問題の変化 ……………………………………… 61
	3	商品開発の課題，そして再考される内容 …………………………… 62
		3-1　商品の3つの価値と商品開発の方向……………… 62
		3-2　消費の場面から見た再考対象 ………………………… 64
		3-3　ケース：商品開発事例からの再考 …………………… 65
	4	学習のポイント・キーワード ……………………………………… 71
	5	練習問題 ………………………………………………………………… 72

第6章　商品デザインとパッケージ

	1	はじめに ………………………………………………………………… 74
	2	商品のデザイン ………………………………………………………… 74
		2-1　商品のデザイン性 ……………………………………… 74
		2-2　ユニバーサルデザインと商品 ………………………… 76
		2-3　ラッピングとしてのパッケージデザインの魅力 ‥ 78
	3	商品のパッケージ ……………………………………………………… 80
		3-1　商品のパッケージ ……………………………………… 80
	4	学習のポイント・キーワード ……………………………………… 83
	5	練習問題 ………………………………………………………………… 83

第7章　サービス経済における商品

	1	はじめに ………………………………………………………………… 86
	2	経済のサービス化 ……………………………………………………… 86
	3	サービスの概念 ………………………………………………………… 90

		3-1	サービスの概念	90

3-1　サービスの概念 …………………………………… 90
3-2　サービスの特性 …………………………………… 90
4　サービス・クオリティ・マネジメント …………………… 93
4-1　時間・空間・人的要素のマネジメント ………… 93
4-2　サービス・デリバリー・システムの管理 ……… 94
5　学習のポイント・キーワード ……………………………… 96
6　練習問題 …………………………………………………… 97

第8章　商品と市場の安全性

1　はじめに …………………………………………………… 100
　　1-1　商品の安全性確保の考え方の経緯 …………… 100
2　商品の安全性 ……………………………………………… 101
　　2-1　安全性の意義 …………………………………… 101
　　2-2　安全性の条件 …………………………………… 102
　　2-3　商品の安全性と規格・表示 …………………… 103
3　商品の安全性と消費者保護─製造物責任法（PL法）…… 103
　　3-1　PL法とは ………………………………………… 103
　　3-2　PL法のポイント ………………………………… 104
4　市場における安全性 ……………………………………… 106
　　4-1　市場環境の変化と安全性確保の課題 ………… 106
　　4-2　安全性確保の活動や意識変化─食市場の場合─ … 107
5　学習のポイント・キーワード ……………………………… 111
6　練習問題 …………………………………………………… 112

第9章　ライフスタイルと消費行動

1　はじめに …………………………………………………… 116
2　ライフスタイルとマーケティング ……………………… 116
　　2-1　ライフスタイル概念の由来とマーケティングへの応用 … 116
　　2-2　市場細分化の基準としてのライフスタイル …… 117
3　ライフスタイル分析の方法 ……………………………… 118
　　3-1　AIOアプローチ ………………………………… 118
　　3-2　VALSアプローチ ……………………………… 120
　　3-3　ライフスタイル・アプローチの成果と課題 …… 124

4	本章のポイント・キーワード	126
5	練習問題	126

第10章　ブランドの価値と役割

1	はじめに	130
2	ブランドの起源と定義	130
	2-1　ブランドの起源	130
	2-2　ブランドの定義	131
3	ブランドの価値	131
	3-1　ブランド価値の無形性	131
	3-2　ブランド・エクイティの形成	132
4	ブランド要素	135
	4-1　ブランド要素の種類	135
	4-2　ブランド要素の選定基準	137
5	ブランドの役割	138
	5-1　識別・差別化	138
	5-2　品質保証	140
	5-3　象徴的価値の提供	141
6	ブランドが企業にもたらす効果	141
7	本章のポイント・キーワード	144
8	練習問題	145

第11章　商品と環境，そして環境コミュニケーション

1	はじめに	148
	1-1　基本的事項；環境問題をどのように理解するのか	149
2	企業の環境主義活動と商品の環境品質	150
	2-1　企業の環境主義活動	150
	2-2　商品の環境品質	155
3	市民社会における環境コミュニケーション	160
	3-1　環境コミュニケーションの多様な展開	160
	3-2　環境情報から環境コミュニケーション活動へ	162
4	学習のポイント・キーワード	163
5	練習問題	164

第12章 少子高齢社会における商品，市場創造

1　はじめに ·· 166
　　1-1　基本的事項；少子高齢社会の理解 ······················· 166
2　市場変革を促す新しい概念と領域 ······································ 170
　　2-1　「生活福祉」という概念 ·· 170
　　2-2　市場活動の理解 ·· 172
3　市場活動の実情と市場創造 ··· 174
　　3-1　市場活動の実情 ·· 174
　　3-2　新たな市場創造への課題 ······································ 176
4　学習のポイント・キーワード ··· 181
5　練習問題 ·· 181

第13章 商品と社会

1　はじめに ·· 184
2　商品と社会のかかわり ··· 184
　　2-1　社会的企業とは ·· 184
　　2-2　企業の社会へのかかわり ······································ 185
　　2-3　NPOの社会へのかかわり ······································ 190
　　2-4　企業とNPOの協働 ··· 192
　　2-5　ケース・スタディ ·· 193
　　2-6　まとめ：ソーシャル・イノベーションの創出にむけて ······· 199
3　学習のポイント・キーワード ··· 200
4　練習問題 ·· 200

索引 ··· 203
編著者紹介／執筆者紹介 ··· 206

序章

現代の商品市場と商品研究

現代の商品市場の変化は大きい。そこで展開する多様な商品化現象に関心を寄せ，商品市場の課題を探ることが大切である。本章では，商品研究のあり方と研究領域を確認し，今日の商品社会を考える。

1 ■ はじめに

　今日，経済のサービス化やグローバル化，IT革新，イノベーション等によって企業環境は激変し，市場活動は大きく変革してきている。そして商品をめぐる市場競争が変化し，新たな商品化現象も発現しているなか，現代の商品市場に相応しい商品研究のあり方が求められる。そのためには，商品を単に「モノ」としてあるいは「サービス」として捉える個別研究だけでなく，社会の大きな変化を受けて，今日の商品化現象に潜む新たな消費や商品の課題の抽出や，課題解決に向けて商品がどのように改善，改良されているのか等，市場における商品化現象を通して商品の新たな役割や機能を考察することも重要である。
　つまり，商品に関する解明すべき課題が絶えず発生しているが，その課題は市場の変化と連動し，商品自体が変化するなかで対象や内容も変化しているのだ。変化に適応した商品研究のあり方が必要となり，市場活動や社会の変化との関わりのなかで商品を研究する問題意識と方法が必要となっている。
　本章では，市場活動の変化のなかで商品研究のあり方を考察し，今日の商品社会を探る視点や方法を考えよう。

2 ■ 商品化現象と研究領域

2-1 市場の最小単位としての商品

　今日の経済システムは，我々の生活がより豊かに，より高度になることを実現するために，財やサービスの生産・分配・支出という過程を通じて構築されてきた。経済活動の担い手を経済主体というがこれには家計・企業・政府があり，それぞれの経済的活動を分担することによって国民経済が成立している。また家計・企業・政府は主として市場を媒介として密接に関連し，市場活動を活発化させる原動力を発揮している。市場活動は，次の2つの活動領域に分けて考察される。
（1）動脈系活動領域・・・「生産・流通・消費の市場活動」生産財や消費財の
　　　　　　　　　　　生産，流通取引・物流，金融，マーケティング，購買・消費活動等
（2）静脈系活動領域・・・「廃棄の市場活動」産業廃棄物やゴミの環境活動，
　　　　　　　　　　　再生・再使用・リサイクル，廃棄等の環境配慮型の市場活動
　2つの活動領域が現代市場の研究対象となっていることを理解し，多くの関心が置かれた動脈系活動領域だけでなく，さらに，持続可能な経済活動を維持するために，環境経済の立場から静脈系活動領域の研究が重要であることを，我々は

注目しなければならない。

　さて，こうした市場活動を研究対象とする学問領域のなかで，これまで商品学は，専ら商品を分析単位として研究を進めてきている。今日，ますます複雑化する市場活動において，商品とは，経済の動きを把握する社会科学における最小の分析単位であることを改めて認識し，新たな商品研究の意義と目的を理解し，消費社会のニーズを反映する市場の分析に向けた研究がいっそう重要となる。

2-2 商品化現象を分析する研究スタンス

　市場活動においては，多くの商品化現象が観察できるが，政府による商品化政策や諸制度の変更，また技術革新の進展等により，そこでは様々な変革や転換，また消費生活スタイルの登場，さらに新たな商品問題や課題も発生している。例えば，商品の多様化，商品のブランド化，商品デザインの変化・進化，パッケージの改良・改善や変化，革新的な商品の登場，先端的な商品システム化技術，また商品の新たな分類，商品の新たな標準化競争，商品の安全システムの導入，新たな社会的規制や法制度にともなう商品化，さらに商品をめぐる購買・消費現象の変化，流行，多様な商品価値の認知と生活スタイル等，多様な商品化現象や商品競争，そして消費行動等が観察できる。

　こうした商品化現象等を想定し，どんな立場や視点から商品の学習や研究を行うことが必要なのか，そのための基本的立場をここで確認しよう。

　本書の第1章以降で商品の概念や品質について議論されているが，現代商品は，正しく「モノ＋サービス＋情報」からなる価値の束である。モノとしての物的な機能や性能の側面からだけでは，今日の消費者は十分な満足を得ることはできないだろう。

　サービスや情報性が，現代商品を構成するために極めて重要と認識され，複合的な商品価値がその商品の魅力であり評価の対象となっている。そして，こうした現代的な商品価値を実現するために，先に提示した多くの商品化現象が競争的に，また政策的に展開しているといえる。また，先にも指摘したが，市場における経済活動の担い手は，家計（消費者），企業（生産者・流通業者），そして政府（国・自治体・公共機関等）である。したがって，市場活動を通して，分析の最小単位である商品を対象として商品の学習や研究を行う場合は，これら各経済主体の立場からそれぞれの問題意識と研究の目的に応じて商品研究を行うことが，基本となる。それぞれの立場による，学習や研究テーマの一例を示しておこう。

（1）家計（消費者）のスタンス

　一例：現代生活における先端的商品の光（意義）と影（問題・課題），消費問

題としての商品の安全性，モバイル商品の社会的エチケット，セレモニー化する消費文化，生活技術を補う先端的商品やサービス，等。
(2) 企業（生産者・流通業者）のスタンス
　一例：環境対応型の開発技術，付加価値創造を実現する商品開発，ヒット商品のマーケティング，商品のブランド戦略，新たな流通チャネルと商品広告の効果，等。
(3) 政府（国・自治体・公共機関等）のスタンス
　一例：新たな社会的規制・法制度の導入とその市場効果の研究（家電リサイクル法の導入による市場活動の変革等），各種の商品化政策・施策の研究（市場における商品の安全性管理体制，高齢社会におけるユニバーサルデザインの振興策等），等。

　市場では，多くの商品化現象が存在している。多様な学習や研究のテーマがある。大切なことは，学習者が現在の市場活動を観察し，①どのような商品化現象に興味を抱くのか，②その観察からどのような疑問を発見し，自分が何を問題意識として認識したのか，③自身のその問題意識にもとづき学習や研究課題を作成して，中心とする考察のための論点を具体的に提示することである。以上が基本的な学習者としての手続きである。そのために，学習者のスタンスを，上記の(1)～(3)のどこに置くのか認識することが大切である。

　それぞれのスタンスに立ち，実際に市場で展開している商品化現象における歪みや不整合性から商品や消費の課題を探り，また，新しい商品価値の発見等，現代の商品社会について考えることが大切となる。

2-3 商品研究領域の拡大

　これまで，商品学は多くの研究成果を収めてきている。第3章では，商品学の歴史的研究について述べられているが，一般に，商品研究へのアプローチとして商品の自然科学的側面に関して，自然科学的手法にもとづく研究，また，商品の社会科学的側面に関して，各々研究がなされてきた。

　前者は，主として商品の機能・性能の発揮が，商品のもつ物理的特性とどう関係しているかに関心が置かれ，商品の機能・性能の優劣で商品の質を評価する研究が多くされてきた。商品の品位分析の研究やモノとしての質の解明の議論である。さらに，こうした商品の物性の理解から商品表示や商品の安全性の研究へと展開してきた。

　一方，後者は，商品の品質に関する理論研究であり，ひとつは，品質構造の解明に関する研究，二つは，品質構造の変化メカニズムに関する研究（「転化品質」

や「乖離品質」,「独占品質」等に関するもの研究)がなされた。

　また,後者の商品の品質構造とその変化メカニズムに関する研究について,片岡(2005)は,商品研究における品質に関する問題として,従来の商品学における品質の定義に関わる問題を,「品質が,『市場における顧客の評価対象』なのか,『市場を通じて評価される結果』なのか,あるいは『使用価値の現象形態』なのか,少なくともこれらのすり合わせがなされなかったのではないか」と指摘している。

　さて,先に述べたように,市場活動が大きく変化しているなかで,商品研究の対象は格段に変化している。モノ型商品から,サービス・情報型商品まで,多くの商品が市場に登場し,それらが多様な商品化現象を繰り広げているのだ。さらに,2-1で示したように動脈系活動領域から静脈系活動領域まで,経済活動の対象も拡大し深化してきている。それら多くの研究対象からなる領域において,個々の事象に焦点を当ててひとつの学習や研究のテーマを絞り出して研究を進めることになろう。

　また,現在の多くの商品化現象を観察すると,第2章で述べるように商品の市場における評価(収益が高い,消費者が喜ぶ等)をそのまま社会が期待する商品であると断定できるのかという疑問も生まれる。それは,商品としては現代的な魅力を備えているものの,社会全体のなかではどこかに不整合性を残し課題を抱える商品の存在(商品の光と影)が,今日,多く観察されるからである。

　そして,片岡(2005)の指摘である,顧客の評価(市場の評価;生産者と消費者の両者)や市場を通じた評価の結果(この表現が社会的評価の域まで含まれているか否か)についても,多様な議論があると考えられる。

2-4 市場と社会的規制・法制度の関係

　さて,商品を研究する際には,商品化現象を注視し関心を傾けることが一般である。しかし,市場活動を学習することを踏まえれば,政府が,今日の商品社会における市場環境を整備し,より円滑な経済活動が進行するための管理・監視・指導・支援・調整等の機能を果たしていることに気が付くだろう。商品社会とは,決して企業経営による自由競争の成果だけで成立しているものではない。そこでは,社会的規制や法制度が市場における商品の環境要因として大きな影響を及ぼしている。およそ,市場で取引される商品は,何らかの法律や条例,規制や規則などの制約を受けている。そして,個別の法律などの規制を受け,その規制の下で市場競争が展開し,商品の価値や意味が社会のなかで認知され,評価され,次第に社会における商品観が定着していく商品も多い。

　したがって,社会的規制や法制度は,企業の商品競争の実情を変化させたり,

緩和したり，改めて規定する等，商品の競争的課題を変化させていく。つまり，商品に関する規制や法制度が，当該商品の生産，流通・販売，そして消費や廃棄の側面に影響を及ぼし，商品化現象を変容させて，今日の商品社会のありようを創造していくと考えられる。

市場環境のなかでどのような法的規制や制度が当該商品に影響を及ぼしているのか，管理しているのか，また緩和し変化させたのか等，市場環境を規定する環境要因である社会的規制や法制度についての理解も必要となる。例えば，改定された消費者基本法を始め，製造物責任法，家庭用品質表示法，その他の公正取引の維持に関する多くの規制や法制度は，市場における商品の競争状態に大きく作用している。

3 ▪ 学習のポイント・キーワード

・2つの市場の活動領域（「動脈系活動領域」と「静脈系活動領域」）の違いや特徴を整理して学習すること。
・市場活動のなかで商品化現象に関心を寄せて，フィールドワークをしよう。新しい商品化現象を発見すること。
・商品研究の3つの基本的スタンスを理解すること。

4 ▪ 練習問題

1．自分が観察した「商品化現象」を抽出し，その現象に，商品の課題や問題がないかどうか考えてみよう。
2．現代生活を快適に，便利にする「商品の光と影」を具体的な商品を挙げて考えてみよう。

〔参考文献〕
石崎悦史（1998），『商品学と商品戦略』白桃書房。
片岡寛・見目洋子・山本恭裕編（2005），『21世紀の商品市場－市場性と社会性の調和－』白桃書房。
吉田富義（1988），『現代商品論』同友館。

第1章

商品の概念

私たちが日常的に手に取り購入している「商品」とは，どのよう存在なのだろうか。この章では，商品研究を行う上で重要な商品の概念について考えていく。そして，商品がどのような要素でできており，どのような取引がなされているのか考察していく。

1 ■ はじめに

　私たちは，店頭に並ぶ様々な商品を自由に選び，購入・使用することで様々な満足を得ている。しかし，そうした満足をもたらしてくれる「商品」とは何か？という問いについて明確に答えることは難しい。この章では，商品研究を行う上で最初に考えるべき基礎的かつ重要なテーマである「商品の定義と概念」，「商品の構造」，「商品コンセプト」などについて考えていく。

2 ■ 商品の概念

2-1 商品とは何か？

　「商品」は，それを扱う人々の立場によって様々な捉え方（認識）がされている。一般的に，消費者にとっての商品は対価を支払って購入する欲求充足のための手段であるが，商品を販売する小売業者にとっては仕入れコストに見合う価格で販売し，収益を獲得すべきものとして認識されている。他方，商品を設計・製造するエンジニアにとっての商品は一組の技術仕様としてみなされることが多く，企業の経営者にとっては組織の存続と発展を担う収益源であり，経済活動をとおして社会に貢献するための手段として捉えられている。

　このように様々な理解があるなかで，本質的な部分を挙げるならば，商品とは「市場における交換対象（売買の対象，金銭との交換対象）」であり，「生産・販売する者には収益（利益）をもたらし，購入・使用する者には便益（有用性）や効用（満足）をもたらすもの」といえる。特に商品を購入・使用する消費者にとっての商品は，「消費者の必要や欲求に満足を与えるもの」であることから，「便益の束（Bundle of benefit）」とも定義されている。つまり，商品には中核となる便益があり，それを提供する要素として商品の様々な機能が存在するという捉え方である。

2-2 商品の構造—触知可能性と不可能性—

　商品は，色・柄，デザイン，包装・パッケージ，価格，商標（ブランド），サービスといった様々な属性の複合体として存在している。これらの諸属性は，商品の形状や肌触りといった「触知可能性（tangibility, 有形性）」の高いものから，ブランドやサービスといった「触知不可能性（intangibility, 無形性）」の高いものまである。触知可能性の高い物理的特性は，商品の機能や効果を発揮するには

不可欠な要素である。物理的特性は消費者の知覚に直結しやすいため，消費者の動機づけや，他社商品との識別手段として重要な役割を果たしている。車のデザインは，商品の機能や特性の理解を促すと同時に，自らの購買行動の適切さを確認・保証できることや，他者への表示機能（センスやステイタスの表示）ももつことで，消費者に満足や安心を与えている。

商品は，触知可能性と不可能性のウエイトの違いによって，一般的に「商品（モノ）」と「サービス」に区別されている（図1-1）。ここでいうサービスとは，「取引対象となっている企業の行為」をいう。家電品や自動車，衣料品などのように，物体が中心で接客や配送といったサービスが付随的（モノを販売するための二次的・支援的）な関係にあるものは一般に「商品（モノ）」とよばれている。これに対して，飲食店やレジャー施設，医療機関のように，調理や接客，治療といったサービスが核となっており，店舗の内外装や遊戯施設，医療機器といったモノが付随的（サービスを提供するための手段）になっているものを「サービス」という。したがって，モノが含まれていてもサービスの部分が取引において本質的（決定的）な要素となっているものは，サービス（サービス業）として区分される。

また，サービス業のなかでも，プロスポーツ選手やミュージシャン，タレントなどは，彼らのもつ「高度で専門的な，あるいは魅力あるパフォーマンス（performance；演技や演奏，プレー，容姿や立居振舞い）」が商品（売りもの）であり，それを金銭評価することで取引（チケットや映像の売買）が成立しているの

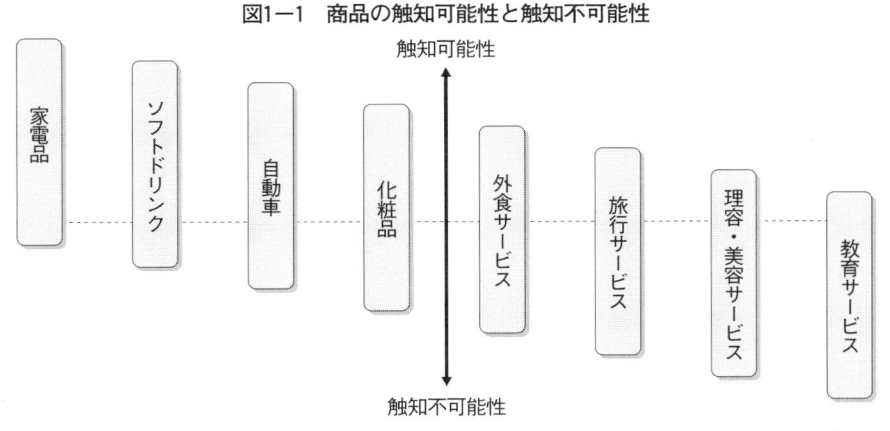

図1-1　商品の触知可能性と触知不可能性

触知可能性　↑
家電品　ソフトドリンク　自動車　化粧品　外食サービス　旅行サービス　理容・美容サービス　教育サービス
↓　触知不可能性

Rathmell, J. M.(1966), 'What is meant by Service?,' Journal of Marketing, Vol.30, No.3, 32-36. 及びShostack, G.L.(1977), 'Breaking Free from Product Marketing,' Journal of Marketing, vol.41, 73-80参照。

図1-2 商品の構造

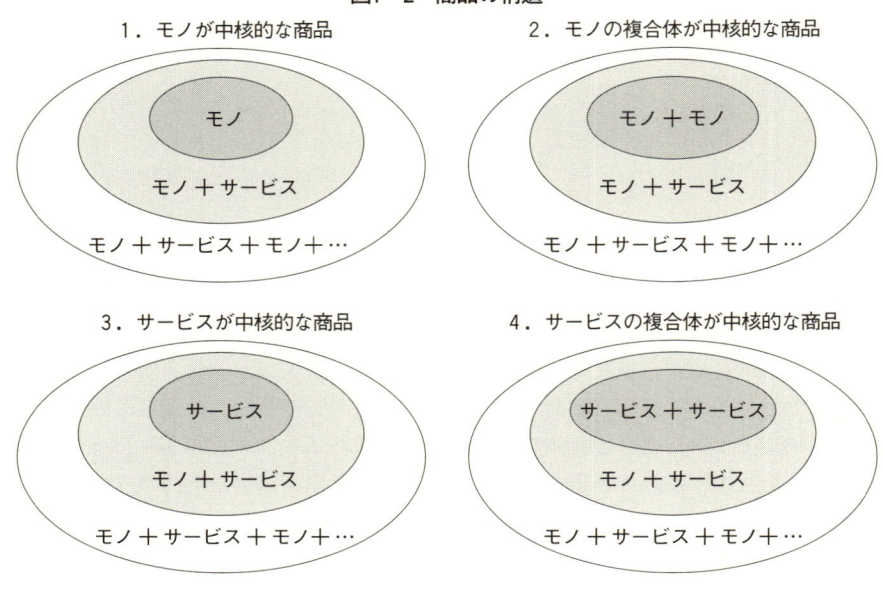

1. モノが中核的な商品
   - モノ
   - モノ＋サービス
   - モノ＋サービス＋モノ＋…

2. モノの複合体が中核的な商品
   - モノ＋モノ
   - モノ＋サービス
   - モノ＋サービス＋モノ＋…

3. サービスが中核的な商品
   - サービス
   - モノ＋サービス
   - モノ＋サービス＋モノ＋…

4. サービスの複合体が中核的な商品
   - サービス＋サービス
   - モノ＋サービス
   - モノ＋サービス＋モノ＋…

である。

　商品とは店頭で目にするモノ（物体）だけではなく，「モノ（物）とサービス（行為）の複合体」なのである。しかし，その複合体を構成する様々な要素（モノやサービス）は，どれもが均等な役割を果たしているわけではない。それらは商品の中核的な便益によって，①商品の形態を成す機能やブランドといった中核的要素，②包装やパッケージ，接客サービスといった付随的要素，③アフターサービスや保証といった周辺的要素の3つのレベルに分けられる。これを図示すると図1-2のようになる。また，具体的な商品でその構造を示したのが図1-3である。

　Ⅰのタイプは，家電品や自動車のように単体（単品）のモノが中核的で，接客やアフターサービスなどが付随的な役割を果たしている商品をさす。Ⅱのタイプは，パソコンのように，プリンタやデジタルカメラなどの周辺機器との組み合わせが中核的な存在で，接客やアフターサービスなどが付随的な役割を果たしている商品をさす。Ⅲのタイプは，外食サービスや理容・美容サービスのように，調理や整髪といったサービスが中核的な存在で，そのサービスを提供するための接客やメニュー，店舗の雰囲気（内外装やBGM）などが付随的な役割を果たしてい

図1-3 タイプ別にみた商品の構造

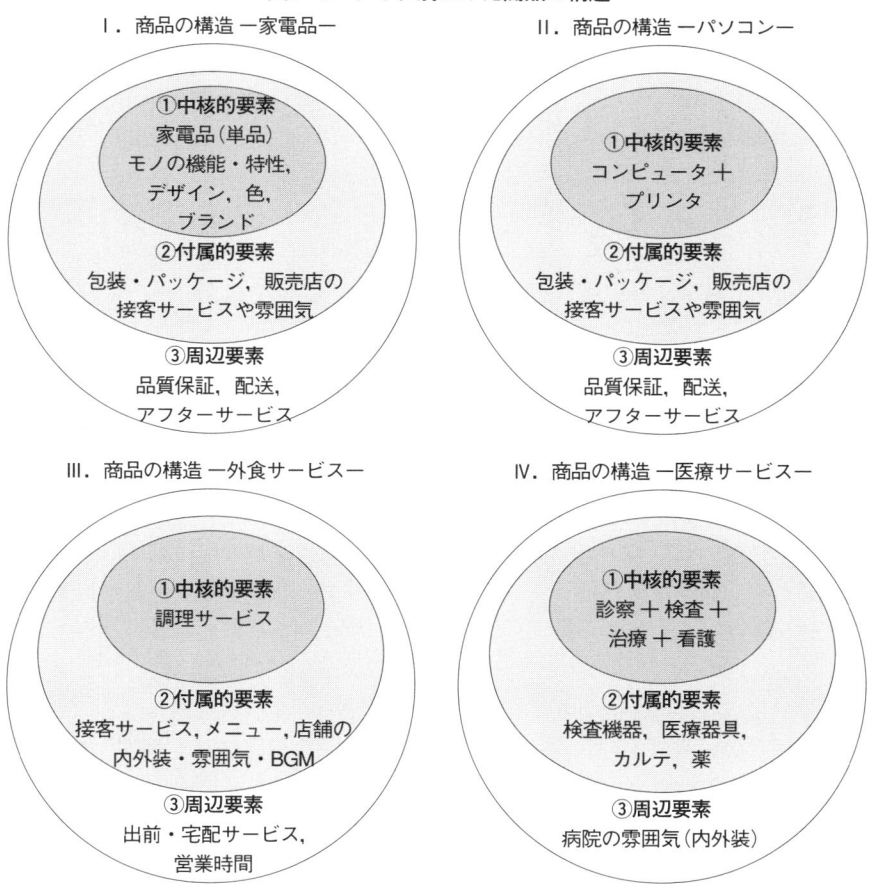

I．商品の構造 －家電品－
- ①中核的要素：家電品（単品）モノの機能・特性，デザイン，色，ブランド
- ②付属的要素：包装・パッケージ，販売店の接客サービスや雰囲気
- ③周辺要素：品質保証，配送，アフターサービス

II．商品の構造 －パソコン－
- ①中核的要素：コンピュータ＋プリンタ
- ②付属的要素：包装・パッケージ，販売店の接客サービスや雰囲気
- ③周辺要素：品質保証，配送，アフターサービス

III．商品の構造 －外食サービス－
- ①中核的要素：調理サービス
- ②付属的要素：接客サービス，メニュー，店舗の内外装・雰囲気・BGM
- ③周辺要素：出前・宅配サービス，営業時間

IV．商品の構造 －医療サービス－
- ①中核的要素：診察＋検査＋治療＋看護
- ②付属的要素：検査機器，医療器具，カルテ，薬
- ③周辺要素：病院の雰囲気（内外装）

る商品をさす。IVのタイプは，医療サービスのように診察・治療・検査といった一連のサービスが中核的な存在で，薬や検査機器などが付随的な役割を果たしている商品をさす。他にも，パッケージ・ツアー（パック旅行）のように，電車やバスなどの輸送サービスと，ホテルや旅館の宿泊サービス，観光ガイドといった様々なサービスが中核的な存在となっており，輸送機関やホテルの部屋などが付随的な役割を果たしている商品はIVのタイプに当てはまる。

このように，商品はモノとサービスの様々な要素で構成されており，それぞれが中核的な役割を果たしたり付随的な役割を果たしたりしているのである。また，

小売業での在庫管理や売り場づくり，飲食店での食材の仕入れや料理の仕込みなど，商品（取引）成立に至るまでの様々なプロセスは，厳密には商品とはいえないが，商品を成立させるための重要な要素となっている。

2-3 商品コンセプト

商品は，物理的な存在としての「モノ（物体）」としてみなされることが多いが，消費者を惹きつけるのは，そうした物理的特性から想起される「考え（コンセプトやアイデア）」であり，そこから得られる満足である。したがって，商品は外見から判断できる単なる「モノ（物体）」以上の存在といえる。

化粧品は，ボトルやパッケージ，化学的成分などから構成されるが，女性を魅了しているのは，これらの物理的特性から想起される「美への憧れ」である。高級車では，車の性能とともに，デザインやステイタス（社会的地位）が重要になる。こうした抽象度の高いコンセプトだけでは商品の差別化につながらないため，様々な企業が特定の消費者・ユーザー層に向けて，より具体的な生活提案をしている。この生活提案の中身が商品コンセプトであり，商品をとおして実現できる「コト（生活内容）」，商品の使用から得られる満足や便益，生活像や問題解決を意味する。

図1-4　コンセプトの4W-1H構造

```
モノ（what）・・・ 誰が（who） ＋ いつ（when） ＋ どこで（where）
    ＋
どうやって（how；使用方法，使用状況）
```

商品コンセプトは，4W-1Hの構図で示すことができる（図1-4）。例えば，ファミリー向けのワゴン車（ミニバン）の場合，ミニバン（what）を30～40代のファミリー（who）が週末（when）の行楽地で（where），家族旅行やアウトドアを楽しみながら（how）一家団欒のひとときを過ごしてもらいたいというコンセプト（週末における家族の生活像）が提案されている。

〈ケース：ワゴン車のコンセプト〉

本田技研工業㈱は1996年の「ステップワゴン」の販売当初，「子供と一緒にど

こへ行こう」というキャッチコピーを用いて,「家族の楽しい週末を演出するクルマ」として生活提案を行っていった。それが消費者の支持を得たことで,本田技研工業は日本の自動車市場に「ミニバン」という新しいカテゴリーを築くことに成功した。これを受けて,トヨタ自動車などの同業他社は,家族がミニバンに乗って週末に出かけるシーンをテレビCMで流すなどしてミニバンのコンセプトを提案していった。

ミニバンは,その普及とともに,「家族の週末を演出する道具」から「家族のための日常的な移動手段」として利用される頻度が高くなっていった。買い物や家族の送迎などでミニバンを日常的に運転するのは女性(母親)たちであったが,従来のミニバンは車体が大きいため,女性にとっては操縦しづらく,乗り降りもやや不便だった。そこで本田技研は,女性のニーズにかなうようステップワゴンの車体を低床・低重心にし,「ゆとりある空間」,「楽しめる走り(安定した走行性能)」,「使いやすい機能(毎日うれしい使い勝手の良さ)」というコンセプトを提案していった。そして他社もまた,同様のコンセプトを提案している。

3 ■ 商品成立の基本的要件

商品が商品として成立するためには,どのような条件が必要なのか。第一に,取引当事者間(企業と消費者)の合意形成である。一般的に,商品は店頭に並べられた段階で「売り物(売買の対象=商品)」として認識されている。しかし,企業がどんなに売りたくとも,消費者が購入の意思表示をしなければ取引は成立しない。つまり,店頭に並べられていても,売れなければ商品は成立しないことになる。逆に,消費者が強い購入意欲を示していても,在庫切れや休業中などで商品やサービスが提供できない状態であったり,非売品のように企業が売りたくない状況では商品は成立しない。また,取引当事者に売買の意思があったとしても,価格や支払い方法,納期などの条件面で折り合わなければ,売買(取引)契約は解消となり,商品は成立しなくなる。

第二に,商品自体が備えている商品成立のための基本的要件として,商品の適合性と均質性が挙げられる。

商品の適合性は,①顧客適合性,②市場適合性,③社会適合性の3つの要素からなる(表1-1)。顧客適合性とは,商品の機能や安全性など,多様な顧客(消費者)ニーズに合致し満足をもたらすことのできる性質をいう。市場適合性とは,企業に収益(利益)をもたらすかどうか,価格,品揃えなど,企業に収益の最大化や,他社には負けない競争優位性をもたらすことのできる性質をさす。社会適

表1−1　商品の適合性

①顧客適合性	商品の機能性，耐久性，安全性，生活フィット性，経済性，情報性など
②市場適合性	収益，価格，コスト，保存性，運搬性，品揃えなど
③社会適合性	ブランド性，ファッション・流行，環境，安全，社会的倫理，文化など

合性とは，商品が提供される社会（生活）に適合するとともに，一定の社会貢献を果たす性質をいう。商品は，時代の流行に沿うだけでなく，環境への配慮や社会・文化的な背景に合致することも重要である。特に，宗教的な理由や倫理的な理由で取引してはならないものについては，企業は十分な配慮をする必要がある。

　商品の均質性とは，均質な商品が安定的に提供されていることをいう。大量生産・大量販売・大量消費が基盤となっている現代の経済社会では，均質な商品を安定的に大量供給することは極めて重要な基本的要件となっている。特に商品の生産過程では，均質性を実現するために，高度で専門的な技能（生産能力）の継続的な発揮が求められる。

　ファストフードやファミリーレストランといった外食チェーンでは，いつでも・どこの店でも・誰が調理しても料理の均質性が維持できるよう，調理サービスをシステム化（調理作業の機械化・マニュアル化）することで，外食サービスとしての商品価値を実現している。それによって顧客は，いつでも・どこのチェーン店でも変わらない料理が食べられるという満足を得ている。企業にとっては，質の高い料理を安定的に大量供給できる能力を有することで収益性や競争上の優位性を獲得している。そして，不均質な商品生産による廃棄ロス（資源の浪費）をなくすことで，外食チェーン各社は環境にも適合した商品の生産体制を実現している。商品の均質化は，顧客適合性，市場適合性，社会適合性のそれぞれを満たすことにつながる商品成立のための基本的要件なのである。

4 ■ 商品の範囲

4-1 商品の範囲

　商品と商品でないものとの違いはどこにあるのだろうか。1枚の服が店頭で販

売されていれば，それは商品になるが，「非売品」として飾られていればそれは商品ではない。いったん購入した服でも，フリーマーケットやオークションで販売すれば，それは商品となる。つまりそこには，「取引対象（金銭との交換対象）になっているかどうか」という基準が存在している。モノでもサービスでも，取引対象になっていなければ商品ではない。

　また，商品として取引されていないものだけでなく，「商品として取引してはいけないもの」も存在する。法律上，あるいは文化的・宗教的・倫理的な理由から取引（売買）が禁止されているもの（モノや行為）である。それらが現実に金銭で取引されていたとしても，商品研究の対象として認めることは難しい。

　さらに，現代の商取引には商品の範囲をめぐって不明瞭な存在があるのも事実である。無料で配布されている試供品やパンフレット・雑誌，景品，プレゼント，物々交換したものなどは商品ではない。しかし，試供品やパンフレットなどは，消費者をひきつけ，商品成立（取引）につなげる重要な役割を果たしている。しかもそれらの製造や配布に要した費用は，購入時の商品代金に含まれているのが一般的である。我々は，店頭で販売されている商品だけでなく，それに付随する様々な存在（不明瞭なもの）の費用も含めて取引していることになる。そこに明確な線引きをすることは極めて難しい。しかし，少なくとも我々は，そうした商品の範囲や概念の不明瞭さこそが，現代の市場経済（商品化社会）の特徴であり，問題点でもあるということを認識しておくことが必要である。

4-2 製品・商品・財の概念

　商品に類似した存在として製品や財という概念がある。商品研究の観点からすれば，製品・商品・財の概念は，生産から販売・購入，消費・廃棄・リサイクルに至る流通プロセス全体の流れのなかで，その取引形態や所有形態によって意味合いが大きく異なる。製品とは，人間が天然の資源に労力を付加することで生み出したもの（生産物：product）をいう。したがって，工場で生産される工業品だけでなく，農場を耕して生産された農産物，そして，我々が生活のなかで排出するゴミもまた製品なのである。この製品が店頭などに並べられて取引対象になったとき，製品は初めて商品（merchandise：市場における取引対象）になる。しかし，これらの商品が売れ残ってしまった場合は商品にはならない。他方，商品が販売され，消費者の手に渡ったものは財（goods）として所有されるので，これを私有財・所有財という。

　いったん購入した商品であっても，フリーマーケットやオークションなどに出品されれば，財（私有財）は商品として再販売されたことになる。また，商品を

図1-5　製品・商品・財のサイクル

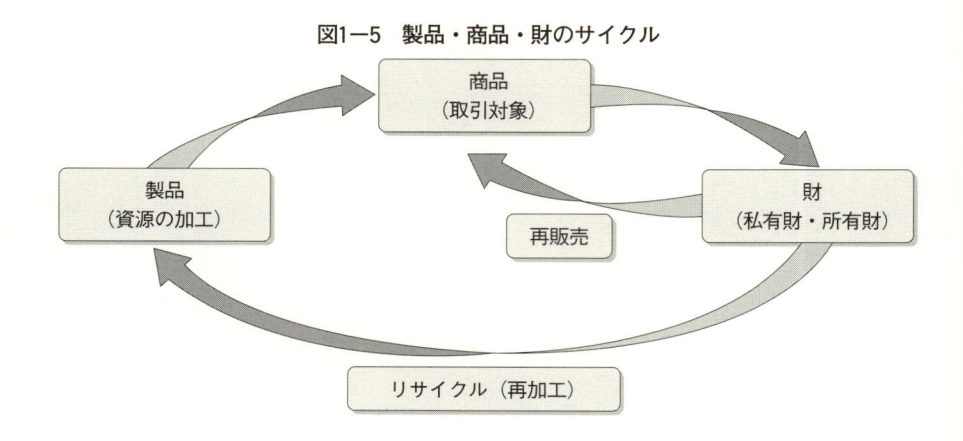

```
           商品
         (取引対象)
    ↗              ↘
製品                    財
(資源の加工)   再販売   (私有財・所有財)
    ↖              ↙
      リサイクル（再加工）
```

　購入し使用した後でゴミとして処分されたものでも，リサイクルされて再度店頭に並べば，それは商品となる。家電品の場合，様々な金属やプラスチックといった資源を加工することで製品となり，店頭では商品として販売され，購入・使用される。一定の使用期間を経て廃棄された家電品は，リサイクル工場へ回収され，素原料にまで分解された後に，家電品などの原料として再利用され，再び製品へと生まれ変わり，商品として店頭に並べられる。

　このように，商品は様々な資源の加工によって製品として誕生してから，店頭などで商品として売買（取引）され，消費・廃棄された後に再加工されて再び商品化され，購入・使用されるという一連のサイクルを経て生成（転生）しているのである。したがって，リサイクル商品のような環境問題に深く関わる商品を研究する際には，図1-5のような商品のライフサイクルを念頭において考える必要がある。

5 ▪ 学習のポイント・キーワード

・**商品の概念**
　　商品とは市場における交換対象であり，生産・販売する者には収益をもたらし，購入・使用する者には便益や効用をもたらす。
・**触知可能性・触知不可能性**
　　商品の形状や肌触りといった有形性（物理的特性）を触知可能性といい，ブランドやサービスといった商品の無形性を触知不可能性という。

- **商品（モノ）とサービス**
　商品は，触知可能性と触知不可能性のウエイトの違いによって，一般的に商品（モノ）とサービスに区別される。
- **商品の構造**
　商品は，その中核的な便益によって，①中核的要素，②付随的要素，③周辺的要素の3つのレベルに分けられる。
- **商品コンセプト**
　商品をとおして実現できる「コト（生活内容）」，商品の使用から得られる満足や便益，生活像や問題解決
- **商品の適合性**
　商品は，①顧客適合性，②市場適合性，③社会適合性の3要素を満たすことで商品（取引対象）として成立することができる。
- **製品・商品・財の概念**
　製品とは，天然資源を加工して生み出したもの（生産物）であり，商品は市場における取引対象，消費者の手に渡り所有されたものを財という。

6 ■ 練習問題

1．身近な商品（サービス）をひとつ挙げて，その構図（①中核的要素，②付随的要素，③周辺的要素）を図示しなさい。
2．その商品の適合性や均質性を実現するために，企業はどのような努力をしているか調べなさい。

〔参考文献〕
石崎悦史（1998），『商品学と商品戦略』白桃書房。
井原哲夫（1999），『サービス・エコノミー』東洋経済新報社。
コトラー，P.〔恩蔵直人監訳〕（2000），『コトラーのマーケティング・マネジメント：ミレニアム版』ピアソン・エデュケーション。
吉田富義（1988），『現代商品論』同友館。

第2章

商品の品質と価格

消費者が商品を評価する際,「商品の値打ち」を手がかりとして判断する。一般に,商品の値打ちは,商品の品質と価格とのバランスで決まる。本章では,商品の品質や価格がどのような側面から考えられ,また,どのように評価されるのかを考察する。そして,それらから市場における現代的商品の評価とは何かを考察する。

1 ■ はじめに

　商品は，企業が生産し販売するものであり，現代では，ほとんどすべてのものが，実際に取引され，販売されることを目的に生産されている。つまり，売ることを目的に生産され，「市場」で取引されるものが「商品」である。

　それでは，消費者はこうした商品に対して，一体何を期待し，評価しているのだろうか。第1章で学習したように，市場で売買される商品に共通した特徴は，販売者にとっては収益（利益）をもたらすものであり，購入者（消費者）にとっては便益（有用性）あるいは効用（満足）を得るという2つの目的を市場での売買を通じて実現することである。つまり，商品としての成立には，消費者（お客様）に満足を与えてこそ，利益が得られることが前提である。

　さて，消費者が商品を購入する際には，何らかの期待をしているだろうし，その期待や商品の値頃感を比較して，目の前の商品は値打ちがあるかどうかを判断する。では，消費者は商品に対してどのような期待を抱くのだろうか。また，どのような事柄から商品の値頃感を考えるのだろう。前者は，商品の品質に関する議論であり，後者は，商品の価格に対する議論である。

　しかしながら，すべての消費者がここで示した，商品の品質と価格という側面から，常に顕在的に，また明確に商品を評価しているとは限らない。実際の消費生活では，商品の購入や使用の段階のなかで，例えば販売店に魅力を感じたり，支払い方法やサービスの内容が気に入って購入を決定したり，いつも使い慣れているから選択するという場合もあったりするだろう。つまり，実際にはもっと曖昧な消費者の感覚や販売状況，消費状況のなかで，商品の評価や購買が決定されている。現代商品には，情報性やサービス性が大きく関与すると指摘されるが，いわば「サービスの束」として商品の価値を提示していることに他ならない。

　本章では，基本的な考察範囲から議論を行うこととしよう。まずは，消費者はどのような内容から商品を評価しているのかを考え，商品の品質と価格の側面から評価される内容を考察しよう。

2 ■ 商品の評価－質の評価と価格の評価－

2-1　商品の品質構造の理解－商品の品質3要素－

　消費者が商品によって満足を得る質的な評価を「品質」という。品質はいくつかの異なる要素によって成り立っている。

例えば，消費者が商品を購入する第一の目的は，その商品のもつ「機能」の発揮を期待していることにある。テレビを購入するのは，まずはテレビの番組を見ることにその目的がある。すなわち，その商品のもつ機能とその機能の発揮の程度を決める性能によって得られる有用性が消費者の基本的な満足となる。このような有用性の満足をもたらす商品の質的要素を「一次品質」と呼ぶ。

　次いで，消費者は，有用性の点に満足を感じると，その商品が自分の生活スタイルや自分の趣味・感性にどれだけフィットしているかが第二の関心事となる。商品の一次品質が同じならばこのフィット感にぴったりする商品の方に，より多くの満足を感じるだろう。このような個人的な趣味・趣向，嗜好，ライフスタイルなど感性面でのフィット感に関する質的要素を「二次品質」と呼ぶ。

　さらに，機能・性能からの有用性や個人的な感性面等によって，人の満足が満たされたとしても，消費者は，他の消費者の消費傾向やその商品の社会的評価（今，話題になっている商品である，有名人が使っているものと同じ，有名な企業が生産したもの，自分だけが特別に所有しているもの等）に強い関心やこだわりをもつことが多い。特に，現代の商品には，この側面に人の関心が集まる場合が多い。このような社会的な評価に関わる商品の質的要素を「三次品質」と呼ぶ。

　表2−1に，商品の質的要素を整理してある。

表2−1　商品の品質

品　質	一次品質	：	機能・性能面での有用性の程度
	二次品質	：	個人的な趣味・嗜好，ライフスタイルなどの感性面でのフィット感
	三次品質	：	流行性，ブランド性，ステイタス性，環境性など社会的評価への適合性やこだわり

　以上，品質の3つの要素を考えてみたが，こうした品質の理解について，ここでさらに言及しておこう。それは，商品の品質を，すべて明瞭にこれらの3つに区別できるかどうかという点である。例えば，近年，多くの商品に環境配慮性が求められている。環境性は，この表を見れば三次品質に属する内容として整理されるだろう。しかし，家電製品の環境性能を示す数字や自動車の燃費性能の数字等は，環境負荷低減を示す具体的な数字であり環境配慮の品位や性能の物差しとなり，その内容は，一次品質の機能性や有用性の比較材料となる。

つまり，商品は「社会を映す鏡」であるといわれるように，こうした品質区分は，社会変化のなかで流動的に捉える認識も必要である。また，商品価値の変化や革新のなかで多様な解釈を加えることこそが相応しいと指摘しておこう。例えば，マーケティングにおいて，コープランド（Copeland, M.T.）が1923年に，製品に対する消費者の購買特性に着目し，①最寄品，②買い回り品，③専門品の3つに区分する製品分類が，久しくなされてきた。その後，消費者の探索費用対利益や出向努力などの観点から，発展的見解も提示されている。すべてのコープランドの分類は，商品特性，購買特性についての概要を理解するため，あるいは学習者の簡潔な整理の際には，有効な側面も多い。実践的に，いかに有効な解釈を加味していくかが大切となる。

2-2 商品の価格の理解－商品のコスト的評価要素－

(1) 商品の価格（購買価格の設定）

　一般に，消費者は自身の経済的状態を考えながら，目の前の商品の「購買価格」に関心を寄せる。そのため，個別商品の購買価格について，消費者の判断とは概して同一の評価になるとは限らない。経済状況の差やその人の価格に対するこだわり感の強弱の程度など，主観的な要素もそこには存在するだろう。しかし，ここで議論することは，消費者の当該商品の価格に対する主観的な購買態度形成のことではない。価格設定では，当然，企業がその決定権をもつため，ここでは，企業が当該商品やサービスに対して，購買価格（販売価格）をどのように設定して消費者に提示しているか，企業の価格設定の側面から考えておく。

　価格の役割は，消費者がその商品を購入する際の，大切な尺度である。その商品に対して，消費者が認める価値と企業が提示する価格が一致して初めて購入される。また，企業にとっては，利益を創出する売り上げであり，企業の収益に直接的に影響する。

　そのため，企業が当該商品の価格をいくらに設定するかは，商品戦略として大切な意志決定をともなう。例えば，単に，生産側から見たコストの積み上げによる価格設定は意味がないこと，また，競合他社の価格設定をそのまま鵜呑みにするのもだめだろう。まして，自社商品戦略上で当該商品のポジションを明確にしないままの，安直な価格設定などはマイナス要因となってしまう。

　価格設定は，図2-1に示すような段階を踏まえて行うことが，基本となる。

図2-1 価格設定のプロセス

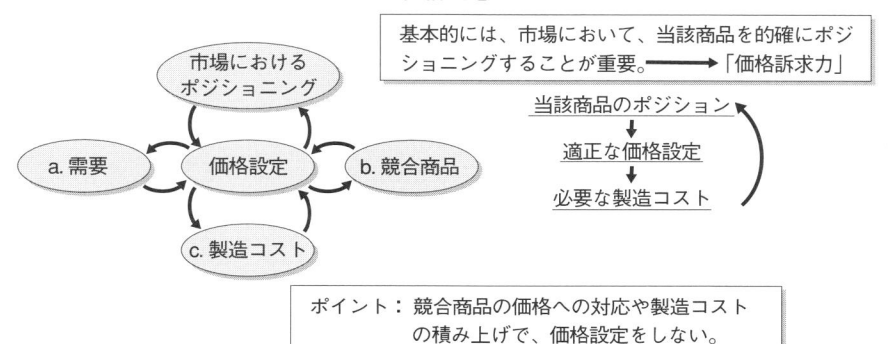

```
         市場における
         ポジショニング
             ↕
  a.需要 ⇔ 価格設定 ⇔ b.競合商品
             ↕
         c.製造コスト
```

基本的には、市場において、当該商品を的確にポジショニングすることが重要。→「価格訴求力」

当該商品のポジション
↓
適正な価格設定
↓
必要な製造コスト

ポイント：競合商品の価格への対応や製造コストの積み上げで、価格設定をしない。

　そして，企業が自社商品の価格競争力の是非を確認するためには，さらに次のことを認識しておくことが大切である。まずは，①既存価格の妥当性を吟味（自社商品の価格競争力の見極め，品質要素と価格の組み合わせで自社にとっての最適価格）すること。また，新規に市場投入をする場合には，②新商品導入時の価格設定（市場における景況や消費者の価格反応，代替商品との品質の差別化を勘案した価格訴求力の見極め）が大切である。さらに，もし，消費者が認知した品質と価格設定がミスマッチしていると判断された場合は，③速やかに価格の変更を実施しなければならないだろう。

　しかしながら，最近の自動車の燃費性能などを見てもわかるように，消費者にとっていわゆる購買価格だけが価格意識や価格の理解ではないことに注意しよう。多様な商品に関わるコストの理解，コスト的評価要素についての考察が必要となっている。

（2）コスト的評価要素の拡大

　消費者は，現実には，商品を購入する際に支払う価格，商品の購入・使用におけるコスト面についても評価の幅を拡大している。すなわち，消費者は，購買価格（購入価格）だけを考えて商品を評価しているのではない。

　例えば，購入前から購入後，さらには使用中及び使用後に至るまでの消費の全過程における必要コストを総合的に評価するようになってきた。潜在的には，消費者がそれらのコストを明確に意識している。したがって，消費者の商品に対する価格面での評価は，購買価格にその他のコストを総合したトータルコスト（TC）としてなされている。コスト評価要素が拡大してきていると理解することが大切であり，コスト（C）の内容が，購買価格＋その他の諸々のコストまで拡

図2−2　コスト的評価要素の拡大

購買価格（P）　→　トータルコスト（TC）

TC ｛
- 情報収集コスト
- 購買コスト（買い物コスト）
- 購買価格（プライス；P）
- 持ち帰りコスト
- 使用コスト（ランニングコスト）
- 維持・修理コスト（メンテナンスコスト）
- 廃棄コスト

大している。

　そこで，図2−2に示すように，購買価格も含め拡大しているトータルコストという観点から，コストの内容について以下の7つのコストを理解しよう。

1．情報収集コスト

　消費者が，商品を購入しようとする場合，目的にあった商品がどのようなモノであり，どこで作られ，どの店で売られているのか，これらの情報が必要となる。購入しようとする商品に必要な情報を手に入れるための手間や費用などにかかるコストを「情報収集コスト」という。これらの情報は，販売する側が，主体的に消費者に各種の広告やコマーシャルを通じて公知させているのが一般的である。また，消費者は，日用品の場合は，毎日の買い物の経験からすでによく知っていることが多い。そのため，通常は消費者が商品情報についての収集コストを負担している意識はさほど大きくないだろう。しかし，購買頻度の少ない高額な高級品や目的にあったこだわりの商品，また，洒落たレストランを探す時などは，いくつかの専門店を廻ったり，インターネットで検索したり，情報誌を購入して情報を得るだろう。裏返せば，企業は，消費者に対して的確な情報の提供を行えるかどうかが販売戦略の成果を大きく決定づけるものでもあり，差別化された商品情報の入手にコストを負担せずに済む事のメリットが感じられれば，消費者の評価も高くなる。

2．購買コスト（買い物コスト）

　購買コスト（買い物コスト）は，ある商品を購買するのにかける手間や費用にかかるコストである。必要な商品を手に入れる場合，消費者はその商品をどのく

らい手に入れたいかによって、その手間や費用をどのくらいかけてよいかを勘案するだろう。しかし、日々の生活に必要な食料や生活用品などに対しては、買い物にコストはさほどかけられない。この買い物にかかるコストを減らし、多くの日用品をひとつの店舗で購入できるワンストップ・ショッピングを可能にしたスーパーマーケットは、まさしく買い物コスト軽減は成功のひとつの要因である。また、買い物に手間暇をかけない販売の一形態として、通信販売や訪問販売もある。消費者の買い物コストの負担を減らして、一箇所で、さらに付加価値の高い新しいショッピング時間の楽しみを提案するサービス競争も、すでに始まっている。

3．購買価格（購入価格）

購買価格は、消費者が買い物において商品を購入したときの値段である。先にも指摘したが、消費者が買い物の時、一番気になるのがこの購入価格である。買った値段と品質やブランドなど他の条件とを比較検討をしたとき、価格訴求力が高いかどうかを吟味するのだ。消費者の心の中で、品質と価格の比較が行われ、品質が同じなら、当然価格は安ければ安いほど満足は高い。したがって、商品の価格設定でも指摘したように、いくらで売るかという価格設定（プライシング）が重要となり、消費者に値頃感を実感してもらえる工夫が常になされなければならない。また、そのためには時間帯や季節によって、タイミングよい値引きが行われるなども有効となる。このように販売時点で、どれだけ低価格戦略を打ち出すかという、顧客獲得を目指す競争が行われやすい。ただし、激しい低価格競争は企業の体質を低下させかねないこともある。

4．持ち帰りコスト

持ち帰りコストは、消費者が購入した商品を自宅にまで持ち帰るのに必要な手間や費用などにかかるコストである。一般に、店で買ったものは自分で持ち帰るのが普通だが、現在では、多様な消費者ニーズを反映して、スーパーやコンビニなど身近な店舗でもお届け制度を導入したり、配達費用を無料にしたり、さらに購入済み商品を消費者に運搬してもらうために、軽自動車の無料貸し出しを導入するサービスを採用している小売店もある。いずれの例も、消費者への購買訴求を促す工夫である。現在は少子高齢社会であり、高齢者世帯や単身者世帯が増加するなかで、こうした購買後の持ち帰り手間や費用を軽減する工夫やサービスが始まっている。

5．使用コスト（ランニングコスト）

　使用コスト（ランニングコスト）は，商品を実際に使用する際に発生する手間や費用である。購入した商品を使用する際に，電気やガス，ガソリンなどがどの程度の費用になるかは，消費者にとって大切なことである。また，使用に当たっての手間や使い勝手なども，当然気になることであろう。なかでも，環境意識が高まり，消費者の環境配慮の視点からも，家電製品や自動車については環境性能を検討することも多く，消費電力量や燃費等，具体的な数値による省エネ性，省資源性等の比較は，商品購入の際の大切なポイントとなっている。

6．維持・修理コスト（メインテナンスコスト）

　維持・修理コストは，購入し使用した商品が使用によって汚れたり，壊れたりして使用不可能になったとき，それを回復（汚れをきれいにし，修理）させるための手間や費用のことである。一方で，商品が故障したり，汚れた場合，修理するより新しい商品に買い換えるという，いわば使い捨て消費も進んできた。しかし，他方で，簡単に修理や修繕できるような部品や道具などの新商品も登場している。また，消費者によっては，商品への愛着意識もなかなか根強い。マイペースに自分らしい生活を楽しむことを重視する中高年世代では，特に，維持・修理コストについての消費者ニーズもあるだろう。商品や販売上の工夫など新しいビジネス展開も期待できる。

7．廃棄コスト

　廃棄コストは，使い終わった商品や壊れて使えなくなった商品を捨てる際にかかる手間や費用のことである。これまでは要らなくなったものはゴミとして出せば，その多くは自治体が住民の税金によって処理してきた。しかし現在では，ゴミの増加による処理処分の費用増加や処分場も限界の問題が起こり，さらに，処理処分による環境破壊の進行が一層深刻化してきたことなどから，資源の有効利用の観点で，3R（リデュース，リユース，リサイクル）をスローガンに循環型社会形成の実現を目指す考え方も進展して来ている。

　また，食品リサイクル法や家電リサイクル法も施行され，消費者も含めた各々の経済主体が廃棄にコストを互いにシェアして負担をすることも進んでいる。このことからも，今後，多くの商品の消費において，廃棄時でのコスト負担が増加することが予測される。消費者にとって，どのような廃棄コストの負担が必要となるのか，消費生活における環境学習も広まっていくだろう。

2-3 市場における商品評価

(1) 消費者が商品を選択し，評価する対象

　さて，消費者が商品を購入するとき，確かなあるいは不確かな「購入目的」をもって商品を選ぶだろう。選択する場合は，それを何に使用するのか「使用目的」を考え，その商品の機能や性能がその使用目的に合っているかどうかをまずは判断する。それによって使用目的の実現がどれだけ確実になるのか，その場合どれだけの困難さや面倒さがあるかや時間がかからないかなどを勘案して，多くの商品のなかから自分に相応しいものを選択する。

　このように自分の使用目的に，その商品のもつ機能や性能の一次品質から二次品質，そして三次品質まで，様々な判断材料を商品の質的評価対象とし，自身の望みや欲求にどれだけ相応しいかも比較検討して選ぶのである。しかもその際，さらにその商品がいくらで買えるのか（購買価格）や使用に関わるコストなどを同時に比較・検討する。言い換えれば，消費者は，どの程度の品質（Q）の商品を，いくら（P）で買え，どれだけのトータルコスト（TC）が必要かを漠然としながらも考えているといえよう。すなわち，【Q／TC】を比較しながら商品の評価をしている。

　つまり，消費者が商品評価の際に行っている様々な要素を整理すると，
（ア）質的評価要素（Q）・・・どの程度の有用性や満足が得られるかの質的な要素
（イ）コスト的評価要素（TC）・・・（ア）の有用性や満足を得るのに，価格（P）とその他のコストも含めたトータルコストとなる価格
の，2点から評価しているといえよう。

　消費者の商品の評価は，Q／TCが大きいものほど消費者の満足の程度も高いと判断できる。大切なことは，QやTCの内容が一体どのようなもので，そのウエイトがどのように変化しているのかを理解し，考察することである。

　基本的には，商品の値打ち（コスト・パフォーマンス）は，商品の質的評価要素とコスト的評価要素のバランスであるため，次の式で説明される。

$$\frac{商品の値打ち}{(コスト・パフォーマンス)} = \frac{Q；[一次品質＋二次品質＋三次品質]}{TC；[P（価格）＋諸々のコスト]}$$

　この相互のバランスにより消費者は商品の値打ちを判断し，その都度，Q／TCの大きさを判断して購入するかどうかを決めていると考えられる。

(2) 現代商品の評価内容の拡大

　これまで述べてきたように，市場で商品は，商品の質的評価要素とコスト的評価要素の2つの側面から評価される。さらに指摘すれば，近年，それぞれの評価要素の内容が次第に拡大してきている。

　かつての高度成長期には，商品の機能の良さや性能の高さなどの一次品質に，消費者の多くの評価が集まっていた。これに対応して，市場では激しい商品の品質競争が進行し，その結果，商品の品質の高さを維持してきたといえるだろう。多くの企業で，全社的品質管理（TQC）活動が重視されていた。その後，企業は，市場における商品の量的な飽和現象を迎え，次第に，機能や性能の評価に重きを置きつつ，個々の消費者の生活スタイルや生き方，好き嫌いに合わせた欲求，また個人的な生活や感性面でのフィット性の側面をも重要視していくことになった。

　そしてさらに，企業や消費者の関心は，社会的な消費のあり方や商品の役割や意味を考えることへと発展して来ているといえるだろう。それは，企業や消費者による個人的な個々の商品の評価の軸から，さらに市場全体における商品の再評価，消費の意義を再考するという評価へと，評価内容の拡大が始まっていると理解される。

　つまり，消費の基本的段階の，本来の商品として個別商品の機能や性能の側面である「モノ性」として評価から，さらに次の段階として，「モノ性」を前提としてしながら，消費者は商品が個人のライフスタイルにどれだけマッチングするかという感性へのフィット性，また商品のブランド性など他人の社会的な評価への関心やこだわり，話題性などへ関心を寄せるようになってきた。これらは，商品が放つ情報性やサービス性，また使用・利用した体験や経験による感動や思いなど，自身にとってその商品がどのような素晴らしいコトを提案してくれるかという，商品の「コト性」としての評価へのシフトである。つまり，現代的商品では，商品の「コト性」へと評価のポイントが拡大してきたといえる。

　そしてさらに，商品の市場性だけでなく，より社会のなかでの商品の役割や現代的意義を考える側面，すなわち商品の社会性からも評価する大切さを認識し始めているといえよう。先の2つの段階が，一企業や消費者という個別で個人的な評価であるのに対して，この段階は，社会全体のなかでの商品価値や社会的使命を果たすことの意義・役割を認識する視点といえる。消費者が，新たに，社会的生活者としてのブランド性は何か，社会的ステイタス・象徴とは何かを探求することが，重要な時代となってきている。

これらのことを考慮すれば，現代的商品が備える商品価値とは，機能や性能性に基本的な価値を置きつつも，個人的なフィット感を保証し，さらに特別な社会的意味を実感させる何らかの質的な価値を備えた社会的な「コト性」を内在させていなければならない。要は，商品開発や商品の価格設定，また付随するサービス提供を考える際に，こうした質的評価要素，コスト的評価要素の拡大を具体的にどのように反映していくかが大切となる。（なお，第5章で，商品の市場性と社会性についてさらに学習する。）

3 ■ 学習のポイント・キーワード

・**品質の3要素**
　　一次品質，二次品質，三次品質の各内容（表2-1）を理解しよう。
・**商品の値打ち（コスト・パフォーマンス）**
　　消費者が商品を評価する場合，商品の質的評価要素とコスト的評価要素を比較して，商品の値打ちがあるか否かを判断する。
・**質的評価要素の拡大**
　　商品の全体的な品質を評価する場合，物的な側面（機能・性能）の「モノ性」から，次第に評価要素が拡大し，自分に魅力的な生活提案（自分らしい「コト」）の「コト性」へ，評価内容が拡大している。
・**コスト的評価要素の拡大**
　　商品に関わるコストの内容が拡大している。単に商品を購入する購買価格（P）だけではない。商品を選択，購入，使用，廃棄するそれぞれの段階で必要な手間や費用もコストの内容に含めて考える。
・**現代商品の商品評価の特徴**
　　現代の商品を評価する場合には，個人（個別組織）と商品との関係だけでなく（人が使って嬉しい，企業の利益の有無など），さらに商品と社会との関係まで評価される対象を考える事が大切となっている。

4 ■ 練習問題

1．身近な商品（サービス）を挙げて，購入に至る状況を考えた場合，あなたがどのように商品評価をするのか，①質的評価要素と，②コスト的評価要素のそれぞれの側面から考えなさい。
2．商品の市場性と社会性について，身近な商品を取り上げて，その実情や関心

のあることを調べてみよう。

〔参考文献〕
片岡寛・見目洋子・山本恭裕編（2005），『21世紀の商品市場－市場性と社会性の調和－』白桃書房。
栗原史郎（2003），『新・商品学の創造』白桃書房。
小嶋外弘（1986），『価格の心理』ダイヤモンド社。
沼上幹（2000），『わかりやすいマーケティング戦略』有斐閣アルマ。
吉田富義（1988），『現代商品論』同友館。

第3章

商品研究の史的変遷

「商品は時代を反映する鏡」といわれている。商品研究は，様々な時代の影響を受けながら進展してきた。この章では，そうした商品研究の歴史的な経緯を辿っていく。

1 ▪ はじめに

　この章では，経済社会の発展にともなって商品研究がどのような史的変遷を辿ってきたのかを理解していく。商業貿易が盛んであった中世アラビア時代に始まり，重商主義の時代，産業革命によって工業中心の経済社会へと移行する時代，20世紀における大量生産・大量販売の経済システムにもとづく大衆消費社会の時代，そして，サービス化社会が進展する現代と，大きな歴史の流れのなかでの商品（サービス）研究の進展を整理していく。

　特にこの章では，移りゆく歴史の大きな変化のなかで，商品研究が何を中心的なテーマや研究対象とし，どのようなアプローチでそれに取り組み，どのような成果を出すことで社会・経済的な貢献や学術的な役割を果たしてきたのかを明らかにしていく。そして最後に，商品研究の領域や研究のあり方をめぐる課題を示していく。

2 ▪ 商品研究の史的変遷

2-1 商品研究（商品学）のルーツ

　商品研究の歴史は，中世アラビア時代にまで遡ることができる。イスラム帝国のアッバース朝（750-1258）では，内陸アジアとのオアシス交易路やインド洋や南シナ海との海上交易が発達していたことから，貿易商たちによる商業研究のひとつとして商品の研究が進んでいた。

　8～9世紀頃には，アル・ジャーヒズが貿易商品や奢侈財について記した『商業の観察』を残している。9～12世紀頃には，アリ・アド・ディマシュキーによって『商業の美－善良な商品と粗悪な商品との弁識ならびに商品詐欺師の偽造に関する指針』が記された。この書は，経済理論的側面と，商品学的側面，商業学的側面，教訓的側面の4つの性格を備えており，特に貨幣の成立についての論理展開や価格とその変動についての記述などは，経済理論的な性格を強く表していることから，イスラム文明における経済研究での代表的な著書のひとつとされている。商品学的な部分では，宝石，香料，薬味，織物，鉱物，食料品，木材，石炭，麦藁といった当時の中心的な貿易品に関する商品叙述と商品鑑定がなされている。商品叙述とは，商品の製造方法や仕入れルート，輸送・保存方法に関する記述であり，商品鑑定とは，商人の立場からの商品検査・鑑定（真偽の鑑定，品質の判定）をいう。

これらの著作は，当時の商人が商品の価値（販売価値・使用価値の程度や真偽）を知るとともに，買い手としてのリスク回避（粗悪品を掴まないため）に必要な能力を身につけるための「アラビア商人のハンドブック」として活用されていた。当時の商人には，商業の知識（商学的知識）と，商品の技術的知識（商品鑑定，検査，製法等）が不可欠であり，そこに商品研究（商品学）のルーツが存在する。それ故に，商品研究は，商学的（社会科学的）要素と自然科学的（技術的）要素をあわせもつ形で発展してきた。

2-2 経済社会の発展と商品研究

　商業貿易の発展にともない，ヨーロッパでも様々な商業書が記されていった。17世紀のフランスでは，重商主義政策のもと，蔵相の経済顧問であったジャック・サバリーが1675年に『完全なる商人―フランス及び外国産のあらゆる商品の取引に関する一般知識―』を著した。この書では，繊維製品や染料を中心とした様々な商品の産地や販路，荷造りや貯蔵方法などが記述されている。これがヨーロッパ諸国の商人の必携書として各国の言語で翻訳され広まっていった。

　18世紀に入ると，ヤコブ・マールペルガーが1708年に商品辞典として『天然及び人造の新商品』を，1717年には『博学な商人』を著した。1756年には，ライプチヒ大学教授のカール・ルドビッチが『公開商人大学』を出版し，商業経営や簿記と並んで商品知識の必要性を指摘し，商品の分類や鑑別，貯蔵，包装，価格などの項目について著した。

　商品研究のなかでも，「商品学（Warenkunde）」という領域を著作として最初に提唱し，大学で独立した講義を行ったのは，ドイツ・ゲッチンゲン大学教授のヨハン・ベックマンであった。彼は，『商品学序論』（1793）のなかで，商品の商学的知識の領域を「商品学」とし，商品の技術的領域を独立させて「工学（Technologie）」としたことから，商品学と技術学の祖とされている。

　16世紀末から18世紀にかけての西ヨーロッパ諸国では，自国の輸出産業を保護育成し，貿易差額によって資本を蓄積して国富を増大させようとする重商主義（Merchantilism）が支配的であった。当時，植民地の獲得競争に遅れたドイツでは，重商主義にもとづく富国強兵策（産業育成）の実施にあたって必要な官房学（カメラリズム，Kammerwissenschaft，Kameralismus：職業官吏を養成するための学問体系）が発展しており，その一分野として商品学が研究されていった。

　1804年には，ヨハン・ロイスクが『商業の体系』を著し，商業学を体系化するとともに，商業学における商品研究の位置づけを明示した。彼は商品研究を「商品理論（Warenlehre：ヴァーレンレーレ）」と「商品知識（Warenkunde：

Waarenkunde：ヴァーレンクンデ)」に分け，商品理論では各商品が備えるべき品質特性を明らかにし，品質評価の基準を設定することを中心的な内容とし，商品知識は分類を中心とした商品の記述を主な内容とした。

18〜19世紀の商品学は原材料としての商品を研究対象とし，主にドイツやオーストリアで発達してきた。そうしたなか，18世紀半ばにはイギリスで産業革命が起こり，19世紀前半には欧米諸国へ波及していった。動力機械の発明と応用は生産技術に画期的な変革をもたらし，商品生産は家内制手工業や機械制手工業の時代から機械制大工場へと発展していった。結果，商業貿易中心の経済社会から，大量生産にもとづく工業中心の経済社会へと大きく変化していった。こうした時代背景を受け，商品学の領域では工業的・技術的研究や品質鑑定を中心とする研究が進んでいった。なかでも，ウィーン大学教授のユリウス・ウィズナーは，1867年に『工業顕微鏡学』，1873〜1951年に『植物原料学・第一巻〜第三巻』といった著作をとおして植物性原料の商品鑑別や品質判定を研究していった。

日本で商品研究が進展していったのは明治時代以降であり，ドイツと同様に殖産興業と富国強兵策を背景とした官房学として商品学が発展していった。1886年（明治19年）には東京商業高校（現在の一橋大学大学院）で商人や産業経済人を育成する商学系の教科として商品学の講義が開始された。そこでは，各時代における重要度の高い商品の歴史や性質・用途，品位・鑑定，生産方法，流通経路，取引と価格などについて論じられた。

なお，日本における商品研究のルーツを江戸時代における物産学やその源流である中国の本草学に求める説がある。物産学とは各地の特産物や動植物，鉱物などの調査や採取法，発明・発見法を記したもので，本草学とは薬品の主原料である植物を中心とした医薬品や食品の研究をさす。

2-3 大衆消費社会と商品研究

20世紀に入り工業社会がさらに進展したことで，欧米では大量生産・大量販売の経済システムにもとづく「大衆消費社会」が成立した。これは，経済成長とともに一般大衆が大きな購買力をもったことで，大衆の好みに合わせた商品が大量生産・大量消費される社会をいう。それによって，最終消費財としての商品を研究対象とするアプローチがアメリカを中心に進展していった。

当時の商品研究としては，商品テストという形で商品の品質を評価するスタイルがひとつの主流をなしていた。これは，鑑定商品学の流れを汲む実践的な商品研究の発展型といえる。1929年に設立された「コンシューマーズ・リサーチ」は，消費者運動の一環として市販の商品をブランド別に比較テストし，月刊誌「コン

シューマー・バレティン」にその結果を掲載していった。1936年に同組織から分派した「コンシューマーズ・ユニオン」は，商品テスト誌である「コンシューマー・レポーツ」を現在も発行し続けている。また，1938年にはグラッグとボーデンが『消費者の買い物の手引としての商品テスト』を著した。

　日本でも，「暮らしの手帖社（1948〜）」，「財団法人・日本消費者協会（1961〜）」，「独立行政法人・国民生活センター（1970〜）」は，消費者視点からの商品テストを行う代表的な機関として活動している。暮らしの手帖社は，消費者のためだけではなく，生産者によいものだけをつくらせるために商品テストを行い，広告不掲載の姿勢で隔月刊『暮らしの手帖』を発行し，企業責任を追及する社会的意義を強く打ち出している。日本消費者協会は，様々な商品テストや商品教育，調査・苦情処理を行い，それらの成果を『月刊消費者』として発行している。国民生活センターは，国民生活の安定及び向上に寄与するため，総合的見地から国民生活に関する情報の提供及び調査研究を行うことを目的に設立された。商品テスト等による情報収集と提供，消費者苦情の処理，消費者への啓発・教育等を行う機関として『国民生活』や『たしかな目』を発刊している。

　商品テストのように商品の評価に関わる研究は，消費経済論や家政学とも深く関係することから，これらの分野からも様々な商品研究が行われた。ジェシー・コールズは，1932年に『消費財の規格：消費者の買い物手引き』，1949年には『消費財の規格とラベル』を出版し，消費者の視点に立って買い物の手助けとなる商品の規格について著した。

　アメリカにおける商品研究のもうひとつのアプローチは，企業のマーケティング戦略への指針を提示すべく，マーケティング論の領域で展開されてきた。コープランドは，消費者の購買特性にもとづいて商品を「最寄り品（convenience goods）」，「買回品（shopping goods）」，「専門品（specialty goods）」に分類し，その特性に即したマーケティング戦略（特にチャネル戦略やマーチャンダイジング戦略）を提示した。最寄り品とは，洗剤やタバコなど，一般に単価が低く最寄りの店で頻繁かつ非計画的に購入される商品をさす。買回品とは，家電品や家具のように，一般に単価が高く時間をかけて比較検討してから購入する商品をいう。専門品とは，高級自動車や高級ブランド品のように，一般に単価が高く販売店も限られており，購入に際して特別な知識や趣味性を要するが，消費者はわざわざ出向いて指名買いをするような商品である。他方，ウィンゲートとギレスピー，アディソンらは，小売業者と消費者向けに『小売業者と消費者のための商品知識』を著した。これは，1944年の初版から1984年の第五版まで再販された古典的な著作となっている。

一方，企業経営の視点から商品（製品）の研究アプローチを論じたのが，ケリーとレイザーであった。彼らは，①製品政策（Product Policy），②価格政策（Price Policy），③広告・販促政策（Promotion Policy），④チャネル政策（Place Policy）から構成される「マネジリアル・マーケティング」を提唱した。製品政策では，新製品の開発プロセスや製品コンセプトの確立，製品ラインの拡大・維持，ブランド形成，パッケージ政策などの計画と実践的手法が論じられた。

2-4 サービス経済の進展と商品研究

　アメリカでは，企業のマーケティング戦略の一環として商品研究が進んでいくとともに，1960年代以降はサービスの把握・分類，概念化に関する研究も進展していった。市場での取引に限定したサービス（Marketed Services）概念，財の形態（有形性・無形性）や無形性の度合い，取引形態（所有権の移転の有無）にもとづくサービスの分類，様々な財（モノとサービス）の組み合わせによって商品を記述した「分子モデル」などが提示された。

　1970年代の後半以降，アメリカや日本では経済のサービス化が進むにつれてサービスの経済的価値（交換価値）が高まり，企業にとっての収益源なりビジネス・チャンスなりとして事業を推進する存在となっていった。そうしたなか，サービスがもつ本質的な特性をどうマネジメントし，取引（交換）成立に結びつけるかが主要な課題となった。そこで，サービスの触知可能性（tangibility）と顧客の関与（involvement）とを軸にモノとサービスとを包括した分類方法（マトリックス）や，設備ベースと人ベースにもとづいたサービス業独自の戦略手法などが企業に対する戦略的な含意として示された。

　1981年に行われたサービス・マーケティングに関する初めての集中討議では，金融を中心とする商業サービス，弁護士などの専門サービス，医療や教育などの非営利・公共サービス，サービス理論に関する研究が取り上げられた。ここでの目的は，サービス・マーケティングに対する関心を高め，知識を豊富にすること，そして，サービス・マーケティングの主要問題について実務と研究者との対話の機会をつくることにあった。

　1980年代以降は，触知不可能性（intangibility）と生産と消費の同時性に起因するサービス・クォリティの研究（概念，計測，評価といった一連の研究）や，消費者情報処理理論をベースにしたサービス研究，サービス経済におけるサービス取引の諸問題やサービス概念の研究などが進んでいった。また，これまでサービスに対する認識が比較的乏しかった医療機関や美術館・博物館，行政機関などについて，既存のマーケティング論をベースにしたサービス・マーケティング戦略

が論じられるようになった。

2-5 経済社会の変化と商品研究

これまでみてきたように，アラビア商人の時代から重商主義，産業革命による工業化の進展，富国強兵・殖産興業の時代，大量生産・大量販売にもとづく大衆消費社会の誕生，そしてサービス化の進展と，大きな歴史の流れのなかで経済環境の変化とともに商品研究のアプローチも様々な変遷をとげてきた。特に，産業革命による工業化の進展と大衆消費社会の誕生は，商品研究に大きな転機をもたらした。

「商品は時代（社会）を反映する鏡である」といわれるように，経済社会の変化によって各時代の産業社会を支える商品も，原材料品（輸出品）から軽工業品，重化学工業品，自動車や家電品，電子機器，サービスや情報通信へと変わっていった。消費生活においても，高度経済成長期における「3種の神器（TV，冷蔵庫，洗濯機）」や「3C（Car, Color TV, Cooler）」から，外食や娯楽・レジャー関連のサービス業，コンビニエンス・ストアやディスカウント・ストアといった小売サービス，携帯電話やパソコンといったデジタル家電，インターネットなど，様々な商品の登場によって我々の生活は大きく変わっていった。安定した経済社会を基盤とした「豊かさ（Quality of Life）」が追求される現代にあっては，商品の物理的・機能的研究だけでなく，商品コンセプトやブランド，商品の社会・文化的意味など，商品研究の領域は広がりをみせている。

時代とともに変遷をとげる商品研究にあっては，独自の領域やアプローチをめぐる様々な議論がなされてきた。小原亀太郎（1921）は，ヨハン・ロイスクやユリウス・ウィズナーの研究を踏襲する商品鑑定をもって応用自然科学としての商品学の唯一の領域とする見解を示した。他方，上坂西三（1926）は，商品の市場価値の決定に関わりのある要素は幅広く取り上げるべきであるとする見解を主張した。こうした見解に対して水野良象（1987）は次のように述べている。商品学は現実の必要性から個別商品の実際知識をまず第一に必要とする。これが商品学への教育的一次欲求である。その上で，商品全体に通ずる統一的原理や商品鑑定理論を見出す努力が必要とされ，これが学問としての商品学の構築につながるものといえよう。このような論争を経ながら，現代の商品学は商品の「質（quality）の科学」として，人・技術・環境との関係から商品を主体的に捉え，社会科学的・自然科学的側面から研究されている。

経済社会の変化とともに商品も商取引のあり方も変化していくため，商品研究に対して期待される学問内容もまた，時代とともに変わってきている。それは商

学や商品研究の使命でもあり宿命ともいえる。「商品は時代を反映する鏡である」という言葉には，商品の機能的進化や，産業や消費生活の進展だけでなく，時代の変化や社会・経済の要請に応えながらもアプローチを確立することの困難さも秘められている。それは，商品研究にとっては極めて重い意味合いをもっているのである。

3 ■ 学習のポイント・キーワード

- 『商業の観察』『商業の美』
  中世アラビア時代の「商人のハンドブック」として記された商品研究のルーツとなる書物。
- 商品叙述と商品鑑定
  商品叙述とは商品の製法や仕入れルート，輸送・保存方法に関する記述であり，商品鑑定は商品の真偽鑑定や品質判定をいう。商品研究は，商学的要素と自然科学的要素をあわせもつ形で発展してきた。
- ヨハン・ベックマン
  「商品学」の名を著作として最初に記し，大学で独立した講義を行ったことで，商品学の祖とされる人物。
- 商品テスト
  鑑定商品学の流れを汲む実践的な商品の品質評価方法。
- 最寄り品，買回品，専門品
  消費者の購買特性に合わせたマーケティング戦略を提示するために提唱された古典的な商品の分類方法。
- サービスのマネジメント
  サービス化が進展するなかで，サービスがもつ本質的な特性を管理し取引成立に結びつけるために，企業経営・マーケティングの視点から研究されているアプローチ。

4 ■ 練習問題

1. 暮らしの手帖社や日本消費者協会，国民生活センター，コンシューマー・レポーツといった商品テスト機関のホームページを閲覧し，現在どのような商品がテストされているのか，またどのような商品やサービスをめぐるトラブルが指摘されているのか挙げて，その特徴や傾向を調べなさい。

2．「現代」を反映する商品・サービスを挙げ，そこには現代のどのような経済・産業特性がみられるか指摘しなさい。

〔参考文献〕
飯島義郎（1982），『現代商品学の方法』文眞堂。
小原亀太郎・小瀬伊俊（1921），『商品鑑定』瞭文堂。
風巻義孝（1976），『商品学の誕生：ディマシュキーからベックマンまで』東洋経済新報社。
上坂西三（1926），『商品學概論』早稲田泰文社。
河野五郎（1984），『使用価値と商品学』大月書店。
常松洋（1997），『大衆消費社会の登場（世界史リブレット48）』山川出版社。
星宮啓（1969），『近代商品学入門』邦光書房。
水野良象（1987），『商品学読本』東洋経済新報社。
三谷茂（1962），『理論商品学序説：社会的品質形成の論理とその構造について』広文社。
吉田富義（1978），『商品学―歴史と本質―』国元書房。

参考URL
暮らしの手帖社：http://www.kurashi-no-techo.co.jp/contents/home.html
国民生活センター：http://www.kokusen.go.jp/ncac_index.html
コンシューマー・レポーツ：http://www.consumerreports.org/cro/index.htm
日本消費者協会：http://www1.sphere.ne.jp/jca-home/

第4章

標準化と商品の価値

技術や部品の標準化により,商品の供給と消費の両面において効率化や合理化が実現される。一方,画一化や同質化が標準化のデメリットに挙げられるが,標準的な技術や部品をうまく組み合わせて,商品の差別化につなげることも可能である。標準化によって商品価値がどのように変わりうるか確認しよう。

1 ■ はじめに

　商品と標準の関係は多面的である。両者の関係をひとつの商品に限定して見るか，商品間のつながりまで含めて見るかにより，標準を2つに分けることができる。ひとつは商品単体の品質の内容や水準を示す自己完結的な標準である。もうひとつは他の商品との接合部分も含めた標準である。前者は「クオリティ標準」，後者は「インターフェース標準／互換性標準」と呼ばれることがある（土井，2001）。

　これまで商品学関連のテキストでは，「クオリティ標準」を重点的に取り上げてきたといえる。しかし，今日ではデジタル家電やパソコンといったネットワークを形成する商品において「インターフェース標準／互換性標準」の働きが広く関心を集めている。そこで，本章ではこの標準についても取り上げる。

　さて，標準化された商品は，効率的に供給と消費がなされる一方，似たりよったりのものになりやすいというデメリットをもつ。しかし，標準的な商品はそれだけ汎用性も高く，販売先を広く設定できる。販売可能性の程度が標準化により広がることも考えられる。この章では，標準化によって，商品価値がどのように変わりうるかも論じたい。

2 ■ 標準の存在意義

2-1 標準の基本的機能

　標準を『広辞苑』に即していえば，①判断のよりどころ，②目標とする状態，③典型的な状態を示すもの，となる。このような性質を活かすことによりむだを省くことが可能となる。この点は標準の基本的な機能に位置づけられる。日本工業規格（JIS）の制定に関わる日本工業標準調査会は，標準がなければ，多様化，複雑化，無秩序化に至る物事を標準（規格）によって統一化，単純化をはかることが工業標準化の意義であると説明している。こうした意義は工業以外の分野でも見出すことができる。

　また，国際標準化機構（ISO）と国際電気標準会議（IEC）が共同で制定した標準化関連用語の規格であるISO/IEC GUIDE2は，標準化の目標のひとつに，多様性の調整を挙げ，その多様性の調整は種類の縮減化をともなうことが多いと説明している。

　「標準」は英語では「スタンダード」と表記される。逆に，「スタンダード」

を日本語に訳すとどうなるか。日本語では「標準」の他に「規格」と表現されることがある。一般的に，「規格」は「標準」に比べ，具体化された技術的な取決めをさすことが多い。また，公的な標準化機関で承認され，文書化されたものに「規格」の表記をあてることもある。この章では，技術面での具体性の程度や公的機関の承認の有無に関わらず，商品の価値に影響を与える標準の働きを論じたい。そこで，「規格」の表記が定着している場合を除き，「標準」の表記を用いる。本章での標準の定義については，ISO/IEC GUIDE2を参考に「目的に合った秩序を得るため，複数の主体で継続的に用いられる取決め」としておきたい。

近年の標準におけるトピックスとして，以下の3つを挙げることができるだろう。①標準化のプロセス，②ネットワークを形成する商品をとりまく標準間競争，③標準を導入した製品の構造（アーキテクチャ）が商品価値に与える影響の3つである。第3節以降，これらの論点を取り上げる。

2-2 標準化の目的

日本工業規格を規定する工業標準化法（昭和24年制定）は，標準化の目的として，①品質の改善，②生産能率の増進，生産の合理化，③取引の単純公正化，④使用または消費の合理化の4つを挙げている。これらの目的は工業以外の標準にも当てはまるものと考えられる。日本規格協会（2005）を参考にして，順を追って説明しよう。

まず，品質，耐久性，安全性などの標準が設定されることにより，不適合品を除外しやすくなる。また，設計方法の標準が制定されれば，設計の習熟度が向上し，それ以降の品質面での失敗が減少することも考えられる。

次に，生産能率の向上について説明しよう。標準化は通常，品種の縮減をともなうため，生産費用の削減が容易になる。また，品種が絞り込まれることにより，品質管理の精度を向上させやすくなる。その結果，不適合品への対応に関わる費用（失敗コスト）が減ることになる。品種の絞込みや製品間の部品共通化が進めば，生産設備の投資において重複を省くこともできる。

続いて，取引の単純公正化と使用または消費の合理化について説明しよう。取引の単純化は品種の絞込みによる効率化，合理化と関連がある。また，取引の公正化や使用，消費における合理化は，標準への適合を示す表示制度と関連が深い。文字情報や品質表示マークを通して，標準に適合していることが購買者に伝わり，商取引の公正化や商品選択の合理化が実現される。

しかし，これらの目的の達成はマイナスの作用をもたらすこともある。標準化を過度に進めた結果，生産能率の向上は達成できても，顧客ニーズの多様化に対

応できないこともある。自動車の大量生産を目指したフォードのT型車よりも，顧客の予算や使用目的に応じて多品種化をはかったゼネラル・モーターズの商品群の方が市場で高く評価されたことがその典型例に挙げられる（橋本，2002）。

また，今日の企業では，異なる製品の間で共通の部品を用いることにより，費用の削減と商品の多様化を両立させている。しかし，共通部品に不良があれば，その悪影響は広範に及ぶ。近年，自動車のリコールにおいて，届出件数，対象台数がともに高くなっており問題視されている。対象台数が増加した理由のひとつに部品共通化の進展がある。

2-3 標準化の対象と適用範囲

工業標準を例にとると標準化の対象により，標準（規格）を大きく3つに分けることができる。すなわち，①用語や記号などを規定する基本規格，②試験方法や作業方法などを規定する方法規格，③製品の形状，性能，機能などを規定する製品規格の3つである。

工業以外の標準に目を転じてみると，日本農林規格（JAS）の制定に関わるJAS法は，流通の方法も規格の対象としている。また，よく見聞きするISO9001は品質マネジメントの体系を定めた国際規格である。

続いて，標準の適用範囲を確認しよう。表4-1に示したように，まず国や地域といった地理的，政治的な境界から適用範囲を区分でき，国際標準，地域標準，国家標準，地方標準に分けられる。この他，企業や産業の境界によって適用範囲を区分することもできる。企業が独自に定め，運用している標準は社内標準（規格）と呼ばれる。産業内で有効である標準は業界標準や団体標準と呼ばれる。

表4-1　標準の適用範囲

標準の分類		標準・規格例
地理的・政治的分類	国際標準	ISO規格，IEC規格
	地域標準	欧州規格
	国家標準	日本工業規格，日本農林規格
	地方標準	電気の周波数
産業・企業の境界による分類	団体標準／業界標準	カメラ映像機器工業会規格
	社内標準	各社標準／規格

出所：ISO/IEC GUIDE2を参考に作成。例示の一部は筆者による。

ただし，表4－1に示した区分は相互に排他的なものではない。複数の標準が同時に成立することもある。例えば，ISO9001は日本語に翻訳され，日本工業規格（JIS Q 9001）に取り入れられている。この規格は，マネジメントシステム全般について定めたものであり，具体的な数値などは示していない。そこで，ISO9001（JIS Q 9001）を採用する企業は，この標準をもとに個別具体的な社内標準を制定する必要がある。

なお，ISO9001は採用が義務付けられた強制規格ではなく，任意規格である。そのため企業がISO9001に代わる社内標準を別途定めて運用することも可能となる。

〈ケース：品質の不当表示〉

取引の公正化や消費の合理化に公正な品質表示は欠かせない。しかし，品質の不当表示はあとを絶たない。近年では「偽装」という表現が定着するに至っている。偽装の他，消費者を誤認させる品質表示も横行し，食品業界などへの消費者の信頼は低下している。そこで，消費者の不安を払拭するため，業界標準を設ける動きがある。日本チェーンストア協会は2002年に自主的な基準を定めた。例えば，牛肉，豚肉，鶏肉，加工食品において，「特選」や「極上」などの表示は品質の誤認を招きやすいため，表示しないものとする内容になっている。

さて，不当表示が相次ぐ原因として，売り手と買い手の間の商品情報の格差，あるいは非対称性を挙げることができる。この情報格差を解消すべく，近年では，商品そのものだけでなく，商品の供給履歴も明確にすることが企業などに求められるようになっている。商品の履歴を追跡できることをトレーサビリティという。2003年には，いわゆる牛肉トレーサビリティ法が制定され，現在では牛の精肉などに牛の個体識別番号が表示されている。一般の人でも家畜改良センターのウェブサイトでこの番号を入力すると，牛の出生年月日，品種，飼育地などの情報が閲覧でき，供給履歴の一端を知ることができる。このような情報技術の高度化により，トレーサビリティシステムの利用可能性が向上している。

出所：日本チェーンストア協会ウェブサイト（http://www.jcsa.gr.jp/），家畜改良センターウェブサイト（http://www.nlbc.go.jp/）より引用。

3 ■ 標準化のプロセス

3-1 標準の決定主体

標準を決定する主体及びプロセスによって，標準は大きく2つに分けられる。

ひとつは公的な標準化機関が定めるもので,「公的標準」や「デジュリ・スタンダード」と呼ばれる。もうひとつは市場での競争をへて,市場の大勢を得るに至った標準をさす。これは,「事実上の標準」,「デファクト・スタンダード」と呼ばれる（山田,2008）。

なお,市場導入前に関係する企業や団体が協議を行い,標準を選定することもある。このプロセスにもとづくものを自主合意標準として区別することもある（3-4参照）。

3-2 公的標準：デジュリ・スタンダード

デジュリ（de jure）とは「正当な,適法な」という意味である。前節で例に挙げたISO9001は国際標準化機構（ISO）が定めたデジュリ・スタンダードである。ISOとはInternational Organization for Standardizationの頭文字からきている。ISOには,各国からひとつの標準化機関が参加できる。2008年現在,157ヶ国が加盟している。日本からは日本工業標準調査会が会員として参加している。日本工業標準調査会は経済産業省に設置されている審議会であり,JISの制定や改正を審議している。また,同会はIECの会員でもある。IEC（International Electrotechnical Commission：国際電気標準会議）は電気・電子技術の分野における国際規格を取り扱う団体である。

デジュリ・スタンダードは多くの利害関係者の意見や要望が反映されることもあり,広く利用されうる。しかし,当該標準がその使用される状況の多様性に十分対応できないこともある。

〈ケース：冷蔵庫の消費電力量〉

日本工業規格（JIS）で定められた冷蔵庫の消費電力量を測定する方法が2006年に改正された（JIS C 9801）。従来の測定方法はISO規格に準じていた。この規格は比較的少ない機能をもった冷蔵庫を前提にしており,今日,日本で販売されている多機能型冷蔵庫に見合っていなかった。その結果,実際の消費電力量よりも少ない数値がカタログや小売店の店頭で表示されていた。

最近の多機能型冷蔵庫には,意外にもヒーターが多数使用されている。野菜室や製氷用の給水経路が凍結するのを防ぐためである。これまでは,こうした機能を作動させずに測定がなされてきた。また,従来の測定方法は,本体を壁から30cm離したり,自動製氷機を作動させなかったりと使用実態からかけ離れた内容であった。新しい測定方法は,壁からの距離を5cmに縮める,自動製氷や脱臭装置を作動させる,水の入ったペットボトルを庫内に入れるなど,使用実態に近い

ものとなっている。新しい測定法による消費電力量は旧来のものに比べて3～4倍になった。

改正のきっかけは消費者団体や環境団体などが経済産業省や業界団体である日本電気工業会に働きかけたことにあった。こうした動きを受け，日本電気工業会は新しい標準の原案を取りまとめ，JIS規格改正の申出を行った。その後，日本工業標準審査会の審議をへて改正に至っている。

出所：「冷蔵庫本当の消費電力は？」『朝日新聞』2006年6月11日，日本電気工業会ウェブサイト（http://www.jema-net.or.jp/），JIS C 9801より引用。

3-3 事実上の標準：デファクト・スタンダード

デファクト（de facto）とは，「事実上の」という意味である。「事実上」と呼ばれる理由のひとつに，公的な標準化機関の承認によらない点が挙げられる。また，複数の標準が市場の評価を通して絞り込まれ，市場の大勢を占めた標準が残る点も「事実上」と呼ばれる理由に挙げられる。

では，市場の大勢を占めるとはどのような状態をさすのか。結論を先にいえば，市場の大勢について明確な基準が定められているわけではない。販売台数や売上高で捉えた市場シェアで論じられることが多い。ただし，市場シェアばかりにとらわれると，製品間競争や事業間競争と，標準間競争とを混同しやすくなるので注意が必要である。確かに標準間競争において優位性を獲得することは，市場シェアの増加にもつながり，結果として，製品や事業間の競争においても優位性が確保される。しかしながら，市場シェア，製品間競争，事業間競争のそれぞれにおいて，有利な状況をもたらす要因は，標準の優劣以外にも挙げられる。例えば，いわゆる4Pのうち，製品政策を除いた，価格，流通チャネル，プロモーション政策の良し悪しも市場シェアや各種競争に影響を与える。

さらに，ビールを例にデファクト・スタンダードの定義について考えてみよう。現在とは異なり，1970年代にはキリンビールの国内市場シェアは60％を超えていた。この時点において，キリンビールが国内ビール産業におけるデファクト・スタンダードであったといえるだろうか。淺羽（1995）は，供給者と需要者がスタンダードと認めた製品を業界標準（デファクト・スタンダード）と定義づけた。同氏は製法に着目し，ビール産業における製品間比較を行った。その結果，キリンビールの「ラガー」が当時，業界標準であったと論じている。この見方のようにデファクト・スタンダードの定義は広く設定できる。同スタンダードの捉え方には幅があるので，議論の際には定義の確認が欠かせない。

3-4 自主合意標準：フォーラム型スタンダード

　市場導入前に複数の関係企業が協議を行って標準を定めることがある。公的な標準化機関が強く関与しない点でデジュリ・スタンダードとはいえない。とはいえ，市場競争による淘汰のプロセスをへていないので，デファクト・スタンダードの典型例とも異なる。協議の場の名称からフォーラム型やコンソーシアム型と呼ばれることもある。こうした形式が採用される要因として，山田（2004）は①圧倒的に強い企業がなくなったこと，②競争に敗れたときの損失が大きいこと，③各企業がリスクを負えない財務状況にあること，④市場導入の遅れが競争において致命的な影響をもたらすことの4つを挙げている。

　近年でいえば，デジタルカメラとプリンターを直接つないで印刷できるPictBridge（ピクトブリッジ）規格の制定がフォーラム型に該当する。この規格はデジタルカメラとプリンターのメーカー計6社が提案したものである。6社はカメラ映像機器工業会を標準化機関として選定し，同会が規格化を進めていった。

　一方，市場導入前に関係企業が有望な標準にもとづくグループ（陣営）に分かれ，グループ間で協議を行うこともある。この状況において，デファクト・スタンダードの獲得に向けた競争を視野に入れつつ，同時に事前協議によって規格の統一化が模索されることもある。1990年代半ばに製品化されたDVDにおいては，2つの陣営の規格を組み合わせたものに統一された。しかし，いわゆる新世代DVDにおいては，統一化の協議がなされたものの合意に至らず，ブルーレイディスク方式とHD DVD方式に分かれたまま，市場導入されることになった。市場競争の結果，ブルーレイディスクが勝利を収め，HD DVDは市場からの撤退を余儀なくされた。

4 ■ 標準化による商品ネットワークの形成

4-1 ネットワーク外部性

　商品間の接合に関わる標準が商品価値に与える影響を考えてみたい。ある商品のユーザー数や商品が形成するネットワークの規模が大きくなるに従い，その商品から得られる便益が増大する性質をネットワーク外部性という。例えば，携帯電話サービスへの加入者が増加するほど，そのサービスから得られる便益は大きくなる。外部性とは経済学の概念である。市場取引で扱われない要素が，商品などのもたらす便益や費用に影響を与えることを捉えた概念である。個人や企業が

ある行動をとったとき，自らが生み出した便益のすべてを，市場取引を通して受け取らない場合，正の外部性があるという。逆に自らが生み出した費用をすべて負担しないことをさし，負の外部性という（スティグリッツとウォルシュ，2005）。ネットワーク外部性については，様々な説明がある。ここでは，商品のネットワークが市場取引で扱われない便益をもたらすことと理解しておこう。

さて，ネットワーク外部性には直接的効果によるものと間接的効果によるものがある。直接的効果とは，当該商品のネットワークが大きくなること自体，便益の増大につながることを意味している。携帯電話サービスへの加入者数の増加や通話可能地域の拡大は，そのサービスの提供する便益そのものとなる。

一方，間接的効果は主に，補完商品がもたらす便益の増大をさす。パソコンの基本ソフトが複数あったとしよう。多くの人は普及率の高い基本ソフトを購入する。より多く販売されている基本ソフトには，補完的に使用できる応用ソフトが質，量ともに充実していると見込まれるからである。

4-2 クリティカル・マス

ネットワーク外部性と関連の深い標準間の競争においては，早期にユーザー数を増やすことが求められる。累積販売数量やユーザー数（インストールド・ベース）が多い標準の方がより多くの便益が得られると評価されるからである。逆にいえば，インストールド・ベースの少ない標準は，商品の性能が高くても，低い評価に留まる可能性がある。標準間競争において攻勢に転じることが可能な規模をクリティカル・マスという。

では，このクリティカル・マスとはどのくらいの規模なのであろうか。柴田（2000）によれば，意外に小さなものである。競争相手の標準も含め，当該製品の世帯普及率が2〜3％の時点で市場シェアの高かった標準が，その後，市場の大勢を獲得しているという。家庭用VTR，ビデオディスク，テレビゲーム機が該当例として報告されている。もちろん，インストールド・ベースだけが，標準間競争の勝敗を分ける要因ではない。しかし，これらの事例から，市場導入を早めることに加えて，インストールド・ベースを早期に増大させることが，標準間競争を勝ち抜くかぎとなっていることがわかる。

4-3 標準化をめぐる協力と競争

インストールド・ベースの増大を早期に実現させるために，通常の企業行動とは異なる，競争企業間での協力関係が形成されることがある。淺羽（2000）によれば，ある企業が他社に先行して技術や標準を開発した場合でも，その標準の普

及を早めるため,技術仕様を競合他社に公開することがある。場合によっては,あえて市場導入を遅くして,他社の模倣を促進させることもある。これらはオープン戦略とも呼ばれる行動である。

ただし,オープン戦略が奏功し,標準間競争を勝ち抜いたとしても,同一標準内の製品間競争は残されている。すると,今まで手を結んでいた企業が競争相手となり,利益配分が乏しくなることも多い。こうした状況を避けるため,当初より,技術や標準を独占して,クリティカル・マスの確保をはかる方法も考えられる。他社に標準を利用させない行動はクローズド戦略と呼ばれる。

このように,標準の他社への公開については,オープン戦略とクローズド戦略に分けられる。企業がクローズド戦略をとるのに適した状況は3つある。つまり,①他社に対する自社の相対的能力が高いこと,②購買者の選好が異質であり,複数の標準が存在しうる市場であること,③競争に敗れたとしても損失が大きくないことである(淺羽,2000)。逆に,相対的地位が弱く,市場が等質的で,敗れたときの損失が大きいときは,オープン戦略をとって,標準間競争をまずは勝ち抜くことが必要となる。

5 ■ 製品アーキテクチャと標準化

5-1 製品アーキテクチャ

標準化のデメリットとして画一化や同質化を挙げることができるが,標準的な技術や部品をうまく組み合わせることにより,商品の価値(使用価値と交換価値)を高めることができる。1990年代半ばから盛んに論じられている製品アーキテクチャ概念,とりわけモジュラー・アーキテクチャの概念をひもとくと,標準化と商品価値の関係を整理できる。

製品アーキテクチャとは機能と構造の関係,あるいは構造体同士がどのように結びついているかを捉えた概念である。ウルリッチとエッピンジャー(2004)は,①機能と構造の対応関係と②部品間の相互作用の2点から分類している。2人にならって自転車のブレーキ用,変速用のレバーを例に説明しよう。一般的な自転車では,ブレーキレバーと変速レバーが別々に取り付けられている。それぞれの部位がブレーキをかける,変速させる,というようにひとつの機能を発揮している。この場合,それぞれのレバーにおける機能と構造の対応関係は一対一に近くなる。

一方,競技用の自転車においては,空気力学的,人間工学的な機能,性能の向上を意図して,2つのレバーが一体化されることがある。この部位はブレーキと

変速の2つの機能を発揮しており、2つに分離しているレバーに比べて、より複雑な機能と構造の関係になっている。この場合の機能と構造の対応関係は多対一となる。また、自動車を例に挙げると、その乗り心地や燃費に関わる機能と構造の関係はさらに複雑になり、機能と構造が多対多の関係になる。

さて、自転車の例に戻り、部品間の関係について考えてみよう。一般的な自転車の例では、ブレーキレバーと変速レバーは別の位置に搭載されており、半ば独立している。仮に一方の設計を変更したとしても、他方に与える影響は少ない。逆に、競技用自転車の例では、どちらかの設計を変更する場合、他方に与える影響を考慮しなければならない。

一般的な自転車の例に見られた製品の構造をモジュラー・アーキテクチャといい、競技用自転車のそれをインテグラル・アーキテクチャという。前者は組み合せ型、後者は擦り合わせ型とも呼ばれる。

5-2 モジュラー・アーキテクチャと標準

藤本（2004）はモジュラー・アーキテクチャにおいては、部品と部品の接合部であるインターフェースが比較的単純なもので間に合い、標準化が容易であるとしている。パソコンとプリンターのインターフェースは自動車のサスペンションとボディのそれよりも単純であり、より標準化がなされていると説明している。また、インターフェースの標準は社外にも適用されるものと、社内でのみ適用されるものとに分けられる。前者のものは、オープン・モジュラー型、後者はクローズド・モジュラー型に区分される。例えば、自転車部品メーカーのシマノが製造するギア・コンポーネントは他メーカーの自転車にも搭載できる。これはギアがオープン・モジュラー型になっているからである。他方、工作機械においては、同一メーカーの製品であれば、異なる機種であっても部品を共有できるが、他メーカーの部品は使用できないことが多い。これは、クローズド・モジュラー型のアーキテクチャを採用していることによる。

以上の説明をふまえると、モジュラー・アーキテクチャを3つの基準で絞り込める。つまり、①機能と構造の関係が単純か複雑か、②部品間のインターフェースが単純か複雑か（インターフェース標準の有無）、③部品間のインターフェース標準が他社に対しオープンかクローズドであるか、の3つである（図4-1を参照）。なお、インテグラル・アーキテクチャの場合は部品間インターフェースが複雑であり、その標準化は難しい。したがって、インテグラルに関してはインターフェースがオープンかクローズドかという議論は成り立たないと考えられる。図4-1にオープン・インテグラル型がないのはこの理由による。

5-3 モジュラー・アーキテクチャと商品価値

　インテグラル・アーキテクチャはおのずからクローズドな仕様となるため，商品の差別化につながりやすい。現に，国際競争力をもった日本企業の強みはインテグラル・アーキテクチャにあるといわれている。これらの企業は，インテグラル・アーキテクチャをとりまく部品間の調整や製品開発組織間の調整（擦り合わせ）に長けていると評価されている。

　一方，モジュラー・アーキテクチャの場合，部品の互換性が高くなるため，画一化や同質化が進み，商品の差別化が難しくなる。その結果，当該商品が低価格でのみ販売可能となる，いわゆるコモディティ化の状態に陥ることも想定される。

　しかし，標準的な部品でも，その組み合わせ方により，完成品としての商品を多様化できる。腕時計のスウォッチが好例である。駆動部分については比較的，種類が少ないが，盤面やリストバンドについては多種類が用意されている。部品の寸法互換性と機能互換性を確保しながら，意匠（デザイン）に関わる部分については変化をつけることにより，完成品としての多様化をはかっている。

　また，部品の標準化と低付加価値志向は一対のものと考えられやすい。しかし，標準的な部品が完成品の価値を高めることがある。標準化された部品であっても，

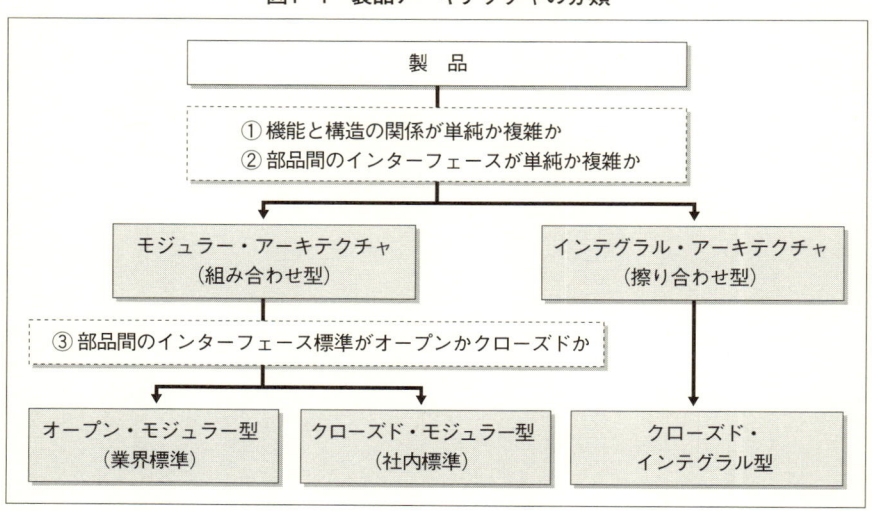

図4−1　製品アーキテクチャの分類

```
                    ┌─────────────────┐
                    │      製　品      │
                    └─────────────────┘
                              │
                    ┌─────────────────────────┐
                    │①機能と構造の関係が単純か複雑か│
                    │②部品間のインターフェースが単純か複雑か│
                    └─────────────────────────┘
                              │
                ┌─────────────┴─────────────┐
                ▼                           ▼
    ┌─────────────────────┐     ┌─────────────────────┐
    │ モジュラー・アーキテクチャ │     │ インテグラル・アーキテクチャ│
    │    （組み合わせ型）      │     │    （擦り合わせ型）      │
    └─────────────────────┘     └─────────────────────┘
                │
    ┌─────────────────────────────┐
    │③部品間のインターフェース標準がオープンかクローズドか│
    └─────────────────────────────┘
        │                    │
        ▼                    ▼                   ▼
┌──────────────┐  ┌──────────────┐  ┌──────────────┐
│オープン・モジュラー型│  │クローズド・モジュラー型│  │  クローズド・   │
│  （業界標準）    │  │   （社内標準）   │  │ インテグラル型  │
└──────────────┘  └──────────────┘  └──────────────┘
```

出所：藤本（2004）をもとに作成。

その部品が完成品における重要な機能を担い，かつその水準が高ければ，部品はもとより完成品の競争優位性も高まる。先に紹介したシマノが製造するギア・コンポーネントがその例に当たる。この部品はオープン・モジュラー型に位置づけられる。業界標準が共有されているため，シマノの部品と他社の部品は互換性を有している。しかし，高い性能を求めるユーザーの多くがシマノの部品を代替不可能なものと評価している。つまり，寸法という次元では他社部品と互換性があっても，性能面では互換性がないとされているのである。こうした評価を背景に，多くの完成品メーカーがシマノの部品を採用している。標準部品が広く用いられると当該部品メーカーは部品の生産数量の増大により，規模の経済や経験効果の利益も得ることができる。実際にシマノの売上利益率は高い水準にある。この要因のひとつに製品アーキテクチャにおける位置取りのよさが指摘されている（藤本，2004）。

6 ■ 学習のポイント・キーワード

・標準の基本的機能
　標準は目的に見合った秩序を形成するため，物事の統一化，単純化をはかるものである。通常，種類の縮減をともなう。こうした基本的な働きにより，商品供給と消費の両面において効率化や合理化が実現される。

・デジュリ・スタンダード
　公的な標準化機関によって制定された標準。そこには，多くの利害関係者の意見・要望が取り入れられるが，実情に合わないものが制定，運用されることもある。

・デファクト・スタンダード
　市場での競争をへて市場の大勢を占めるに至った標準。市場の大勢を把握する際には，標準間競争，製品間競争，事業間競争の違いに留意する必要がある。

・フォーラム型スタンダード
　関係企業が市場導入前に協議を行い，取りまとめた標準。ただし，関係企業は協議を行いつつ，自らが開発してきた技術，標準が有利な状況で利用されるよう，同時に競争的な行動をとることもある。

・ネットワーク外部性
　商品のユーザー数やネットワークの規模が大きくなるほど，当該商品がもたらす便益が増大する性質をさす。この性質をもった標準間の競争において，攻勢に転じることが可能な規模であるクリティカル・マスの獲得が重要となる。

そのためには，早期に市場導入を果たすとともに，累積販売数量やユーザー数（インストールド・ベース）を増大させる必要がある。
・モジュラー・アーキテクチャ
　機能と構造の関係が比較的に単純であり，部品間のインターフェースが標準化されているもの。インターフェースの標準については，社内でのみ適用可能なクローズド・モジュラー型と業界内で適用可能なオープン・モジュラー型とに分けられる。

7 ■ 練習問題

1．企業見学や工場見学を行い，その企業の製品や製造工程に採用されている標準，規格を整理してみよう。
2．品質表示が有効に機能していない例を調べ，その原因を明らかにしてみよう。
3．デジタル家電の標準間競争を調べ，インストールド・ベースを早期に増大させる企業の取り組みを明らかにしてみよう。

〔参考文献〕
淺羽茂（1995），『競争と協力の戦略』有斐閣。
淺羽茂（2000），「ネットワーク外部性と競争戦略」新宅純二郎・許斐義信・柴田高編著『デファクト・スタンダードの本質』有斐閣。
土井教之編著（2001），『技術標準と競争』日本経済評論社。
藤本隆宏（2004），『日本のもの造り哲学』日本経済新聞社。
橋本毅彦（2002），『〈標準〉の哲学』講談社。
日本規格協会編（2005），『新JISマーク認証の手引』日本規格協会。
柴田高（2000），「マルチメディア時代のデファクト・スタンダード化戦略」新宅純二郎・許斐義信・柴田高編著『デファクト・スタンダードの本質』有斐閣。
スティグリッツ，ジョセフ・Eとカール・E・ウォルシュ（2005），『スティグリッツ　入門経済学（第3版）』藪下史郎他訳，東洋経済新報社。
Ulrich, Karl T. and Steven D. Eppinger (2004), *Product Design and Development 3rd ed*, New York: McGraw-Hill/Irwin.
山田英夫（2008），『デファクト・スタンダードの競争戦略（第2版）』白桃書房。

第5章

市場の課題と商品開発

今日、消費社会は、調和価値社会への移行期にあり、市場を取りまく競争環境も大きく変化しているなかで、多くの市場の課題を内在している。イノベーションが進展するなか、企業はより競争優位を獲得する戦略に取り組んでいる。他方、消費や商品の課題や問題も従来とは異なる様相を見せている。本章では、商品の市場性と社会性の調和の実現に焦点を置き、今日的な市場の課題に対応する新たな調和価値を追求する商品開発とは何かを考察する。

1 ▪ はじめに

　今日，実に様々な商品が市場に登場し，商品市場は目まぐるしく変化を続けている。それは，厳しい市場競争環境の下で，企業が，製品開発競争を戦略的に展開しているからに他ならない。科学技術の研究にもとづく高度な技術競争を活かすシーズ指向の新製品，消費者の潜在的なニーズを想定したニーズ指向の話題性の高いヒット商品など，いずれも先見性のある魅力や新たな利便性を放つ製品や商品の開発である。

　一般に，企業活動の目的とは，持てる資産（資源）を最大限に活用し，できるだけ大きな価値を創造し成長していくことにある。そこでは，製品開発が企業経営のなかで，重要な位置を占めている。そして，製品開発の基本的役割とは，企業が備えた技術や情報を統合して価値創造を具現化する過程において，可能な限りの付加価値の増大化にどのように貢献できるかである。延岡（2002）は，製品開発にとって重要な付加価値創造の源泉として，①顧客にとって高い価値を提供すること，②それを低いコストで実現すること，③競合企業に対する優位性を確保すること，の3つがあると指摘する。

　この考え方を踏まえれば，商品の価値とは，まずは消費者にとってどのような生活密着型商品としての魅力を提供しているか，どのような生活提案を実現したか，どれだけ満足感を与えられたかなど，商品としての「消費価値」の側面，すなわち有用性や希少性（市場の話題性や新規性）によって規定されるといえるだろう。と同時に，企業にとっては，自社の製品によってどれだけ収益性を獲得するか，自社が市場優位を維持・獲得できるかなど，製品としての優れた「生産価値」の側面から規定されるといえよう。

　こうした一連の製品開発の戦略的意義に関する考え方は，マーケティングや経営，組織・マネージメント研究でしばしばなされる。さらにそこでは，マーケティング戦略としてのヒット商品の研究，製品・ブランド戦略やブランド価値の研究，また，製品開発のプロセスや製品開発の組織に関する研究も多い。当然，製品あるいは商品開発について学習，研究を進める際には，これらの内容は，製品戦略の基礎，製品開発のプロセス，そして製品開発の組織に関する基本的理解であり，大切な学習である。

　一方，先に述べたように，商品の価値は，まずは，消費価値と生産価値で規定されるが，これらは，いわゆる商品の「市場性」に関する議論の範疇である。しかし，今日の社会環境の大きな変化のなかで，市場は新たな課題や問題を抱えて

いる。そこでは新たな消費者問題，また潜在的ないし顕在的な商品の課題や問題も多く残されている。それらを想定すると，商品の市場性の議論に加え，さらに商品の社会性の議論が，市場における商品開発の課題として改めて認識される。

　こうした理解を踏まえ，本章では，今日の商品市場における商品化現象を通して商品開発の課題を再考することを目的としよう。つまり，商品市場において，新たにどのような消費者問題や商品問題が顕在化してきているのか，また潜在的な商品問題を発生させる商品開発の課題とは何かを探ることである。そのための考察を，商品の市場性と商品の社会性の側面から考察する。さらに，商品化技術の側面からもあわせて考察しよう。こうした議論から，商品市場の課題や問題へ接近し，調和価値を追求する商品開発を考察することとしよう。

1-1　基本的事項；今日の商品開発をどのように理解するのか

（1）商品開発の再考への基本的視点

　そもそも，企業の商品開発を考察する際には，製品から商品化（市場化）までの全プロセスを捉える視点が必要である。

　ひとつには，企業組織における「製品開発のマネージメント」を考えなければならない。一般には，企業側における，①製品開発の組織，②製品開発のプロセス，③市場の反応（消費の反応）として商品開発の市場成果と課題　などを，考えなければならない。こうした一連の製品開発のプロセスを通して，初めて，探求型の製品商品開発が実現し，それが顧客満足創出の商品開発へと結び付く。また，企業の製品開発とは，基本的にある程度の量産を前提としている。新しい形態，機能，そして技術を盛り込んだ製品を企画，設計，試作，実験し，その量産に必要な生産工程を準備することも検討され，その上で，製品化へと進む。つまり，ここで大切なことは，単に個別の「商品単体」を想定した議論の範疇ではないということである。

　2つには，マーケティングにおける「製品開発戦略」を考えなければならない。その基本には，ヒット商品を生みだすアイディアや消費者ニーズの分析が重要であり，顧客に感動を与える商品を市場化する議論である。そこには広範囲にわたる製品，商品開発の学習が存在することに注意を払わねばならない。一般に，学習者は，まずは目の前で展開する話題の商品に関心を払いがちである。例えば，市場成果も高く，新規性のある人気商品の機能・性能等を分析する場合である（例；ヒット商品の分析）。が，それ以上に，効果的な製品開発組織のあり方，効率的な生産体制の構築，また探索型マーケティング活動と効果的なプロモーショ

ン活動に関する学習も重要となる。

　そしてさらに，本章の中心議論であるが，市場成果としての商品化現象をどう分析するか，消費社会における潜在的な商品問題を克服する商品開発の課題は何かという考察がある。その議論は，必ず，新たな市場の仕組み，また企業価値の創出やビジネスモデル，社会的視点を注目するマーケティング活動の考察につながり，さらに今日の市場における技術革新の理解と評価，また消費の課題等に対してひとつの「解」を生みだすことになるだろう。

　消費者が満足する，そして，企業も収益を上げる。その上に，今日の市場の潜在的課題を克服する商品開発が望ましい。それによって，初めて市場性と社会性との調和が図られた商品開発となる。それが，本来の顧客満足型を指向する商品開発である。商品開発とは，本質的には将来の生産〜消費過程のシミュレーションであり，それにより，初めて，市場優位性を獲得する顧客満足型の商品開発が実現されるといえよう。

（2）商品の市場性と社会性の調和

　基本的な言葉について，簡潔に説明しよう。
1．商品の「市場性」・・・「生産価値」（収益性，コスト削減の実践）と「消費価値」（消費者ニーズに合致）の高さである。
2．商品の「社会性」・・・商品が市場に課された社会的命題を果たしていること。環境配慮，少子高齢化への配慮，安全性の確保，情報プライバシーへの対応，ストレスの低減など，社会的貢献性の高さである。
3．調和とは・・・経済効果や市場性・技術の評価，地域社会や社会的配慮性，自然環境の配慮や保全，個人生活の尊厳など，現代社会の諸課題の克服・低減の実行をさす。

　商品の「市場性」と「社会性」の弛み無い追求が，市場活動，消費社会の調和を深めることになる。

2 ▪ 市場の課題と消費の問題，商品問題の理解

2-1 市場の変化における企業の新たな課題

（1）市場競争環境の変化と市場の課題

　今日の消費生活を取りまく市場環境の変化から，市場の課題（消費や商品の問題）を考えてみよう。以下に，主な内容別に提示する。

〈市場や社会の変化〉　　　　　　　　　〈市場の課題〉
■IT革命，電子商取引の促進　・・・・・・機器操作が前提，セキュリティ問題
■少子高齢化の促進，単身高齢世帯の増大・・制度・市場活動の未熟さ・不徹底
■金融取引の多様性・複雑性・・・・・金融情報の難解，速すぎる変化と情報量
■環境問題の悪化・・・・・・・・・環境情報，環境学習・機会の不徹底・不足
■地域・家庭機能の低下・・・・生活維持・コミュニティ機能未熟，格差の発生
■ライフスタイルの変化・・・プライベートとパブリックの際が不明瞭・欠落

　今日の消費社会は，一見，快適で専門性にも優れ，利便性にも富んできたといわれる。が，別の角度から見ると，消費者は，消費生活を維持するための多くの課題や問題も内在しているといえる。
　次に，企業を取りまく競争環境の変化と現在，企業がどのような課題を内在していると考えられるのか考えてみよう。

①企業を取りまく競争環境の変化
■グローバルな競争環境下での新たな競争条件に迫られていること。
■技術革新の速度が速すぎるため，新たな対応や制度の整備が追いつかない。
■競争相手が見えない。異業種／種業態／バーチャルなど，ビジネスモデルが変化してきたことから，競争相手が見えにくく，その手法も複雑化している。
　つまり，先に示した今日的な市場の課題を想定すると，企業組織としての新たな体制・制度への対応が急務となっていることがわかる。これらへの対応が遅くなれば遅くなる程，企業は多くの課題・問題を潜在的あるいは顕在的にかかえることになる。

②企業の抱える課題や問題
【組織】…「横並び」行動からの脱皮・変革意識が不鮮明
【人】…自発性の低さ，挑戦者の人材不足，新規性や意外性へ防衛本能が高い
【活動】…現状への固執，タイムフロー的対応に過剰に依存，カタストロフィー
　　　　　的な対応不足
【コミュニケーション】…「情報コミュニケーション」についての専門性が低い
【ネットワーク】…コラボレーション，パートナーシップの垣根が未だ高い

（2）企業の消費者対応部門の戦略的な位置

　現在，企業が社会的な活動意義を高めるために，新たにどのような視点や取り組みを始めているのだろうか。なかでも，消費者に身近な消費者対応部門での意識変革と新たな位置づけを考えよう。

企業が，先に指摘した様な課題や問題をかかえていたら，どうなるだろう。そうした企業は，いわゆる「消費者主義」という言葉はお題目で（壁に掲げられた標語），単なる効率的な顧客管理，苦情対応・相談の業務にとどまってしまうだろう。しかし，最近，企業のなかには，企業のコンプライアンス経営（社会的責任を意識した経営）への転換とその意義に覚醒した企業が出現している。こうした変化は，食品業界の偽装事件，公益企業・民間企業等の検査データ虚偽記載，各種の欠陥商品の隠蔽事件などが引き金となったものであり，企業自らの意識に確実に変化が始まっているのは事実である。

　従来まで，企業が認識してきた「ルール」についての考え方にも変化が起きている。これまでは，<u>「取締りルール」</u>重視であったのが，近年では，<u>「民事ルール」重視</u>へと変化してきており，さらに，<u>「自主ルール」</u>の重視へと，認識が変化してきていると指摘できる。

　一般に，コンプライアンスとは，「何かを順守すること，従うこと」がもともとの概念である。ただ，それは消極的なメリットや理解から，それぞれの企業が「自主行動基準」等の策定によって，より積極的なメリットや良質企業としての賛同と理解を獲得していく重要性の認識へと変化してきている。例えば，新たな「苦情対応マネージメントシステム指針」（JIS）の導入や社会的責任投資（SRI）（年金基金や投資信託などのファンドにおける，社会的責任を重視した経営の企業に投資）などである。

　こうした変化のなかで，企業の消費者対応の姿勢も変化してきているといえる。

①企業の消費者経営という羅針盤〈「消費者対応部門」の戦略的機能〉

　今日，企業は，消費者と直接，接する部門を，より戦略的部門として，その経営戦略的意義を認識し始めている。例えば，次のような認識である。
■ 企業における消費者対応部門の意識変革・新たな配置
■ 消費者対応部門は，社会の動向をいち早く察知する
■ 企業のトップ，社内の各部署への市場の情報伝達部門

　こうした認識に立ち，消費者対応の部門を新たな部門機能を発揮する仕組みに改めて導入する企業もある。

　つまり，社会と市場との結束性，専門性を基本とした「コミュニケーション活動」の戦略部門として，「消費者対応部門」は経営革新のための戦略部門の最前線にあると改めて位置づける認識である。企業のこうした変化は，必ずや，今日の市場の課題，商品問題の低減や克服に反映されるだろう。

2-2 消費の問題の変化
そもそも、「消費（者）問題」とは、次の２つの側面から発生する問題である。
1．消費者自身に帰着する問題
2．消費者に被害や不満をもたらす経済・社会・制度的問題

　ここで，若干，消費者問題の経過を見ておこう。

　わが国において，当初の消費者問題は，戦後の経済成長期において産業の保護・育成が優先されたために，生産者優位の諸政策が導入された結果，生産者と消費者の間に大きな技術的や知識・情報のギャップが形成され，消費者側に，様々な混乱や被害が発生していった経緯の中で発生してきた。その後，1970年代後半以降には，消費（者）問題の様相も変化し，次第に広範囲な問題へと変化していった。

　一方，「商品問題」は，狭義の理解と広義の理解から次のように指摘される。
◆狭義；生産・流通・消費・廃棄の諸活動から発生する個別商品の問題
　　　　例：欠陥商品，安全配慮の不足，虚偽表示・広告，UDの不足等
◆広義；生産・流通・消費・廃棄における商品化プロセス上の問題

　つまり，広義の商品問題の場合，商品の市場化政策，市場制度としての理解が必要となる。従来は，狭義の商品問題に向けて，比較的，顕在的な消費（者）問題や個別の商品問題への対応が多かった。が，近年は，広義の商品問題も多く，そのため，今日の消費生活のなかで，消費者は潜在的な「市場の課題」に遭遇することが多くなったともいえる。それは，今日の消費（者）問題や商品問題は，市場システムにおける分業が進展した構造とも密接に関わり，いわば社会構造的な側面に潜む問題や課題が多い故でもある。さらに，文化的な価値観の相違，また「公」への関心や配慮の欠如等の社会的エチケットの不足から発生するものもある。つまり，現段階までの市場システムが新たな不足に対応しきれてないという側面があることにも注視すべきである。そうしたなか，近年，多発している企業倫理の欠如や個別の欠陥商品の問題等は，本来ならば未然に防げる問題であり，経営側の認識の甘さや企業努力の不足の結果といわざるをえない。

　つまり，今日の消費生活のなかで消費者が抱える消費の問題や商品の問題とは，その多くが高度な技術革新の上に成立する現代的な生活を維持する故に発生している課題も多く，潜在的市場の課題にも目を向けなければならないということだ。さらに，国際的な商品の取引環境変化のなかで，多様な問題や課題も新たに発生している。今後に向けた潜在的な市場の課題にも注視し，今後の商品開発を探る際には，新たな市場システムの整備を誘導する視点や新たな商品化政策としての理解もそこでは必要となる。

3 ■ 商品開発の課題，そして再考される内容

3-1 商品の3つの価値と商品開発の方向

(1) 商品の3つの価値

　さて，我々は，一般に，何を基本として商品の良し悪しを判断し評価するのか。ここでは，商品の3つの価値，すなわち生産価値，消費価値，そして社会的価値から考えてみよう。表5-1に商品の良し悪しを考える際の基本事項を示してある。

　一体，我々は何を基準に良い，悪いを考えているのだろう。果たして，完全なる商品が存在するのだろうか？

　要は，商品の良し悪しを考える時，表5-1の左側に向かうように，「生産価値」「消費価値」「社会的価値」の3つの価値のバランスをいかに図るかが大切なのだ（なお，表中のUDは，ユニバーサルデザインの略）。一般に，商品開発は，個別企業の（時に，業界の）意図や判断によって実施されるが，あくまでも，各社が備えた経営資源や特徴が，その戦略に反映される。しかも，市場の動向を探る「マーケット・イン」の発想を踏まえれば，その商品化の有効性は高くなるだろう。しかし，こうしたマーケティング戦略上の企業の意向や意志決定だけでは，当然，個別企業の事情や判断に引きずられてしまう。とても，潜在的な市場の構造的課題への挑戦，あるいは社会的制度としての新たな商品づくりなど，商品の「社会化技術」の吟味ともいうべき（理想的）状態には辿り着くことはできない。

　例えば，ロングセラー商品と呼ばれる多くの商品の場合，市場導入後に，必ず，製品としての進化が図られている。消費者が気付くこともあれば気付かないこと

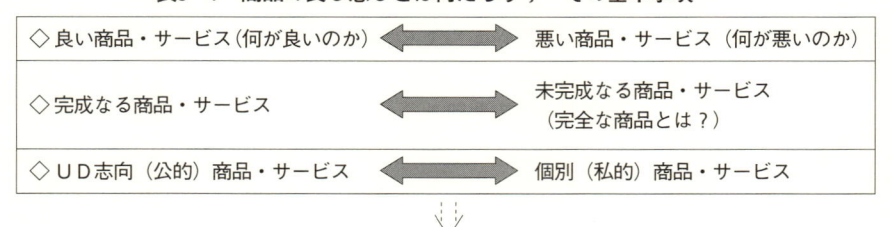

表5-1　商品の良し悪しとは何だろう；－その基本事項－

◇ 良い商品・サービス（何が良いのか） ⇔	悪い商品・サービス（何が悪いのか）
◇ 完成なる商品・サービス ⇔	未完成なる商品・サービス（完全な商品とは？）
◇ UD志向（公的）商品・サービス ⇔	個別（私的）商品・サービス

⇓
＜　企業の「商品化技術」の洗練さが期待される　＞

出所：筆者作成。

もあるが，多様な製品としての改良策が採用され，少しでも完成に近い商品を描くことは，常のことである。

つまり，この改良を追求する活動からいえることは，企業が自社商品の【完成の否定】ということではないだろうか。逆にいえば，企業は「常に製品は未完成でなければならない」というポリシーをもつ方が望ましいと考える。常に新しいアトラクションを追加しているディズニーランドが顕示するテーマパークとしての優位性は，究極の完成のないことに気付いている企業活動の一例ではないだろうか。自社製品が完成品であることを否定することで，市場導入後の自社商品に対する学習を推進する。それこそが，企業の商品化技術をより洗練させることにつながり，探索型の商品開発に接近する。商品としての「完成」や「正解」を常に否定する立場を採用しつつ，商品の3つの価値のバランスを重視する企業の姿勢を期待したい。

企業経営者や組織としての先見性や市場の潜在的課題を掴み取る見識こそが，より普遍的な商品の価値，3つの商品価値のバランスを志向することにつながると理解する。

商品開発という組織活動における企業に求められる社会的責任の基本的スタンスがここにあると考える。

(2) 商品特性，消費特性から探る商品開発の方向

商品は，商品特性や消費特性をもっている。例えば，機械系商品のように機能・性能的な商品特性を反映するもの，一方，消費者の感性や情緒性を反映するファッション系商品というように，商品特性は異なる。また，同種の食品のなかには，セレモニー，ハレの場で利用される頻度の高い商品もあれば，日常利用の高い商品もあるというように，その消費特性も多様である。

表5-2　商品特性，消費特性から消費・商品の問題を探る

基本的項目	区別・評価される内容
◇安全・安心の優先	ハザード／クレーム／リスク
◇先端性・技術性	市場（導入・成長・成熟・衰退期）段階の評価
◇情緒・感覚性	個人的嗜好／文化性，社会のエチケット
◇常習・習慣性	単品評価／商品連関での評価
◇利便・簡便性	個人評価／集団・社会での評価

出所：筆者作成。

一般に，マーケティングとしてマーケティング・ミックスでいわれる4Pのなかのひとつ「プロダクト；製品」の設計に関する考察は，基本的な内容であり重要である。が，本来，個別の商品に関する議論に届くには，商品特性や消費特性の側面から商品開発の潜在的な課題を考察することにも関心を払うことは大切であろう。表5-2には，現代商品の商品特性や消費特性を想定し，5つの基本的項目別に区別され評価される内容を示した。各内容の吟味が重要である。

3-2 消費の場面から見た再考対象

　最近の消費現象や商品・サービス提供の実情を踏まえ，より高いパフォーマンスを生む商品価値の形成へ向け再考すべき内容のなかから，特に重視される5つの内容について表5-3に提示し，各々の内容別に再考対象を示した。なお，ここで提示した内容は，論理的に抽出されたものではないが，少なくとも，顕在的な（ないし潜在的な）今日の消費や商品の問題を反映しており，今後のより良い商品企画や設計手法のヒント，サービス提供の工夫，また企業の情報提供のあり方や積極的なコミュニケーション活動を考える材料となるものだ。

　例えば（1）の場合，今日，高度な技術革新とそれによる商品設計の変更などが頻繁に起こってきたために，消費者の理解を遙かに超えて，現代商品は「ブラックボックス」に入ってしまった状況だろう。消費者は，正確にその商品内容を理解していない，説明もできない。多くの消費者は，商品の仕組みや技術的状態などわからないままに，商品を使用し利用している。次いで（2）では，消費者は消費価値（ここでは健康価値を提示してある）にこだわって市場のトレンドを重要視している。そのため，話題の商品が登場すると魅力を感じ，多くの人が良い商品と評価するだろう。だが，総合的な食生活の場面から見た「良し悪し」まで意識しない，気が付かないのだ。また（3）の場合，消費者の属性や世帯状況が多様であるにも関わらず，従来どおりの「標準世帯」や平均的な健常者をター

表5-3　消費・商品から再考対象を探る

（1）技術革新・設計転換	⇒	商品進化を伝える平易な情報
（2）健康志向を反映した商品，販売	⇒	利便性とサービス性の再考
（3）消費，生活スタイルのデザイン	⇒	人の生活能力の再考
（4）流行・ファッション・情緒性の商品	⇒	私と公の際を再考
（5）話題のTV番組の構成・視点	⇒	市民学習への覚醒・接近

出所：筆者作成。

ゲットに想定した商品開発，サービス提案が多く，実際の消費者満足やニーズに合致しにくい状況も多くなっている。さらに（4）では，個人の欲望や期待，嗜好が優先され，周囲や社会のなかでの個人の消費行為のマイナス面も続出してきている。最後に（5）の場合，商品や消費生活に必要な情報の伝達としての例だが，TVのメディアとしての現代的機能性が生かし切れていない。番組などの活動のポテンシャルが高いにも関わらず，経費や時間的制約などからか，情報伝達の側面で限定的な部分が多く，総合的な市民学習としての情報伝達効果も低減している例が多い。

そこで次に，具体的な商品事例のケースから再考対象の内容を見てみよう。

3-3 ケース：商品開発事例からの再考

ここでは，次の4つの商品開発の課題を考察しよう。

（1）技術革新・設計転換

いわゆる白物家電は，成熟市場といわれて久しいが，現在そうした家電が進化を続けている。例えば，「冷凍冷蔵庫」を技術革新や設計変更などの視点から眺めてみよう。図5-1には代表的な冷凍冷蔵庫の商品進化を時系列に簡潔に整理したものだ。

1996年『野菜忠臣蔵』（日立），1999年『さくっと切れちゃうシリーズ』（三菱），2005年「フレンチドア・ノンフロン冷蔵庫」（シャープ），同年『冷凍室大型化』（各社）など，技術革新や設計変更の変遷を，各社の商品の特色を中心に示してある。技術革新，改良型技術の適用等により商品は大きく変化している。ここで，消費の側面で見ると，多くが，「技術者の言葉」で商品を説明し，消費者には商品説明が難しすぎないかという課題が浮きあがってくる。

例えば，野菜室の高機能化の商品として，「ビタミンC」を増やす新機能の商品化を提示する商品が登場した。だが，当初はその商品説明が難解であったと記憶している。その後，商品情報を平易な内容で知らせる改善が図られた。企業側の商品化技術を，消費者にそのまま伝えることではなく，いかに技術や理屈を平易に解き説明するかが大切なのだ。消費者が商品自体を理解できない状態が多いなかで，商品情報は大切な役割をもっている。商品進化をわかりやすく伝えること，不鮮明な説明，過剰な専門的・技術的情報は不要である場合が多い。商品化技術を「平易な情報」にすることで，消費者理解とのギャップを少しは減少させることができよう。

図5-1 代表的な冷凍冷蔵庫の商品進化

```
（1）技術革新・設計の転換 （「冷凍冷蔵庫」の例から）
```

◆『野菜忠臣蔵』（日立）1996年 ⇒ 使い勝手にあわせた「設計変更」
- ドア開閉頻度をビデオ撮影・調査　→　現場から改善点の洗い出し作業
- 従来の設計＜冷凍・冷蔵・野菜室＞　→　＜冷蔵・冷凍・野菜室＞「野菜の鮮度」
- 日本人女性の平均身長156cm　→　床から「野菜室の床高　93cm」へ新設計

◆『さくっと切れちゃうシリーズ』（三菱）1999年 ⇒ 家庭の冷凍温度の仕様変更
- 従来【-18℃の業務用冷凍保存温度帯】⇒【-7℃のソフトフリージング機能搭載】
- 二温度帯を選択可能　⇒「食材の仕分け・解凍・調理時間の短縮・削減」

◆「フレンチドア・ノンフロン冷蔵庫」（シャープ）2005年　⇒　生活スタイルにマッチング

＜出来たての料理をそのまま保存する
ホット機能「愛情ホット庫」＞

＜55℃の保温ルーム、4時間/8時間
保温モード切り換え搭載＞

家庭の「孤食化」⇒「愛情ホット庫」
の時代　　　　　　（利便性、家庭の優しさ・コ
　　　　　　　　　ミュニケーション性に注目）

（出所：シャープＨＰより）

◆『冷凍室大型化』機種（各社）2005年～　●素材化技術　●冷凍食品の家計消費の増大化
- スペックの改良型で設計の工夫（上置き）　● スペックの小型化で仕様変更（スペース確保）

■課題；商品進化を分かりやすく伝える工夫…不鮮明な説明、過剰な専門的・技術的情報が多い
　　例：「ビタミンＣ」を増やす　当初、新機能の商品化技術が平易な技術説明ではなかった

```
消費者理解とのギャップ ⇒ 商品化技術を「平易な情報」にする
```

出所：筆者作成。

（2）健康志向を反映した商品とその販売

　健康志向を反映して，多くの機能型食品が登場している。ひとつのドリンク食品の事例を見てみよう。例えば，「コップ1杯で1日分の野菜350ｇ分」（伊藤園）という商品。同種のドリンク食品は，各社から商品化されている。いずれも，商品の消費価値がわかりやすい。植物繊維を摂取しましょう，野菜を食べましょう

図5-2　ドリンク食品＜潜在的な課題、消費の問題は？＞

| （2）健康志向を反映した商品・売り場　⇒　利便性と情報・サービス |

図2．ドリンク食品＜潜在的な課題、消費の問題は？＞

「コップ一杯で1日分の野菜350g分」（伊藤園）
評価：現代人の食生活の改善　⇒　「野菜、食物繊維を取る習慣」
課題として
- バランスのよい身体成長　⇒　「かむ」から「飲む」⇒【顎力】の発達は？
- 食育活動　　　　　　　　⇒　ゆっくり味わう、素材の味を知る？
- 旬・季節感・スローフードの大切さは？

出所：筆者作成，伊藤園HPより

と，現代人の生活習慣病の予防にもつながる話題の食品である。一見すると，どこにも，問題や課題などないようにすら感じる。が，図5-2にいくつかの潜在的な課題を提示した。多くの加工食品でも，同様の課題を含んでいる。こうした商品の利便性は，他方で，消費の課題（食べ物を噛む力の大切さ，食材の旬を知ること，ゆっくりと味わうことの大切さなど）をかかえている。多くの場合，他の情報提供も併用採用しながら，企業が食育活動やコミュニケーション活動を展開する余地が，残されると指摘したい。（なお，当該商品に関して食育への視点から，商品パッケージの情報を一部改善するとの連絡があった（2006年9月）。評価したい企業の姿勢である。）

（3）多様な消費，生活スタイルをデザインする

　UD志向の商品デザインの重要性については，第6章で考察している。ここでは，時代をチューニングする商品の魅力について，見てみよう。新しい付加価値の創造，使い勝手の提案，使い手の動作を考慮した例である。大切なことは，新しい商品が，これまでの商品とはどこが違うのか，そして新しい商品が「これから商品と人との関係はこうなる」という未来を提示する能力・メッセージを備えていることである。大量生産・消費というマーケットシェアに依存した競争から，個々の商品が，高付加価値型商品へと転換することが重要になっている。消費者ニーズを捉えてきっちりと時代をチューニングすることがポイントである。

　例えば，自動車の小型車660ccクラスから1.5リッタークラスの自動車の開発等の例もその例である。従来までの「肩身が狭い」「お金がないから」という軽自動車や小型車のイメージを払拭し，若者，女性，高齢者の誰にとっても「使い勝手が良い，燃費が良い車」など，確実に，新しい生活提案力を備えた商品開発の

戦略を採用している。
　最近の事務用品のなかから，新しい仕事の仕方を提案している「のり」の商品開発を見てみよう。

◆はさんで使うテープのり「ドットライナーホールド」（コクヨS&T）
　2006年6月，新しい形状のテープのり「ドットライナーホールド」が発売された。2005年6月に「ドットライナー」が発売され，押して引き下ろして使用するテープのりの良さ（のり切れの良さ，粘着性の良さ，手軽さ，等）が注目された。当該商品は改良版で，封筒などをはさんでドット状にのりをつけるという新しい使用感を提案している。外観はホッチキスのような形状で，従来までののりの通念を大きく脱した商品デザインである。手が汚れない，作業の際の台紙も不要，紙の凹凸も出にくい等，使用場面でワンポイント接着というスタイリッシュな作業をデザインした商品で，使用習慣をモダンに変革するものであり，生活提案性の高い商品である。地味な作業も楽しくできる等，オフィスでの事務作業を楽しく変身させている。モダンなオフィス，楽しいテーブル作業という時代の空気を

図5－3　消費・生活スタイルをデザインする

「ドットライナーホールド」（コクヨS&T）

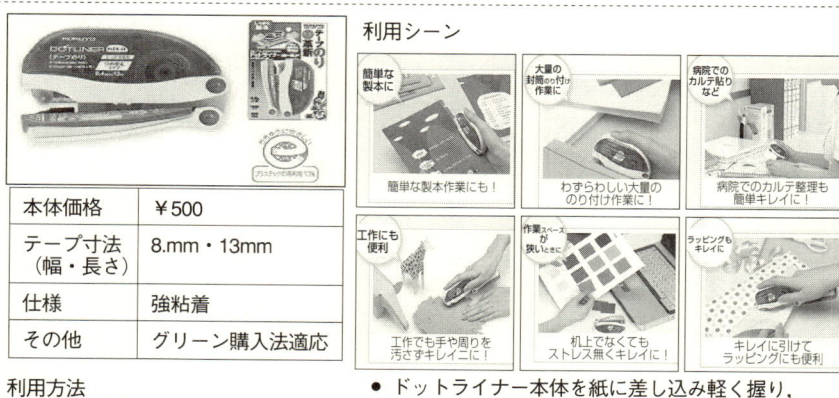

本体価格	￥500
テープ寸法（幅・長さ）	8.mm・13mm
仕様	強粘着
その他	グリーン購入法適応

利用方法
1：準備　2：はさむ　3：引く

利用シーン
- 簡単な製本に
- 大量の封筒のり付け作業に
- 病院でのカルテ貼りなど
- 工作にも便利
- 作業スペースが狭いときに
- ラッピングもキレイに

- ドットライナー本体を紙に差し込み軽く握り，そのまま軽くスライドさせればのり付けが完了。
- 従来のテープのりと同じ方法も可能。
- カチカチ握れば，ワンポイントの接着ができる。さらに紙送り機能で使いやすい。
- ワンタッチのつめ替えでテープ交換が可能。

出所：コクヨS&T株式会社HPより作成

図5－4　流行・ファッション・情緒性の商品　TOYOTA「クルマ型Music Player」新型bB

「音×光×まったり」の世界が，若者たちを刺激する。
クルマの既成概念をくつがえす，"クルマ型Music Player"新型bB

「クルマ型Music Player」

＜音・光・まったり・イルミネーション＞

「音」…感性に響く，見える音・感じる音

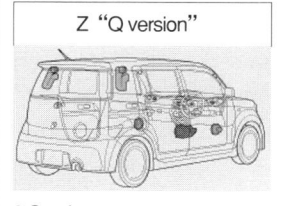

Z "Q version"

9 Sperker
- フロントピラーツィーター（左右）
- インパネツィーター（左右）
- フロントドアスピーカー（左右）
- リアダクトスピーカー（左右）
- パワードサブウーハー

「光」…明と闇を際立たせる，イルミネーション　　音と連動で明滅！

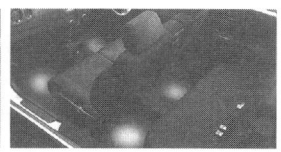

「まったり」…若者が求めるリラックス，マッタリモード　　隠れ家的雰囲気！

◆生産価値・消費価値　⇒　新たな商品価値の提案性は高い，話題性！
◆社会的価値？；個のわがまま　⇒　社会のエチケット・音公害＜初期の携帯電話に類似？＞

出所：toyota HPより作成

チューニングした商品といえよう。さらに，商品進化が続いている。

2009年6月「押す」と「引く」の2wayのスタンプノリ「ドットライナースタンプ」が販売された。従来のようにノリを貼る面の全体につけず，判を押すように，部分的な接着で充分な貼る機能を提案している。使用場面での「チョット貼る」という使い勝手に応える改良だ。「ドット」の強度に開発担当者の工夫がある。また，先のホールドと同様，使い捨てではなく，中身は交換できる環境性も備えている。

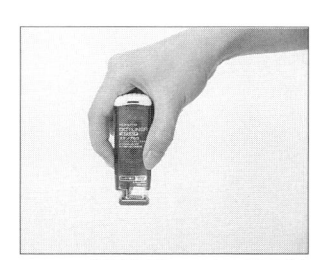

（写真提供：コクヨS&T株）

第5章　市場の課題と商品開発　69

図5−5　市場の課題 ── 社会倫理性の欠如につながる？

騒音による公害苦情件数は，大気汚染についで第2位　　　　　公害の種類別延べ苦情件数

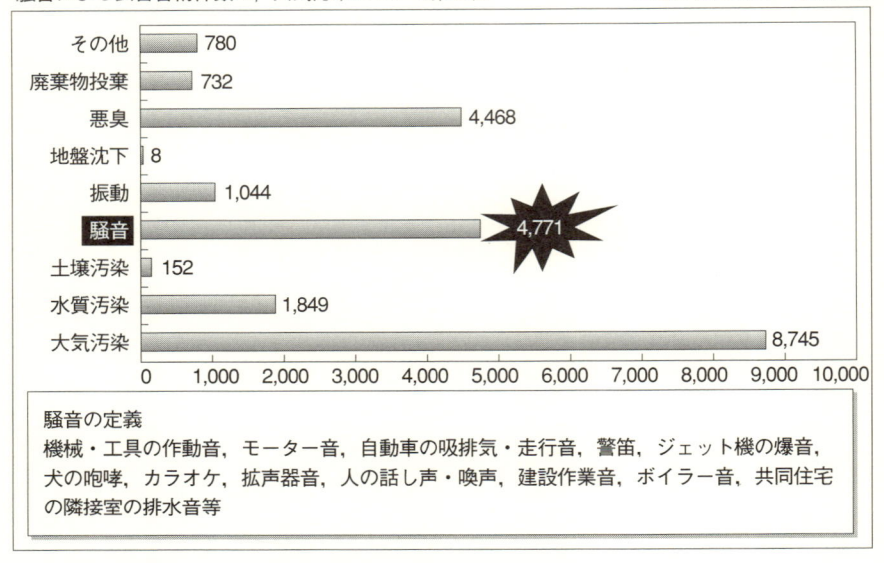

種類	件数
その他	780
廃棄物投棄	732
悪臭	4,468
地盤沈下	8
振動	1,044
騒音	4,771
土壌汚染	152
水質汚染	1,849
大気汚染	8,745

騒音の定義
機械・工具の作動音，モーター音，自動車の吸排気・走行音，警笛，ジェット機の爆音，犬の咆哮，カラオケ，拡声器音，人の話し声・喚声，建設作業音，ボイラー音，共同住宅の隣接室の排水音等

出所：公害等調整委員会HP『平成16年度全国の公害苦情の概況』より作成。

（4）流行・ファッション・情緒性の商品

　現代の商品にとって，流行性，ファッションセンスの良さも大切な評価の対象である。それは，商品の市場性（生産価値と消費価値）を高めるための商品力の中核でもある。2006年にリニューアルモデルとして登場したTOYOTAの「クルマ型Music Player新型bB」を例に挙げて考察してみよう。図5−4に商品の内容を整理した。

　特に，若者消費者の消費スタイルを想定した商品コンセプト，設計が注目され，話題性の高い商品開発である。しかしながら，例えば，図5−5に示す騒音による公害苦情の側面，また夜間走向の際に前方や隣でイルミネーションを放つクルマと出会った驚き，そして車内のまったり感の提案などは，少なくとも新たな車社会へのマイナスともなる課題を孕んでいないだろうか。今日，車の移動手段としての価値は高い。そこでは，一層の走行時の安全性確保，地域社会への騒音低減，環境性能や社会的配慮など，商品の社会性を想定した商品化技術への期待が大きいだろう。

　確かに，消費価値を高める，色々な商品開発の際の工夫がある。①消費者が何

を望んでいるのかを問い，消費者に追随するタイプ，②消費者と同じ歩調で歩み，消費者とともに進歩するタイプ，③消費者よりも一歩進んで歩み，常に新しい何かを提案するタイプなどである。いずれも消費価値を高める商品開発の手だてとなる。が，こうした社会的にはマイナスの側面を見せる商品開発事例は，他にもある。デザイン性のみが優先された「下着」と「外着」の「際」がないファッション衣料商品，また，一時流行した厚底靴商品などの例である。これらの商品は，優れた消費価値や生産価値はあるものの，おしなべて社会的配慮が低いという例である。

　そこには，潜在的あるいは顕在的な消費や商品の問題が存在している。内と外の際，生活意識の欠如感増大，社会的エチケットの低下／個人の偏重，人間工学的視点の欠如や「性」の商品化，ひいては，わが国の美意識の偏向や喪失にもつながりかねないという，新たな課題をもつ商品開発について再考したい。

4 ▪ 学習のポイント・キーワード

・**商品を分析する時の意識**
　今日的な消費の課題や商品の課題を必ず意識しながら，それらの課題を探ることを確認して，対象とする商品を分析すること。

・**商品開発の学習範囲**
　市場のヒット商品の優位性だけを考察するのではない。一方で，工場や企業の現場における製品開発の組織や生産工程での工夫や技術等の優れた点を発見し考察すること。他方で，製品の市場化（「商品化」）にあたり，マーケティング戦略の視点から優れた点を発見し考察することが大切であること。さらに，当該商品が潜在的なあるいは顕在的な商品の課題や消費の問題を内在させていないかどうか吟味すること。こうした一連の考察作業のなかで，商品開発の意義を学習すること。

・**マーケティング・ミックス**
　マーケティングの戦略目標達成のために，ターゲットとなるセグメントに自社商品のポジションを伝える統合的な手段である。代表的なフレームとして4Pがあり，①製品（Product），②価格（Price），③流通・位置（Place），④販売促進（Promotion）からなる（E.J.McCarthyによる）。

・**商品の良し悪し**
　誰にとって良い商品なのか，何が不都合になるのか。多様な立場から商品を観察し，吟味すること。

・完成を否定する商品
　商品のどこかに未完成さがないか，どんな改善点が期待されるか等，探索的に分析すること。
・商品の3つの価値
　商品の市場性としての「生産価値」と「消費価値」。さらに商品の社会性としての「社会的価値」を具体的な内容で理解すること。

5 ■ 練習問題

1．完成を否定した商品（導入後，進化を続けた商品）を挙げて，企業の工夫や改善点を考えてみよう。
2．市場の常識を覆した商品開発や，業界の常識を打破した商品開発を調べてみよう。
3．市場の課題として，気になる商品開発を調べてみよう。

〔参考文献〕
青木幸弘・恩蔵直人編（2004），『製品・ブランド戦略』有斐閣アルマ。
圓川隆夫・安達俊行（1997），『製品開発論』日科技連出版社。
片岡寛・見目洋子・山本恭裕編（2005），『21世紀の商品市場－市場性と社会性の調和－』白桃書房。
川上智子（2005），『顧客志向の新製品開発―マーケティングと技術のインターフェース』有斐閣。
嶋口充輝・竹内弘高・片平秀貴・石井淳三編（1999），『マーケティング革新の時代②：製品開発革新』有斐閣。
延岡健太郎（2002），『製品開発の知識』日経文庫。
早稲田大学商学部編（2001），『ヒット商品のマーケティング―現場からの報告』同文舘。
Hamel, Gary and C.K. Praharad（1991）, "Corporate Imagination and Expeditionary Marketing."
Harvard Business Review, Vol.69, No.4（坂本義実訳「企業イマジネーションと探索型マーケティング」『DIAMONDハーバード・ビジネス』Dec.-Jan., ダイヤモンド社，1992年）。

第6章

商品デザインとパッケージ

消費者は，商品を購入する際に，商品のデザインやパッケージを考慮する。デザインやパッケージとしての機能性や利便性，美しさ，使い勝手の良さ，環境性等に注目しているのだ。そこから多くの情報や情緒的価値を得ている。本章では，商品のデザインやパッケージが，どのような機能を発揮しているのか，また，商品としての魅力や価値をどのように付加しているのか考察する。

1 ▪ はじめに

　携帯電話，モバイル型音響機器（iPod等），ノート・パソコン，車など，どの商品も若者達には，欲しい，また，なくてはならない商品である。彼らは，自分のライフスタイルをアピールしたいと思えば，自身の感性に合致するものをじっくり探すことだろう。一般消費者にとっても，ペットボトル入り飲料商品のデザインの美しさやパッケージとしての利便性は，購入の際の有効な商品差異化のポイントとなり，それによって商品の訴求力が高まるだろう。

　また，従来型の喫茶店から新しいカフェ（スターバックス等）へとサービスや業態変化も進んできたが，カフェのセンス良い統一感のある店舗デザインやお持ち帰り用のお洒落なドリンク容器は，利用者にとって，環境デザインやブランドメッセージを受け入れる，センスの良い消費者というイメージにもつながっている。これらは，正しく新しいビジネスモデルを伝達するデザイン力を備えているといえるだろう。

　一方，カップ入りのインスタント食品やレトルト食品は，どれだけ現代人にとって食生活の簡便化や使い勝手の良さを実現させてきただろうか。家事の簡便化志向のなかで，食品の開発技術と同時にパッケージの開発技術の恩恵を，我々消費者は多様に享受してきている。

　こうして，各々の意味をもつ商品のデザインに接し，多様な商品やサービスから，また，現代的な店舗から，消費者は様々な「魅力」を感じとり，次第に「ファン」としての心を形成し，対象を各々の価値あるものと評価していると，考えられる。

　商品の形態や容器，またサービスの提供のあり方，さらに経営スタイルまで，その「デザイン性やパッケージの情報的価値」は，現代的商品としての価値を高める有効な手法であり，それらから商品の総合的な魅力を連想することにもなり，正しく商品やサービスそのものにもなっているといえよう。

　本章では，商品のデザインとパッケージについて，その意義や現代的機能を考察し，さらにデザイン性やパッケージの今日的課題も考察する。

2 ▪ 商品のデザイン

2-1 商品のデザイン性

　デザインという概念は，実に幅広い。例えば，1957年に通商産業省（現・経済産業

省）によって創立された「グッドデザイン商品選定制度」（通称Gマーク制度）を母体として，現在，「グッドデザイン賞」は総合的デザイン評価・推奨制度として，消費財から産業財，公共財，等のデザイン活動へ発展してきている。商品やサービスのデザイン，ブランドデザイン，グラフィックデザイン，経営デザイン，都市デザイン，環境デザインなど，様々な領域で多様な解釈で用いられる。デザインとは，商品やサービスの開発の場合は重要な要素（ツール）であり，さらに商品価値としての概念も説明するものだ。単に，商品そのものの形状・形態・外観としてのスタイルという狭い範囲の意味や機能だけではないことを，ここで理解しておこう。

　つまり，商品のデザイン性を考察する場合，ひとつは商品としての機能・性能的側面から，2つは美的な情緒的側面から，3つには思想や概念等の情報価値的側面から，考察することが大切である。そして，それらを混在化させたデザインが，デザイン力としての評価が際だち，デザインの良さが発揮されると考えられる。

　さらに，形状や外観の美しさや良さという「Art」として評価される側面だけでなく，形状から利便性を連想できるか（パッケージが簡単に開けるか），組み立て作業の容易性はどうか（簡単に，組み立てられるか），使用の容易性，快適性はどうか（ユニバーサル性はどうか，居住空間にマッチしているか），廃棄の環境配慮や容易性はどうか（捨てやすさ，処分しやすさ）など，消費者の実際の商品やサービスの使用・利用場面を想定し，多様なニーズに合致した実際の使用性能としてのデザイン性が施されているかも重要な側面である。

　例えば，現在，多くの女性が社会で活動しているが，女性の活動特性を明確に捉え，仕事時間に対応したデザインは，残念ながら少ない。鞄を見ても，片手が使えないスタイルや過剰な装飾が優先するもの，重すぎるなど問題も多く，実用性や汎用性，マルチな現代女性の行動を想定したデザイン等は限られているだろう。さらに，高齢者や障害者など社会的弱者に対応するデザインも同様の状況で，今後は，人間工学的視点からも，誰にとっても使い勝手の良い「ユニバーサルデザイン」の観点に立つ商品デザインの再考の課題は残される。

　さらに，総合的なデザイン価値（概念）として，現代的なライフスタイルや思想，社会的メッセージ等を盛り込んでいるかも重要とされる。その背景には，消費場面である時空間が，私有（個有）から共有へ，よりパブリックな観点が重視されるなかで，社会（地域や街）のなかでの調和性や機能性，存在性を，どのようにデザインとして提案していくのかも重視される。例えば，こうしたデザイン価値を考察する事例として，現代的な都市型テーマパーク「ディズニーランド」がある。正しく，デザインとは，その時代が希求する方向や思想，人々の憧れや期待を表現するものといえよう。

2-2 ユニバーサルデザインと商品

　デンマークの「1959年法」における考え方から始まったといわれる「ノーマリゼーリング」という考え方，すなわち，ハンディキャップ（社会的不利）をもつ人ができる限り社会に統合化（インテグレーション）できるよう，生活の日常化（ノーマリゼーション）を進める考え方は，現在，多様な弱者（高齢者や障害者）のための使いやすいデザインの基本となって拡大している。その後，1980年以降，WHO（世界保健機構）は国際障害者年の運動を世界的に広めてきたが，遡る1970年に障害者に関する調査を始めている。その活動のなかで，1974年に米国のノースカロライナ州立大学教授ロナルド・メイスが「バリアフリーデザイン報告書」をWHOに提出し，この報告書で「ユニバーサルデザイン」という言葉を提示し，その後，次第にアメリカから世界に向け，教育や産業分野で，また社会運動として拡大してきた。

　1990年には，アメリカ障害者法（ADA：American Disability Act）が制定され，バリアフリーの建物や街づくりの活動が活発化している。ロナルド・メイスは，ユニバーサルデザインについて「7つの原則」という基準から提示した。すなわち①公平性（Equitable Use），②自由度（Flexibility in Use），③単純性（Simple and Intuitive Use），④情報理解性（Perceptible Information），⑤安全性（Tolerance for Error），⑥省体力性（Low Physical Effort），⑦空間確保性（Size and for Approach and Use）である。

　現在，わが国でも次第にユニバーサルデザインの概念は浸透してきているが，より多くの人に，誰にとっても生活に必要な空間や機器，道具を使いやすいものにするデザイン思想として発展することが期待されている。個別の人間特性の適応能力を考え，人間工学的に適合デザイン考案していくことはますます重要となろう。

　さて，ここで，身近な事例を2つ見てみよう。ひとつは，刷新されたパッケージがユニバーサルデザインとなっているもの，2つは，商品デザイン自体がユニバーサルデザインのものである。

〈ケース1：パッケージのユニバーサルデザイン〉

　キユーピー㈱のジャム「アヲハタ55」のガラス瓶の容器が，2005年に，17年ぶりに刷新された。図6-1に示すように，複数のユニバーサルデザインとしての工夫が施されている。①4つの指型の窪みが付いていて開きやすい。②蓋の側面ででこぼこの形状で，滑りにくく扱いやすい。③ガラス瓶の表面に点字の刻印がさ

図6-1　ユニバーサルデザインのパッケージ事例

```
ユニバーサルデザインのパッケージ　キユーピー（株）「アヲハタ55」（ジャム）

■ユニバーサルデザイン      ユニバーサルデザイン           2005年2月に商品刷新（17年ぶり!!）
　（UD）の工夫             ● 握りやすいへこみリブ
                          ● ガラス瓶点字
● 4つの窪み（指型）         ● 開栓時に指かかりの良いでこ
● ふたもでこぼこの形状         ぼこ形状キャップ
● ガラス表面に点字刻印      環境対応
● はがしやすい紙ラベル      ● 環境に対応した「軽量瓶」（継
                             続的改良：発売当初比）
                             340g瓶で22％軽量、170g瓶で
                             17％軽量
                          ● はがしやすいラベル（糊）
                          安全・安心
                          ● 開栓がわかるセーフティーボタン
                          ● 開栓日メモ                  ※下線が今回の改良点
```

出所：キユーピーHPより作成

れている。④剥がしやすい紙ラベルを使用している。それぞれは細やかな改善点であるが、これによってガラス瓶形状の容器の使い勝手は大きく改善され、扱いやすい容器となっている。また、環境配慮の側面で、瓶の重量も「軽量瓶」となっている。他のガラス瓶の食品容器への波及効果を期待したい。

〈ケース2：商品自体のユニバーサルデザイン〉

松下電器㈱が2003年に「ドラム式洗濯乾燥機ななめドラム　Lab」を発売した

図6-2　商品本体のユニバーサルデザイン事例

```
「ドラム式洗濯乾燥機　Lab」　ななめドラム（松下）

【ユニバーサル性】

● 高齢者対応　● 社会的弱者対応　● 一時的弱者対応
　⇒　＜人間工学的側面＞　多様な消費者の使い勝手の提案

● 性別特性に基づく生活行動への対応
● 物理的／心理的／時間／空間的バリアフリー性の追及
```

出所：松下HPより作成

第6章　商品デザインとパッケージ　77

（図6-2）。この商品は，家電製品分野でユニバーサルデザインを推進した代表商品といえるだろう。洗濯機のドラムを35度傾けて高齢者・妊産婦・子供など誰にとっても使いやすくした設計で，しかもこれまでとは違う丸みや扱い勝手の良いドアの開閉デザイン，光沢感のある質感などデザインとしての美しさも兼ね備えた商品である。家事労働の際に，健常者にとってはさほど苦にならない姿勢でも，弱者には不便となる。洗濯機の使用時に，屈まない，背伸びさせない，洗濯ものの出し入れの容易さなど，特徴のあるTVCMでも話題となった商品である。現在まで，ななめドラムシリーズとして，「ヒートポンプ」の採用等技術改良も進み，ラインナップの強化も進んでいる。

2-3 ラッピングとしてのパッケージデザインの魅力

商品パッケージの基本的な機能や役割については，3節で説明するが，ここでは，ラッピングとしてのパッケージデザインの意味を考えてみよう。商品のラッピングは，セレモニー消費が進行するなかで，意味をもつ商品パッケージの現象である。これまでにも，他の人に贈答行為を行う際に，プレゼント様の包装が意味をもっていた。が，それ以上の意味や話題，また，自分のための商品，日常的な身近な商品でもラッピングデザインにこだわる傾向も高まってきた。各種のラッピング材料や多様なラッピング様式，そしてデザインが出ている。こうした行為は，どんな意味があるのだろう。コミュニケーション機能としての意味や商品に対する高付加価値化の具体化と捉えられる。ラッピングとして優れたパッケージ事例を見てみよう。

〈ケース1：「腕時計」のラッピングとしてのパッケージ〉

ボンボンウォッチ（bonbon watch; Paris）社が販売時点で施す腕時計商品の洒

図6-3 「腕時計」のラッピングデザイン —「ボンボンウォッチ」—

落たラッピングのパッケージである。外装は明るい橙色の凹凸様の厚紙で作られており，中央部の透明フィルムの処に，丁度，時計のガラスの計時面が見えるようにパッケージを施した包装である。購入の際にはセンスの良さが光る簡易ラッピングであり，自宅では，時計の保存の際の装飾効果と容易さ（どの時計か仕分けも容易）など，このラッピングスタイルはパッケージの基本である保存性能も備えている。

〈ケース2：「パン」をラッピングするセミナーの開催〉

　一般に，消費者が商品を購入する場合，プレゼント用のラッピングを依頼し，サービスを受ける場合も多い。この事例は，そうした消費者向けの販売時におけるラッピングサービスの能力を磨くために，企業が取引先企業に向けて意識変化の支援活動として企画するセミナーの事例である。日清製粉㈱が，リテイルベーカリーの付加価値を高めること，また，従来型のベーカリー事業者の意識変化，生活における楽しさの演出を提案するために，「パン」のラッピングセミナーを開催している。勿論，店頭でのプロモーション活動としての意味はあるが，同時に，B2Bの視点に立ち，関係事業者の意識変化の支援活動としての展開はユニークである。日常的な商品（食品）であっても，デザインする楽しさ，よろこびの発見を提示している「Art」の提案でもあろう。

　以上，2つの事例は，小売りサービス業のなかで，戦略的にデザインをどう効

図6-4　パンのラッピングセミナーの開催

ラッピングのデザイン価値；高級感・コミュニケーション性・ファッション性の付加

パンのラッピングセミナーの開催
（製粉企業の企画・実施）
→ リテイルベーカリーの付加価値を高める
→ ベーカリーの意識改革、楽しさの演出

果的に採用して販売実践に役立てるのか，そして，それによって新たな情報発信，付加価値創造を図るのかという取り組み方の事例である。

3 ■ 商品のパッケージ

3-1 商品のパッケージ

　商品のパッケージとは，紙の包装や箱詰め，荷造りといった「包装」と，缶やビン，ペットボトルなどの「容器」をいう。菓子類の包装箱や飲料水の缶などは，商品単品のパッケージ（包装・容器）である。生鮮食品や惣菜のパック詰めは，3個，100ｇ，4種類といった形で商品をひとつに包装することで，ひとつの販売単位を形成し，セットとして販売している。一方，パッケージ・ツアー（パック旅行）やパッケージ・ソフトなどは，いくつかの商品を組み合わせてセット販売していることから「パッケージ商品」と称されているが，これらは「商品のパッケージ」ではない。パッケージには，「商品の包装・容器」をさす場合と，「商品としてひとまとまりにセットしたもの」をさす場合とがあるので，注意する必要がある。

　商品のパッケージには5つの機能・役割がある。
　　①商品価値の保護（保存性）
　　②取扱いの利便性
　　③販売単位の形成
　　④情報伝達手段
　　⑤他社商品との識別（販売促進効果）

　①商品価値の保護（保存性）とは，製造・出荷段階での商品価値（品質）を損なうことなく店頭まで輸送され，販売段階や消費段階においてもそれが維持されるようなパッケージの役割をいう。食料品のパッケージは，商品が劣化しないように，味や鮮度といった商品の価値を保護する役割を果たしている。また，缶詰やレトルトパックのように密封されたパッケージは，商品の価値を保護するとともに，味や鮮度を長期間維持するという高い保存性を実現している。

　②取扱いの利便性とは，商品の輸送や販売，購入・使用に際して，取り扱いやすい性質を備えていることをいう。飲料の場合，紙のカップに入れて販売することで，1杯分の飲み物を購入し持ち運ぶことができる。しかし，紙のカップは衝撃に弱く，持ち運びの間にこぼれたりするという欠点がある。一方，缶飲料の場合は金属素材でできているため，多少の衝撃にも耐えられ，積み重ねても中身が保護されることから，商品の輸送や店頭での陳列・販売が容易である。しかし，

いったん開けてしまうと再度密閉することが困難なため，購買後の使用時における取扱いは，キャップの付いている缶飲料やペットボトルの方が利便性は高くなる。しかし，ペットボトルは缶飲料ほど衝撃に強くはないので，輸送時の利便性はやや低くなる。また，購買後の使いやすさに配慮してパッケージを設計することも重要で，食品や飲料の場合，軽さや持ちやすさだけでなく，冷蔵庫に入りやすいサイズに設計する必要もある。

このように，商品の種類や特性だけでなく，パッケージの素材や形状によって，また輸送・販売（陳列）・購入・使用のそれぞれの段階によっても，パッケージの利便性は異なる。

③販売単位の形成とは，グラムやリットルなどの一定の数量で商品をひとまとまりに包装・容器詰めし，それを1セットの商品（1単位）として販売することをいう。菓子類であれば1袋200gで198円，ペットボトル飲料は500mlで150円，2lで190円といったように一定の数量でひとつの販売単位を形成している。特に食料品などは，バラ売りや量り売りをする際には，その都度計量しなければならない。そうした商品は，一定数量で包装・容器詰めすることで販売時の煩雑さを取り除くことができる。同時に，商品の輸送や店頭での陳列，消費者の購入も容易になる。反面，必要な分量だけ購入したいような場合にはやや不便になってしまう。

④情報伝達手段とは，商品の名称・ブランド，製造・販売業者の名称，原材料や製造方法といった商品の品質に関する様々な情報を伝える役割をいう。安全性や品質を保証するマークや，加工食品の添加物表示やアレルギー表示なども，パッケージに付与される重要な情報である。

パッケージの色彩やデザインも，商品の情報伝達手段として重要な役割を果たしている。弁当や惣菜などは，上蓋を透明のパッケージにデザインし，商品の中身が見えるようにすることで，消費者に商品の情報を伝達している。緑茶飲料のパッケージに緑色が多用されるのは，色のもつ心理的な効果とともに，質の高い緑茶であることを訴求するためでもある。

⑤他社商品との識別（販売促進効果）とは，自社商品と他社商品とを識別し，自社商品の購入を促すためのパッケージの役割をいう。特に，商品や企業のブランド特性を訴求し，消費者の認知度や購入意欲，ロイヤルティ（愛着）を高めるためにパッケージは重要な役割を果たす。清涼飲料水の赤い缶は，他の色彩を用いる他社商品と識別（区別）させるとともに，その目立つ色彩によって自社商品への認知（注目度）と購買意欲を高めようとする。

菓子類に動物やアニメのキャラクターが用いられるのも，企業が意図する商品

やブランドのイメージを形成するためである。商品の中身が同じであっても，パッケージのデザインを変えることで，その商品や企業へのイメージが変わり，売上が伸びることもある。パッケージは，こうした販売促進効果も担っているのである。

　これら5つの機能を発揮することで，商品のパッケージは消費者に商品価値を訴求し，企業にはプロモーション効果をもたらすことができる。そうした販売機能を称して，パッケージは「物言わぬセールスマン（the silent salesman）」といわれている。

〈ケース：コンビニ弁当のパッケージ〉

　コンビニエンス・ストアの弁当や惣菜で用いられるパッケージには，様々な役割が求められている。食品としての基本的な価値を保持するために，密封性の高い容器を用いて，汁などがこぼれないよう工夫がされている。食品の劣化を防ぐために，丼や麺類はご飯とソースが混ざらないよう二重構造にしたり，麺とソースの間にフィルムを挟んだりしている。油分を含む食品の場合には耐油性にも配慮している。さらに，輸送や取扱いの利便性を考慮して容器を軽量化する一方で，一定の強度を保持する工夫もなされている。

　また，商品を購入した後のパッケージの役割についても様々な配慮がなされている。消費者が購入した弁当の大半は食前に電子レンジで加熱されるが，一般家庭の電子レンジで加熱した場合，食品の温度は100℃以上になる。コンビニエンス・ストアの店内では，レジの混雑を回避するために高出力の電子レンジが用いられているため，パッケージにはより高い耐熱性を備えた包材が使用されている。

　さらに，使用後の廃棄・リサイクル問題にも配慮して，自然界で分解する植物性の原料（トウモロコシや葦など）を用いる企業が増えてきている。今後，コンビニエンス・ストアやスーパーなどの弁当容器は，プラスチック素材から環境配慮型の素材へと移行していくことになるだろう。

　こうした機能的な側面だけでなく，店頭で並べられたときのパッケージの見栄えという心理的・感情的な側面も重要である。特に，女性のニーズを考慮したデザート類などは，手にとってもらいやすいようなサイズや色柄・デザインが求められる。

4 ■ 学習のポイント・キーワード

・**スタイルとデザイン，デザインの３つの側面**
　「スタイル」は商品などの外観をさす（スタイリッシュな外観等）。一方，「デザイン」は形状としての外観，設計を含め機能・性能的側面，美的な情緒的側面，思想や概念などの情報的側面まで内包するもの。但し，デザインを狭義に解釈する場合（形状，色彩，設計等）と，この３つの側面のように広義に解釈する場合がある。近年，マーケティングの領域でも，現代的な商品や商業空間，街の景観，経営思想等まで，より広義に解釈することが多い。

・**ユニバーサルデザイン**
　ロナルド・メイスが提示した「７つの原則」，①公平性，②自由度，③単純性，④情報理解性，⑤安全性，⑥省体力性，⑦空間確保性を理解しよう。また，わが国のユニバーサルデザインの状況と比較して考察すること。

・**商品のパッケージ**
　商品のパッケージとは商品の包装と容器をいう。

・**パッケージの機能**
　商品のパッケージには，①商品価値の保護，②取扱いの利便性，③販売単位の形成，④情報伝達手段，⑤他社商品との識別，という５つの機能・役割がある。

・**パッケージの販売機能**
　パッケージは，その機能を発揮することで，消費者には商品の価値を訴求し，企業にはプロモーション効果をもたらすことから，「物言わぬセールスマン」といわれる。

5 ■ 練習問題

1．デザイン力の優れた商品の例を挙げ，デザインの３つの側面がどのように設計されているのか，何が魅力となっているのか調べてみよう。
2．身近な商品パッケージを例に挙げ，パッケージの５つの機能がどのような形で発揮されているか，その特徴を指摘しなさい。

〔参考文献〕
梶本久夫監修（2002），『ユニバーサルデザインの考え方－建築・都市・プロダクトデザイ

ン－』丸善㈱。

柏木　博（1984），『日用品のデザイン思想』晶文社。

（社）人間生活工学研究所編（1996），『使いやすさの発見－消費者の心をつかむ製品開発』㈱通産資料調査会。

（財）共用品推進機構（2002），『バリアフリー時代を切り拓く「共用品ビジネス」を進めるための本』ぎょうせい。

東京都産業労働局（2004），『産業活動におけるユニバーサルデザイン化促進に関する調査研究報告書』。

Craig M.Vogel, Jonathan Cagan, Peter Boatwright（2005）, The Design of Things to Come "How Ordinary People Create Extraordinary Products", Publishing as Wharton School Publishing（スカイライトコンサルティング訳『ヒット企業のデザイン戦略』英治出版㈱, 2006）。

ジェームス，P〔向野・関口・渡辺訳〕（1965），『パッケージ戦略』ダイヤモンド社。

日本パッケージデザイン協会編（2005），『年鑑日本のパッケージデザイン〈2005〉』六耀社。

日本パッケージデザイン協会編（2005），『日本のパッケージデザイン：その歩み・その表情』六耀社。

第7章

サービス経済における商品

私たちは,様々なサービスを利用することで便利で快適な生活を過ごしている。この章では,様々なサービス業が進展している現在の経済社会の仕組みと,サービス取引にまつわる諸問題について考えていく。

1 ▪ はじめに

　この章では，サービス経済が進展していくなかでの「商品としてのサービス」について理解を深めていく。はじめに，「経済のサービス化」について説明し，サービス化が進展した経済社会の諸特性を整理していく。次にサービスの定義と概念についてふれ，サービス業が安定的に高質なサービスを提供していくための重要課題である「サービス・クオリティ・マネジメント」について説明していく。

2 ▪ 経済のサービス化

　「経済のサービス化」とは，経済活動（生産と消費活動）のなかでサービスの占める割合が高まっている状況をいう。これは，「産業のサービス化」と「消費のサービス化」の両面がある。産業のサービス化とは，企業が行う生産活動のサービス化が進むことであり，第3次産業の就業人口と名目生産額の増加，及び，第1次・2次産業（とりわけ製造業）におけるサービス部門への投資額（就業者数や生産額）が増加している状況をさす。産業構造の歴年変化を辿ると，こうした傾向は顕著に現れていることがわかる（表7－1，表7－2，表7－3）。

　経済のサービス化が進展することで，すべての産業がサービスの生産にウエイトをおくようになるため，第1次・2次産業はモノ（耐久財，半耐久財，非耐久財）の生産を行い，第3次産業はサービス（行為）の生産を行う，という分類基準が曖昧になっていく。結果，あらゆるビジネスは程度の差こそあれサービス業だといえる状況になっていく。

　サービス業の発展要因には，第三次産業への所得や就労人口の移行といった産業構造の変化の他にも次のような要因がある。①有形財の国内市場が飽和状態になってきた結果，大企業は事業拡大の機会（ビジネス・チャンス）をサービスの分野に求めるようになったこと，②製造業で用いられてきた大量生産技術がサービスの分野で採用され，サービスの工業化が進んだこと，③企業によるサービスの大量供給システムによってサービスが次第に大衆化していったこと，④人的作業の代わりに物的設備を用いることでサービスの定型化・標準化が進んだ結果，サービスに対する消費者の期待が画一化されていったこと，である。

　一方，消費のサービス化とは，レジャー産業や外食産業といったサービス業への需要と，製造業者や物販業者がモノ（物）に付与するサービスへの需要が高ま

表7−1　産業別にみた就業者割合の推移

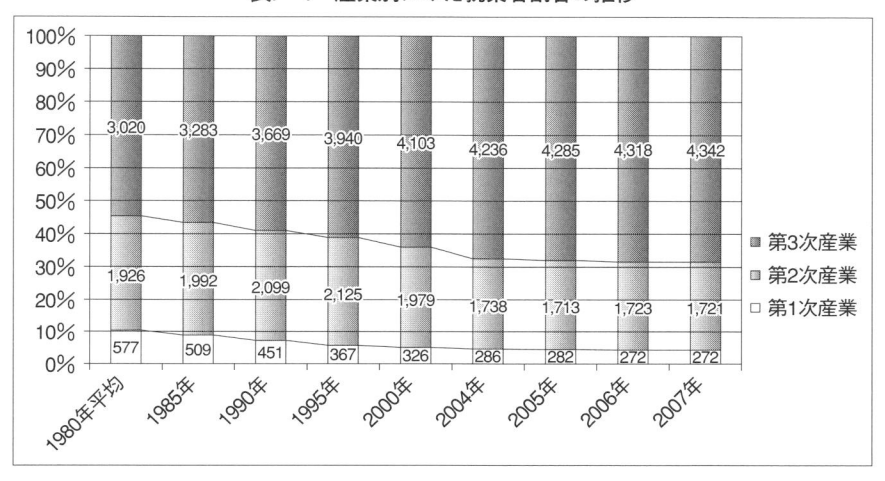

	1980年平均	1985年	1990年	1995年	2000年	2004年	2005年	2006年	2007年
第3次産業	3,020	3,283	3,669	3,940	4,103	4,236	4,285	4,318	4,342
第2次産業	1,926	1,992	2,099	2,125	1,979	1,738	1,713	1,723	1,721
第1次産業	577	509	451	367	326	286	282	272	272

総務省統計局「労働力調査年報」より作成

注）第１次産業は農林業及び漁業，第２次産業は鉱業，建設業及び製造業，第３次産業は第１次・２次産業以外の産業（分類不能の産業を除く）をいう。グラフ内の数値は就業人口（単位：万人）。また，産業分類改定のため2000年以前と2004年以降とは接続しない。

表7−2　産業別就業者数割合の推移

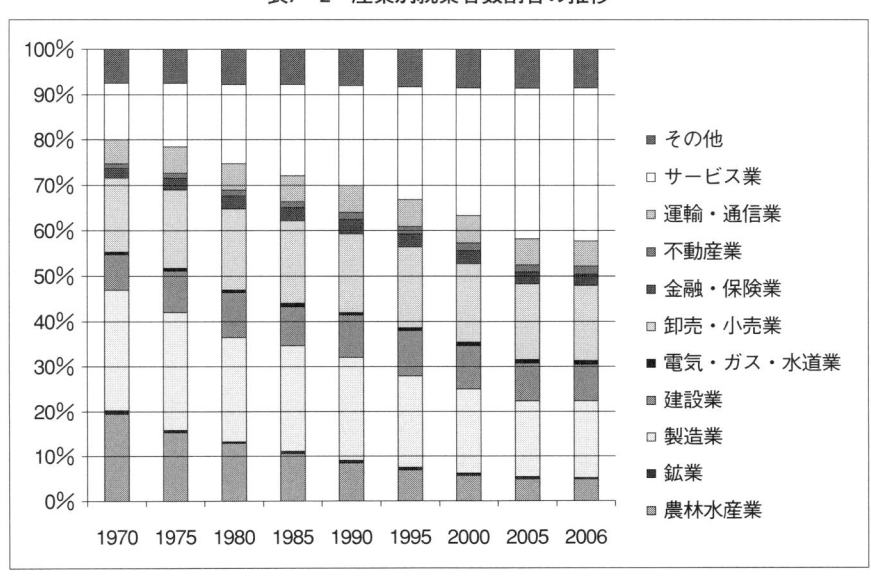

凡例：その他／サービス業／運輸・通信業／不動産業／金融・保険業／卸売・小売業／電気・ガス・水道業／建設業／製造業／鉱業／農林水産業

内閣府「国民経済計算」より作成

第７章　サービス経済における商品

表7−3　名目GDPに占める産業別割合の推移

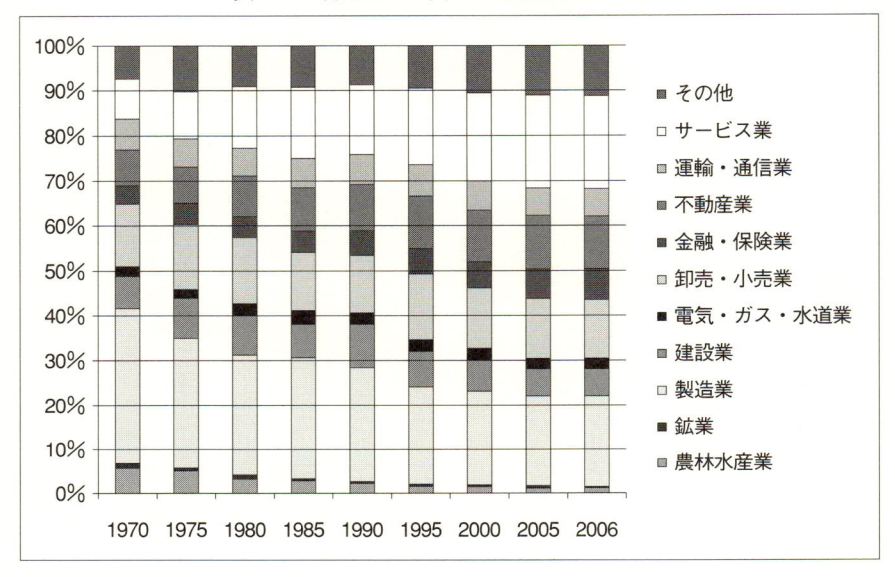

内閣府「国民経済計算」より作成
注）1970年と1975年は平成2年基準，1980年～1995年は平成7年基準，2000年～2006年は平成12年基準。
　　「その他」には，「政府サービス生産者」及び「対家計民間非営利サービス生産者」が該当する。

っている状況をさす。これは，パソコン販売にアフターサービスや通信サービスが付加されるように，モノに付与されるサービスの割合が高まっていったり，レンタル・サービスの進展によってモノの購入からサービスの消費へと移行するように，商品（モノ）のサービス化にともなってサービスへの消費性向が高まっていくことを意味する。結果，消費生活におけるサービスの占める役割が一層高まり，消費者の生活を充実させる中心的な手段がモノ（物）からサービスへと変わっていく。

　内閣府「国民経済計算年報」によると，1980年から2004年までの家計における最終消費支出の形態別消費額の推移は，住居や自動車，家電品などの耐久財が約8兆円から25兆円に，衣類や身の回り品などの半耐久財が約17兆円から20兆円，食料や光熱・水道，消耗品などの非耐久財が約46兆円から75兆円，外食費や家賃，交通通信，教育，教養娯楽といったサービスは約57兆円から156兆円と変化しており，家計におけるサービス消費の割合が高いことがわかる（表7−4）。

　家計消費のサービス化が進んだ背景には，産業のサービス化によって様々なサービスがより割安で便利に利用できるようになり，これまで家計内で行われてき

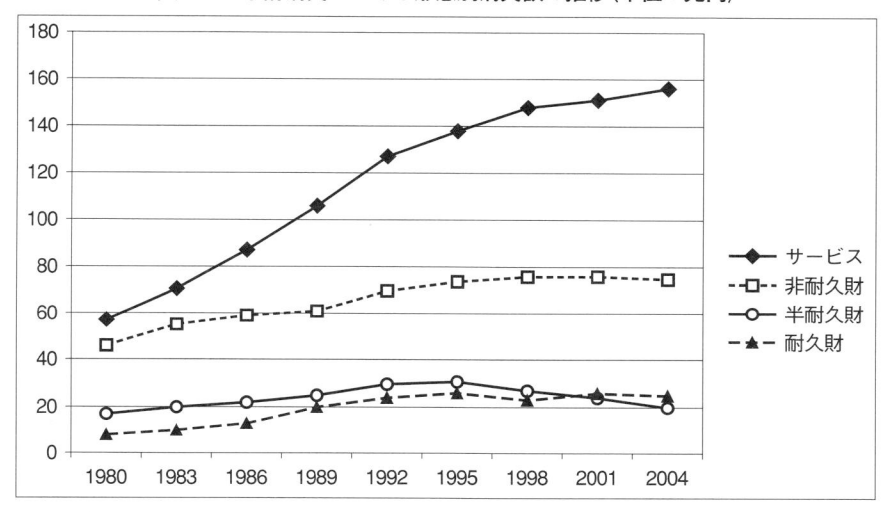

表7−4 家計消費における形態別消費額の推移(単位：兆円)

内閣府「国民経済計算年報」より作成

たサービス（家事労働など）を外部の企業に委託するようになった点にある。これを「家計の外部化・サービス化」という。

　家計内で行われるサービスには「自給サービス」と「外部サービス」の2種類がある。「自給サービス」とは，食材を購入して自炊をしたり洗濯機で衣類を洗うといった，自らの生活のために労働する（自分で自分のためにサービスを提供する）ことをいう。「外部サービス」とは，外食を利用したり，衣類をクリーニングに出したりという，家計内で行っていたサービスを企業に委託することをいう。つまり，モノを購入して家庭内で消費する場合には，サービスは家計内で自給され，サービスを購入する場合には，家計内でのサービス生産は生じないため，すべてが外部サービスに委ねられることになる。

　家計内で行うサービスを自給するか外部に委託するかにあたっては，コスト（時間・お金・エネルギー）がひとつの大きな選択基準となる。多忙でゆっくり料理が作れない人は，多少の費用がかかっても外食サービスを利用するであろうし，クリーニング代が安ければ，衣類を洗うというサービスは外部の企業に委ねられる。また，教育や医療サービスのように，高度で専門的な知識や技能を要するようなサービスは，家計内では自給できないため，金銭的な費用が高い場合でも外部に依存しなければならない。また，家庭料理や手作りのケーキをプレゼントするような場合，それに要した家事労働（サービス）は家族間のコミュニケー

第7章　サービス経済における商品

ションや愛情表現として重要な社会・文化的意味（役割）をもっているため，コストや専門性だけでは選択できない社会・文化的基準がそこには含まれている。

3 ■ サービスの概念

3-1 サービスの概念

「サービスとは何か？」というサービスの概念については様々な見解がある。ひとつは，「すべての無形財（intangible goods）がサービスである」として，個人的な労働（生産活動）や非営利サービス（牧師や公務員といった職業）など，すべての無形財をサービスとして広範に捉える見方である。他方，サービスは「人々が必要とし，また望み，進んで対価を支払おうとするすべての活動（activities），及びその他の無形物（intangibles）を含む」とする考えや，「市場取引の対象が有形商品の所有権の移転以外であるような，企業または企業家による市場取引」とする見方もある。これらは，市場での取引に限定した「市場サービス（marketed services）」の概念といえる。

これらの定義を踏まえた上で，ほぼ共通する要素を集約したサービスの概念規定をすると次のようになる。1章でも述べたとおり，商品とは市場における取引対象であり，「モノ（物体，tangibles）＋サービス（行為，intangibles）」の複合体として成り立っている。したがって商品としてのサービスとは，取引対象となっている企業の「行為」であり，モノが含まれていても，サービスの部分が取引において本質的（決定的）な要素となっている商品をいう。

3-2 サービスの特性

商品としてのサービスには，①触知不可能性（intangibility）と，②生産と消費の同時性という特徴がある。これらの特徴をもつが故に，サービス取引にまつわる諸問題が生じている。以下では，サービスの商品特性がもたらす取引上の問題を整理していく。

（1）触知不可能性

サービスには「触知不可能性（intangibility）」という特性がある。モノ（物）はそれ自体を見たり触れたりすることで，ある程度内容を理解することが可能だが，人の行為であるサービスは触れて知ることができない。飲食店での接客サービスは，接客という行為を受けることによって理解できるが，店員の制服や体に触れても接客の本質を理解することはできない。また，サービスは無形の要素が

多く，購買以前の段階からサービスの内容を正確に把握することが困難である。つまり，サービスの触知不可能性は内容把握の困難さという問題を有しているのである。そのため企業は，店の内外装や店員の制服，メニュー表示やパンフレット，体験利用といった様々な有形・無形の要素を活用してサービスの内容をできるだけ消費者に明示できるよう努力している。一方，消費者は様々な情報探索手段（ガイドブックや口コミ，価格など）をとおしてサービス内容を事前に把握しようとする。

　サービスは触知不可能性が高いために，内容把握と同時に，評価（品質評価）が困難であるという問題を有している。サービスは，提供される行為だけでなく，店員の外見や服装，接客姿勢，店舗の外観・内装・設備，雰囲気などに対する「印象の複合体」である。しかし，こうした印象は個人差が大きいことから，サービスの良否を評価する際のトラブルの要因になりやすい。特に，初体験のサービスや，教育や医療といった高度な専門的知識や技能を要するサービスの場合には，サービスの質を評価することが困難なことが多い。

　サービスの触知不可能性によって内容把握と品質評価が困難であることから，最終的には価値判断の困難さという問題に至る。サービスはモノに比べると，一見同じような提供内容であっても，業者による価格差が大きかったり，支払うべき金額の基準が曖昧なケースがある。サービスの価値を金額で評価することに慣れない消費者にとっては，こうした問題は大きな心理的負担となる。そこで企業は，サービスの価値を理解してもらうために，料金表や費用明細を明示したり，パンフレットや接客をとおして他社との価格差を説明するための工夫を行ったりしている。

（2）生産と消費の同時性

　モノとサービスとは，基本的に生産と消費のシステムが大きく異なる。モノの場合，工場で原材料から生産されて小売店へ輸送され，店頭で販売される。それを消費者は購入し消費する。つまり，［生産⇒販売／購入⇒消費］という流れに沿って商品は生産・消費される。しかし，サービスの場合は生産と消費が同時進行で行われることが多い。サービス業が抱える設備機械やスタッフは，お客が登場した時にはじめて稼動（サービス生産）し始める。このとき同時に，お客はサービスを消費し始める。飲食店の場合，お客が来店してから接客サービスが行われ，料理の注文を受けてから厨房機器での調理が開始される。そして，調理された料理を食べる間も接客は続き，お客が店を出るまで続く。つまりサービスは，店内での一連の時間的プロセス（取引過程）のなかで生産され，販売／購入，消

費されるのである。これを「生産と消費の同時性」という。

　生産と消費の同時性がもたらす問題としては、「サービス需給の時間的斉合」が挙げられる。サービスはモノのようにストック（在庫）ができないため、お客の登場後、即座に生産できる体制を常に用意しておかなければならない。外食サービスにおける調理済み食品であっても、お客の注文後に再調理したり盛り付けたりしなければならないし、混雑時に合わせて事前に接客サービスを在庫しておくことなどできない。しかし、外食やレジャーサービスなどは、時間帯や曜日、季節による需要の変動が大きいため、スタッフの雇用調整や設備の稼働調整を行うなどして、柔軟なサービスの供給能力（capacity）を保持しておく必要がある。しかし、ホテルや旅館などは一定の客室数を保有し、浴室やレストランなどの施設を維持し続けなければならないため、それがサービス業の非効率性とコスト高の原因にもなっている。

　生産と消費の同時性がもたらすもうひとつの問題は、「サービス・デリバリーの地理的分散」である。サービスは一般的に生産と消費が同じ空間で行われるため、輸送することが困難である。接客サービスの場合、店員自身が移動することは可能だが、接客サービスそれ自体は輸送できない。外食サービスの料理は長距離を輸送したり、一度に多方面へ輸送することが困難である。そのため、サービス業では、多店舗化によって各消費地にサービス拠点を設けたり、出前や宅配サービスを行ったりしている。教育サービスでは、情報通信機器を利用してサービスの配信（電子輸送）を行ったりしている。

　生産と消費の同時性がもたらす第三の問題は、「サービス生産における消費者の関与」である。モノは工場の生産担当者だけでつくることができるが、サービスはお客が登場しなければ生産できない。お客のいない飲食店やレジャー施設では、調理サービスも接客サービスも行うことができない。サービスは、提供相手であるお客が登場し、注文や会話などの相互作用があって初めて成り立つものなのである。反面、サービスの生産に消費者が関与することで、提供されるサービスの質は消費者の質（知識や経験など）によって大きく変動する。レストランやパーティー会場などでのお客のマナーや立ち居振舞い、教育サービスにおける生徒の受講態度、スポーツ観戦における観客の応援など、サービスを受ける側の姿勢や態度によって、提供されるサービスの質が大きく変わることがある。

　生産と消費の同時性がもたらす第四の問題として、「サービス・クオリティの不安定性」が挙げられる。サービスは人的要素が高いため、提供者のスキル（技能・知識・経験）や体調・気分などの影響を大きく受ける。また、「サービス生産における消費者の関与」で挙げたように、サービスに対する消費者の知識・経

験・マナーもサービスの質に大きな影響を及ぼす要因となっているため，お客（客層）によってサービスの質が変化することもある。こうしたサービスの品質管理の困難さを回避するために，サービス業ではパンフレットやアナウンスなどであらかじめ利用方法をお客に周知したり，会員制や意図的な高級化を図ることで客層の選別や制限を設けるなどして，サービス・クオリティの安定化に取り組んでいる。

4 ■ サービス・クオリティ・マネジメント

　サービスの商品特性には，「触知不可能性」と「生産と消費の同時性」があり，人的要素（企業とお客との相互作用）がサービス・クオリティの大きな影響要因となっている。そのため，サービスはモノに比べると品質は不安定で，不均質になりがちである。したがって，サービス業では時間と空間と人的要素をマネジメントすることで安定した品質を実現していくこと，すなわち「サービス・クオリティ・マネジメント（SQM: Service Quality Management）」が重要な課題となっている。SQMでは，上記のサービス特性に配慮した上で，「モノの論理（モノの生産・販売／購入・消費方法）」と「サービスの論理（サービスの生産・販売／購入・消費方法）」とを区別して捉えていかなければならない。

4-1　時間・空間・人的要素のマネジメント

　「生産と消費の同時性」で指摘したように，サービスは時間と空間による制約が非常に大きいため，それが生産性の低さを招き，高コストや不安定なサービス・クオリティに至っている。需要の時間・空間的偏在を解消するためには，時間や曜日，季節による価格調整や，配送などを活用することで需要を平準化し，安定したサービスの供給能力とクオリティを実現していくことが課題になる。また，サービスは取引時点で消滅していくものなので，時にはひとつの失敗が取り返しのつかない結果になることがある。そのため，お客と接する一瞬一瞬を貴重な時間として捉え，サービスの提供を図る組織体制や接客姿勢が不可欠となる。

　さらにサービス業では，お客にどんな時間と空間を経験してもらうか，時間と空間と人をマネジメント（演出）することで価値創造をしていくことも重要である。テーマパークや高級レストランのように，時間と空間を贅沢に演出し，イベントやアトラクションなどの様々なサービスを付加していく方向もあれば，ファストフードのように必要最小限のサービスへと時間・空間・人（調理や接客）を削減していく方向もある。

サービス業では人的要素が高いために，スタッフのスキルや職務満足（自社へのロイヤルティや仕事への誇り・達成感など）がサービス・クオリティに大きな影響を及ぼす。そのため多くのサービス業では，業務マニュアルの活用によってスタッフの教育に力を入れたり，優秀なパートやアルバイトの登用によってサービス・クオリティを高める努力がなされている。また，職場の環境改善や，昇進・昇給制度の見直し，経営者（雇用主）と従業員，あるいはマネジャー（管理者）と店頭に立つフロントラインのスタッフとの関係を円滑に図ることで，志気（moral：モラール）を高めたり，社風（ethos：エートス）の保持に努めるなどの努力がなされている。

4-2 サービス・デリバリー・システムの管理

　SQMのなかでも，触知不可能性や生産と消費の同時性，人的要素といった品質の不安定要因をコントロールし，常に一定レベルのサービスを提供するためには，サービスの品質管理（Service Quality Control）が不可欠となる。ファストフードでは，サービスの提供方法を規格・標準（マニュアル）化し，調理サービスを機械化・工業化することで，スタッフのスキルや体調といった人的要素を管理し，常に同じ調理時間で同じ味の料理を提供するとともに，サービス業務の効率化を図っている。

　サービスの提供段階で重要なのは，サービスを提供する仕組みや業務体制，すなわち「サービス・デリバリー・システム（Service Delivery System: SDS）」の管理である（図7-1）。SDSにおけるフロントラインとは，ホテルや飲食店で接客をしたり，小売店の店頭に立つスタッフのように，企業が消費者と直接相互作用をしながらサービスを提供する組織部分をさす。バックヤードとは，飲食店の調理スタッフや小売店で在庫管理や品出しなどを担当しているスタッフのように，フロントラインを支援する組織部分をいう。サービス・エンカウンターは，接客担当のスタッフとお客が注文などをやり取りするような，企業と消費者が直接接触し相互作用を行う時間的プロセスをさす。このプロセスをとおして，企業と消費者はサービス・コンセプトを共有し，相互の満足を最大化していく。

　サービス・エンカウンターは，企業と消費者との共同作業のプロセスであることから，この相互作用を管理することがサービス・クオリティの向上や安定化につながる。スタッフのサービス姿勢や態度，エンパワーメント（権限委譲）だけでなく，お客の満足を高めるようなサービスの関与方法や，お客の知識や期待・要求水準の把握，サービスに関する情報提供などが必要になる。また，店舗の内外装や雰囲気，ユニフォームなど，SDSにおける物的要素も重要である。

図7−1　サービス・デリバリー・システムの概念

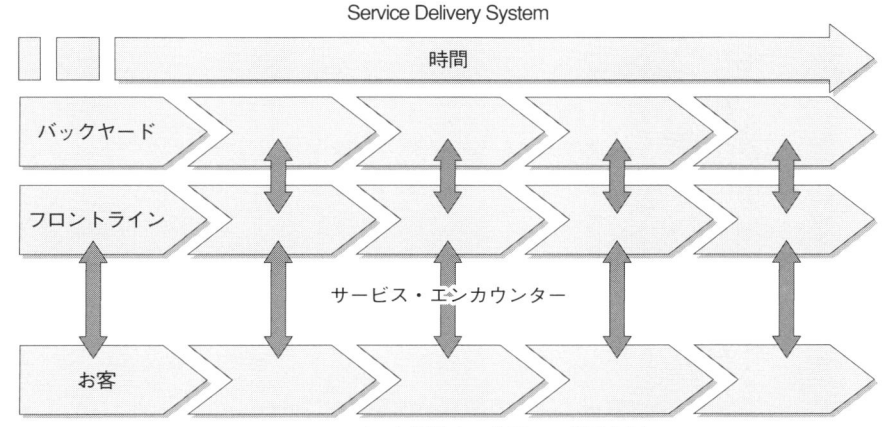

Service Delivery System

時間

バックヤード

フロントライン

サービス・エンカウンター

お客

SDS＝サービスを提供する仕組み・業務体制

〈ケース：ファストフードのサービス・クオリティ〉

　ファストフードのフランチャイズ・チェーンにおけるサービス・クオリティ・コントロールでは，作業のマニュアル化だけでなく，調理サービスの機械化・工業化が重要な役割を果たしている。

　ファストフードは，少品目の料理を効率的に大量生産することで低価格を実現した外食システムである。そのためには，販売品目である料理メニューの絞り込みと差別化，そして時間当たりの生産性を高めるための効率的なSDSを設け，それにもとづいて調理や接客などのサービスの均質化を図ることが不可欠となる。ファストフードの各社は，少品目の原材料を通年で安定的に大量に仕入れて長期貯蔵することで，食材の原価を抑えている。調理システムにおいても，短時間で高品質の調理が可能な高性能の調理機器や設備を開発したり，冷凍技術を駆使した独自の調理法を開発したりすることで，調理法や味の面で他社との差別化を図っている。加えて，セントラルキッチンとよばれる加工工場で集中調理し，各店舗へ冷凍配送することで，店舗での調理作業の効率化と調理に要する人件費を削減するだけでなく，大型の調理器が設置できない小型の店舗でも，解凍加熱するだけで均質な料理が提供できるようにしている。また，店内の調理場のレイアウトを改善することで調理作業の効率を高める努力も図られている。

　このように，サービス業では接客スタッフの存在が大きな印象を占めているために，一見すると人的な要素のみが目立つことが多いが，消費者の目の届かない

ところでは，サービスの機械化・工業化を進めることでクオリティの向上・安定化が進められている。そして，表7-5のような店舗評価シートを用いて，調理や接客を含めた店舗全体のサービス・クオリティを確認している。

表7-5　ファストフード店のサービス評価シート(例)

A．料理の品質評価		B．接客サービスの評価	
1．ハンバーガー・サンド類		1．サービング・タイム	
品目名		①入店⇒注文までの時間	分　　秒
①温度	5-4-3-2-1	②注文⇒商品渡しまでの時間	分　　秒
②新鮮さ	5-4-3-2-1	2．接客姿勢	
③外観	5-4-3-2-1	①あいさつの仕方	5-4-3-2-1
・・・		②オーダーのとり方	5-4-3-2-1
・・・	・・・	③メニューシートの清潔さ	5-4-3-2-1
		・・・	・・・
2．ドリンク		C．店舗の評価	
品目名		①店舗周辺・駐車場の清潔さ	5-4-3-2-1
①温度	5-4-3-2-1	②店頭広告・看板の管理	5-4-3-2-1
②新鮮さ	5-4-3-2-1	③店舗出入口の分かりやすさ	5-4-3-2-1
③外観	5-4-3-2-1	④店内フロアの清潔さ	5-4-3-2-1
・・・	・・・	・・・	・・・

5　学習のポイント・キーワード

- **経済のサービス化**
  経済活動のなかでサービスの占める割合（サービスの生産と消費）が高まっている状況
- **触知不可能性（intangibility）**
  サービスは企業が提供する「行為」であるため，それ自体に触れるなどして内容を把握したり，品質や価値の判断をすることが非常に困難な性質をもっている。

- **生産と消費の同時性**
  サービスは，生産と消費が一連の取引過程のなかで同時進行で行われるため，サービス需給の時間的斉合や，サービス・デリバリーの地理的分散，サービス生産における消費者の関与といった問題を有している。
- **サービス・クオリティ・マネジメント**
  安定した品質のサービスを提供するために，様々なサービスの商品特性を組織的に管理・運営していくこと。

6 ■ 練習問題

1. サービス化について
   あなた自身の1週間／1か月／1年間の家計消費を振り返って，モノの購入とサービス購入の金額比率がどのようになっているか調べてみなさい。
2. サービスの商品特性
   触知不可能性や生産と消費の同時性，人的要素の高さといったサービスの商品特性が原因で生じるトラブルにはどのようなものがあるか，商品の購入時や販売時（アルバイト先）などで具体的な事例を挙げるとともに，その解決策を示しなさい。

〔参考文献〕
井原哲夫（1999），『サービス・エコノミー』東洋経済新報社。
ノーマン，R.〔近藤隆雄訳〕（1991），『サービス・マネジメント』NTT出版。
バロン，S. & ハリス，K.〔澤内隆志・中丸眞治他訳〕（1995），『サービス業のマーケティング—理論と事例』同友舘。
山本昭二（1999），『サービス・クォリティ：サービス品質の評価過程』千倉書房。

第8章

商品と市場の安全性

現代社会は「リスク社会」といわれる。消費生活を円滑に維持するためには，商品や市場システムの安全性確保は大切な課題となる。しかし，市場における分業が進化するにつれて，一貫した安全性確保は次第に大きな課題となっている。本章では，こうした認識の下に，商品の安全性について基本的学習と関連する製造物責任法を理解する。さらに，市場環境の変化のなかで安全性確保の活動がどのように実践されているかを考察する。

1 ■ はじめに

　今日，商品をさして"goods and service"というように，その商品があるgoodの価値を有しているからこそ，市場において取引対象となり得るものと考えられる。しかし，もし，商品に"bads"な側面，つまり欠陥や危害あるいは危険性等が潜在的にともなっていたとしたら，当然，商品として適正を欠く，価値のないモノとなってしまう。が現実には，欠陥商品やサービスにおいて，また流通システムや多様な売買行為のなかで，多くの消費者問題や商品問題が発生している。

　最近では，食品や住宅の安全性確保の従前の仕組みや国による諸制度の限界が次第にクローズアップされるなかで，これまで，概して効率的であり適正であるとされていた市場の分業システムや民間への公的事業の振り分けのあり方に起因すると思われる市場システムの落とし穴が，改めて露呈してきている。目下，企業・事業者，消費者，行政のそれぞれが，現代の市場システムの不透明さや欠陥に気が付いたところであり，今後の商品や市場システムに関する安全性確保の議論がスタートしたところである。

1-1 商品の安全性確保の考え方の経緯

　遡って，消費者の権利を確保する視点にもとづき，1968年に消費者保護基本法が成立した。これは，時の米国ケネディ大統領時代に作成された消費者の4つの権利に対応するものである。すなわち，安全である権利に対する危害防止と試験検査等の設備の整備，知る権利に対する計量・規格の適正化，選ぶ権利に対する公正な競争の確保，そして意見をいう権利に対する意見の反映と苦情処理体制の整備であった。なかでも，商品の安全性は，消費者の権利として社会的必然性をもって認識されることとなった。

　しかしながら，商品の安全性確保の議論は，その本質的重要性の故に，幅広く奥も深い。商品の品質評価や安全性の判断を消費者の責任（買い手危険負担）としたところから，売り手も応分の責任をもつ（売り手危険負担）へと移行が言及されることとなった。そうしたなかで，1994年に製造物責任法が制定されたが，これは，消費者（企業も含む）の身体と動産の被害について，通常有する安全性の範囲内で製造業者（加工業者，輸入業者）の責任を問い，特に，この法律により，過失責任主義から欠陥責任主義へと大きく転換していった。

　そしてさらに，経済産業そして消費社会も変化している。サービス経済化の進展，ITによる急速な情報革新，グローバルな物の流通（例えば，食材や食品）や

金融ビジネスの進展，またモバイル型社会への変革などにより，これらに起因する市場環境の大きな変革が始まっている。そこから，新たな社会問題や市場システムの問題，そして消費者トラブルも確実に発生してきている。まさしく，今日の社会は，現在の市場化過程で発生する新たなリスクを解決する課題を抱えたリスク社会である。そこでは，従前の経済至上主義的な効率性の再考と新たな市場メカニズムの構築に向けた，多岐に亘る議論が残されている。例えば，その一例として，最近，企業の社会的責任（Corporate Social Responsibility：CSR）の議論が活発に行われているが，そこでは，消費者問題に関する企業と消費者共通の課題としてのCSRの論議も行われている。

本章では，こうした認識の下で，まずは学習者の基本的理解として商品の安全性についてまた製造物責任法について学習をする。次いで，市場環境が大きく変化するなかで，市場において具体的にどのような安全性確保の活動が実践されているか，また，消費者トラブルや商品問題の発生を防止するために，どのような消費者に向けた商品や市場の安全性に関する情報提供がされているのか考察する。

2 商品の安全性

2-1 安全性の意義

商品の安全性を確保する意義は，①消費者の保護，②産業の発展，③経済社会の安定と発展にある。

消費者保護の観点からすれば，商品による危害を防止することで，暮らしの安全を保つことができる。また，安全性の高い商品は，危害や故障に対する経済的・身体的・精神的な負担が軽いため，商品使用の合理化を図ることができる。安全性が十分に確保されていない場合，消費者はそれを確認するための知識や情報を必要とする。しかし，企業と消費者との間には，商品知識に関して大きな情報格差（情報の非対称性）がある。そのため，消費者は商品を十分に評価することができない。さらに，企業が情報を開示しても消費者には理解が困難なケースや，機密情報が含まれるために企業は情報を開示しないこともある。さらに，危害の補償について裁判を行っても，手続きや費用などで消費者は多大な負担を強いられる。こうしたことからも，商品の安全性を確保することは，消費者の暮らしを守るための重要な課題といえる。

産業の面では，安全性を高めるための品質改良によって企業の技術レベルが向上していくと同時に，工場などの労働環境の安全性も高められていく。それによ

って，より高い技術レベルでの企業間競争が進み，産業全体が発展していくことになる。

経済社会の面では，安全な商品の普及によって商品の評価や売買が容易になるため，市場取引の単純化・公正化が実現される。同時に，生活の質の向上や省資源・環境保全の推進といった公共の福祉に寄与することができる。

近年では，経済社会の発展にともなって安全性の視点が拡大してきている。これまでは，個別商品の安全管理が重視されてきたが，それとともに社会全体の安心・安全を考慮した商品設計が進んでいる。ユニバーサル・デザインはその典型例で，個別商品の使い勝手だけではなく，商品をとおした消費生活全体の安心・安全を見据えた商品設計がなされている。

2-2 安全性の条件

商品の安全性を確保する上での条件としては，以下の点が挙げられる。

①**安全性と機能性**・・・商品は安全性と機能性を備えていなければならない。安全性を重視しすぎるあまりに商品機能の低下を招き，使い勝手が悪くならないよう配慮することが必要である。

②**安全の範囲**・・・商品の安全性は，それに関わる多様な人々の利害の範囲を想定したものでなければならない。特に，ユーザーにとっての安全性だけでなく，使用しない第三者の安全性にも配慮した設計が必要である。自動車の安全設計と，交通事故や排気ガスによっておびやかされる暮らしの安心・安全とのバランスを考えることは重要な課題である。

③**リスク管理**・・・安全性とは永続的なものではなく，一定期間内での確率的概念である。どれだけ安全性を高めようともミスや事故はゼロにはならない。したがって安全性を高めるためには，危害発生時の対策も準備しておくことが不可欠である。

④**ライフサイクル**・・・商品の安全性は，生産から消費・廃棄・リサイクルまでのトータル・プロセスの視点から考慮されていなければならない。生産段階で安全性が保たれていても，商品の使用時や廃棄段階で危害が発生するようでは，安全性が十分に確保されたとはいえない。

⑤**情報格差への配慮**・・・安全性に関する情報は，商品を使用する消費者の立場に立って，企業との情報格差や認識のズレを配慮した提供内容や手法をとる必要がある。それによって企業は，消費者からの信頼・信用を獲得するとともに，安心・安全な消費生活に寄与することができる。

2-3 商品の安全性と規格・表示

　商品の安全性は，商品の規格・標準化や品質表示と密接な関係にある。商品の安全性を確保するためには，商品の機能や性能について一定の規格（標準）を設け，生産から販売，消費・廃棄・リサイクルに至るまで，その規格が普及・活用されるようにしなければならない。また，商品が一定の安全性を備えていることを保証し認知してもらうためには，商品の品質表示が不可欠である。

　安全性に関する規格化と品質表示を行うことで，消費者は合理的な商品選択を行うことができ，ひいては安心・安全な暮らしの実現に寄与することとなる。

3 ■ 商品の安全性と消費者保護─製造物責任法（PL法）

　商品の安全性と消費者保護に関しては様々な法制度が施行されているが，そのなかでも代表的な制度である製造物責任（Product Liability）法について概要を解説していく。

3-1 PL法とは

　PL法は，1995年7月1日に施行された法律で，製品の事故で消費者が被害を受けたときには，製品に欠陥があったこと，及びその欠陥が原因で損害が生じたことを被害者が証明すれば製造業者等の責任が認められ，損害賠償が受けられる制度である。PL法の目的は，製品の欠陥によって生命や身体，または財産に被害が生じた場合の製造業者等の損害賠償について定めることで，被害者の保護を図り，国民生活の安定向上と国民経済の健全な発展に寄与することにある。

　従来の制度では，製品の欠陥によって消費者に被害が発生した場合，損害賠償請求を行うためには，民法709条の不法行為にもとづいて，①被害の発生，②メーカーの故意または過失，③被害と故意または過失との因果関係を被害者が立証しなければならなかった。これに対してPL法は，①被害の発生，②製品の欠陥，③被害と欠陥の因果関係を被害者が立証しなければならないが，製造業者の故意または過失は証明しなくてもよいため，被害者の負担は従来よりも軽減されている。なお，賠償請求期間は，被害者が損害及び賠償義務を知ったときから3年で，製造業者等が責任を負う期間は10年となっている。

　PL法では厳格責任法理にもとづき，製造業者等に対する無過失責任（厳格責任）が採用されている。これは，高度な科学・技術により大量生産された工業製品を使用して，身体，生命，財産などに被害を受けたにも関わらず，消費者は製造業

者等の過失を証明できないことを救済するためである。その根拠として，製造業者等は，①危険責任として，製造者は危険についての情報をもち，その発生を制御できること，②報償責任として，製造者は製造・販売を通じて利益を得ていること，そして，③信頼責任として，製造者は広告を通じて製品の安全性を訴え，信頼感を高めていることが挙げられる。

3-2 PL法のポイント

(1) 欠陥の概念

PL法でいう「欠陥」とは，「製品の安全性に関わる欠陥」であり，製造物の特性や通常予見される使用形態，集荷した時期などを考慮した上で通常有すべき安全性を欠いていることをいう。商品が使用説明書どおりに機能しない，といった一般的な「品質や性能の欠陥」は対象外となる。こうしたトラブルは，民法415条の債務不履行責任や，民法570条の瑕疵担保責任で修理や交換，損害賠償を請求することになる。欠陥の種類と対策は以下のように分けられる。

① **製造上の欠陥**・・・これは製造段階における検査不備によって不良部分が見過ごされるようなケースである。これを防ぐためには，企業は製造段階での品質管理を徹底させる必要がある。
② **設計上の欠陥**・・・これは安全設計の不備や安全装置の不搭載をいう。設計上の欠陥を防ぐためには，最新の技術を採用したり，誤作動などを考慮したフェイル・セーフ（多重安全設計）や，製品の無害化（人体に安全な塗料や誤飲防止機能）などを行う必要がある。
③ **表示上の欠陥**・・・これは警告表示の不備や，過失的・詐欺的な不実表示をさす。これを防ぐためには，取扱説明書の改善や，統一的な警告ラベルやマークの採用による危険性の明示，ユーザーの啓蒙などを行う必要がある。

(2) 製造物の概念

PL法の対象となる製造物とは，「製造または加工された動産」をさす。工業製品である有体物を中心に，部品や原材料，不動産に組み込まれた建材（照明器具やユニットバスなどの住宅部品）なども製造物としてみなされる。未加工の農水産物や不動産，無体物であるサービスや情報・ソフトウエア，電気などのエネルギーは除外される。

（3）製造者の概念

　PL法での責任主体は「製造業者，加工業者，輸入業者」である。また，製造業者として氏名等を表示した者や，製造業者と誤認されるような表示をした者，様々な事情から実質的な製造者であると認められる者も対象となる。

（4）推定規定の不採用

　欠陥の存在については，「製品を適正に使用していたにも関わらず事故が起きた場合，製品に欠陥が存在したと推定し，被害者が欠陥の存在を証明しなくとも加害者に責任を負わせる」という推定規定の考え方がある。推定規定が導入されれば，製造業者等は厳しい責任を問われることになるが，PL法では推定規定は導入されていない。

（5）開発危険の抗弁

　PL法では，開発危険の抗弁として，製品引渡時の科学・技術水準のもとでは欠陥が認識できなかったこと（開発危険）を製造業者等が証明すれば責任を問われない。企業に開発危険の責任を負わせれば，研究開発意欲の阻害となり，社会経済全体にとっても損失となることが予想されるため，この抗弁が認められた。

（6）PL制度のメリット・デメリット

　PL制度のメリットとしては，①メーカー各社が商品の安全性を高めていくことで，企業の技術力は高まり，消費者はより安心・安全な商品を購入することができる。②安全性の高い商品が普及することで危険な製品が淘汰され，より安全な消費生活が実現できる。③被害者の立証責任が軽減されることで，救済を受けやすくなる。④企業による組織的な安全対策が進展し，より安全な経済社会を実現することができる。

　一方，デメリットとしては，①予想できない欠陥が生じる可能性があるため，企業にとっては新製品開発への意欲が阻害されるおそれがある。②商品の安全対策や賠償費用，裁判などでの紛争処理に要する費用がかかることで，商品の価格が上昇するおそれがある。③企業が過剰な安全対策をとることで，商品や消費生活の利便性が損なわれる可能性がある。④訴訟の多発によって倒産，保険危機，モラル・ハザードなどが懸念されている。

〈ケース：STマークとKDマーク〉

　1971年，玩具業界では，玩具の欠陥などによる子供の事故を防ぐために，玩具の構造や材料，強度，性能，表示などの項目について安全基準を定めた。そして，関係する検査協会の検査を受けて合格したものだけに「STマーク（safety toy：安全な玩具）」の表示を認め，STマークのある玩具が原因で事故が起きた場合の補償制度を設けた。

　2006年には，安全で安心な子供向け商品の開発を後押しするねらいで，経済産業省と玩具や飲料メーカーなどで「キッズデザイン協議会」が組織され，「キッズデザイン（KD）マーク」が設けられた。同協議会は，幅広い子供向け商品の安全性とデザイン性を重視しており，子供の健やかな成長に役立つデザインや設計をもつ商品として「キッズデザイン賞」を受賞した商品には「KDマーク」の使用を認め，アピールできるようにした。

4 ■ 市場における安全性

4-1 市場環境の変化と安全性確保の課題

　先にも指摘したが，今日の社会はリスク社会といっても過言ではない。消費生活上の安全性や健全性，健康性の獲得のためにリスクと向かい合うことが大切な社会である。

　さて，一般に，ハザードとリスクとは違う。ハザード（hazard）とは危害そのものであり，リスク（risk）とは危害の発生可能性のことをさす。残念ながら，わが国はリスクという概念が未発達な状況であり，今後，リスク管理という思考の定着が必要となる。現在，消費生活全般に関するリスク教育の必要性が問われ始め，なかでもリスクコミュニケーション活動への関心も集まりつつある。

　ここで，市場環境の変化のなかで，次第に市場の課題が個別の問題への対応から市場全体の構造的問題への対応が迫られていることを，食市場の事例から見ておこう。図8-1は，食生活において，最近の食品事故や事件の発生とその問題の性質の指摘，また食の安全性確保の議論がどのように変化してきたのかを簡潔に整理した。

　この図で指摘されているように，一方で，食品由来の食固有のリスクならびに食市場における構造的リスク，他方で，生産工程の品質管理上の問題や企業倫理の欠落などから発生した人為的リスクという一般的リスクが，混在化していることがわかる。また，危害要因の完全な排除は不可能であるため，現代の食生活に

図8-1 食市場を取りまく安全性確保に向けた課題や対応

食市場の課題 ： 個別の問題 ⇒ 構造的な問題

1990年代前後より、食品事故の多発、食品由来リスクに関する意識が顕在化

（例）1980年 英国でBSE発生 ⇒ 2001年 英国全土で口蹄疫汚染
1993年 EUで、豚コレラ問題発生、1996年 日本でO157食中毒事件
1999年 所沢ダイオキシン汚染騒動、雪印加工乳の黄色ブドウ球菌による食中毒
2000年 日本でBSE発生（食肉消費が4割減）、2002年食肉偽装表示、偽装申請の発覚

【食品固有・構造的リスク】食品由来，生物的危害 ⇒ 微生物制御の困難さ，大規模化
【一般的リスク】生産物と生産工程の品質管理，偽装・隠蔽等企業倫理でのリスク
◆危害要因の完全排除不可能 ⇔ 現代食生活には常にリスクが存在
◆行政，企業・業界，消費者相互の「リスク」低減の意識覚醒と相互努力の必要性

食品行政の一本化 ⇒ 「食品安全基本法」，「食品安全委員会」（2003年）
「リスク評価」と「リスク管理」の分離

◆食市場での信頼の構築 ・・・・・・ 国，自治体，企業，市民の食ネットワーク
◆食文化への警鐘，多様な伝承活動・・・・・・ 伝統的な地域食，食育の導入

出所：筆者作成。

は常にリスクが存在しているとも指摘される。

こうしたなか，国における新たな食品行政もスタートしている。2003年には「食品安全基本法」も制定され，「食品安全委員会」が設置された。食品の安全性確保に向けた政策，それぞれの経済主体の新たな取り組み，また適切な食の安全性に関する情報提供のあり方に関する議論も開始されている。

4-2 安全性確保の活動や意識変化―食市場の場合―

商品や市場活動に関する安全性確保に向けて，どのように活動や意識変化を誘導していけば良いのだろうか。安全性確保に向けた行政側の新たな政策，そして広範囲な普及啓発活動の推進，また企業・事業者における経営努力，CSR（例えば食領域では，トレーサビリティやHACCP; Hazard Analysis Critical Control Point・危険分析重要管理点方式），消費者の意識変化と積極的な活動への参加，

さらにマスコミやメディアによる適切な食の安全性に関する情報伝達，民間の多様な情報発信等，行政，企業，そして消費者のそれぞれの多様な活動や取り組みが必要となるだろう。

図8-2は，食に関する多様な安全性確保の活動によって，消費者が安心できる

図8-2 食市場における「安全システム」を「安心システム」に転換するために

食の安全システムから安心システムへの構築へ

食の市場：新たな安全情報の重要性，「顧客満足」への企業努力の重視

◆消費社会の働き（メディア，パブリシティ）

| 活動 | 産地・農産物・食品機能や成分情報，地域食文化の情報発信，食の安全安心，地域食のＴＶ番組の増加 |

◆企業の変革

| 活動 | 「日常工程でのリスク管理」「表示の情報機能に対する新たな検証」
- 品質の定義，
- 品質管理（「HACCP：危険分析重要管理点監視」等の導入），
- トレーサビリティの導入，
- ISO9000シリーズ ⇒ 自発的な品質保証管理体制，自己証明プログラムの実施 |

◆行政の変革（マクロとミクロの対応）

| 機能と活動 | 「権限機関による新・リスク管理の徹底，DNAによる品質鑑定，情報収集・提供」
- 農水省「消費安全局」…食品表示を監視する「表示・規格課」，消費者情報官 食品に関するリスクコミュニケーション意見交換会，「フードガイド」（厚労と共同）ポジティブリスト，食品表示110番，（財）食生活情報サービスセンターの新設等
- 厚生労働省「食品安全部」…輸入食品チェック，食品添加物，遺伝子組み換え食品，健康食品等
- 農水省・文部科学省…「食育活動」の推進 |

◆消費者の変化

| 意識と活動 | 関心，監視，参加・参画活動
- 商品表示や販売店情報のチェック
- 食に関する情報収集
- 食オンブズマン
- 食育イベントへ参加
- 生産者との交流
- 地産地消の高まり
- 農地等のオーナー制度の活用 等 |

出所：筆者作成。

食生活の実現にむけて，個別な活動や意識変化を提示したものである。こうした活動によって，市場で企業が取り組む「安全システム」は，初めて消費者にとっての「安心システム」に転換していくと考えられよう。

ここで，企業が実際に取り組んでいる食の安全管理に関する活動，品質管理の活動の一例を見てみよう。企業が，食の安全性を確保するためにどのような企業努力を実践しているか。実際の商品パッケージから窺える活動の一端を，具体的に観察することは大切なことである。身近な食品の事例として，一般の食品スーパーで，直接，商品パッケージの表示から理解できる内容を基本に考えてみよう。

石井食品㈱（千葉県）は，「ミートボール」など日常的な食品やお惣菜を中心に確実な経営を行っている食品メーカーであり，食の安全システムに関するトレーサビリティのシステム（食品の生産・流通に関する情報追跡可能のシステム）をいち早く導入し，実践的に展開している企業のひとつである。

〈ケース：石井食品㈱の取り組みの事例から〉

図8−3に，石井食品㈱の経営理念「品質と環境」，また「おいしさ3大原則」を示してある。1．安全であること，2．ヘルシーであること，3．地球環境にやさしいこと　をおいしさのモットーとして，取り組みを実践している。そのな

図8−3　石井食品（株）の経営理念

石井食品（株）の経営理念「品質と環境」
石井食品の「おいしさ3大原則」
1．安全であること　　2．ヘルシーであること　　3．地球環境にやさしいこと

添加物は使わない。無添加調理
素材のおいしさを最大限に引き出す。
安全のために食品添加物を使用しないで調理する。

品質保証番号で製品を厳正に管理
品質保証番号をつけて，その製品の材料の産地・調理する工場・管理方法などを厳正に記録する。
消費者からの製品の問い合わせに，正確に答える。

新鮮な厳選素材だけを使用
産地を選び，育て方を指定した新鮮な素材を使用する。

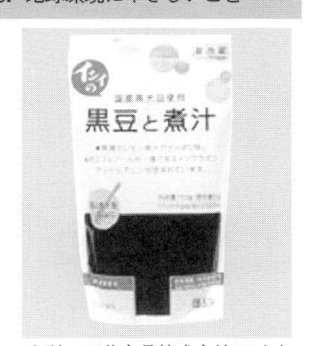

出所：石井食品株式会社HPより

出所：筆者作成。

図8－4　石井食品(株)の食品パッケージから(その1　表面)

安全システムを　→　安心システムに転換

商品「イシイの栗ごはん　炊きこみご飯の素」

【パッケージの表】
- 栗は中国産
- 野菜の農薬残存検査
- 産地の公開（OPEN ISHII）
- 無漂白栗使用

OPEN ISHII
（野菜の農薬残存検査，産地の公開）

「パッケージの裏面　品質保証番号」
「安全とおいしさ」

出所：石井食品株式会社HPより作成

図8－5　石井食品(株)の食品パッケージから(その2　裏面)

【パッケージ裏】
① 制度表示（名称，原材料名，殺菌方法，内容量，賞味期限，保存方法，製造者，食物アレルギー）
② 自主情報（栄養成分とカロリー・塩分，品質保証番号「おいしさと安全」「原材料履歴」，栗ご飯調理方法・絵図と注意，ゴミ出し，連絡先，お客様サービスセンター，携帯サイト，URL）

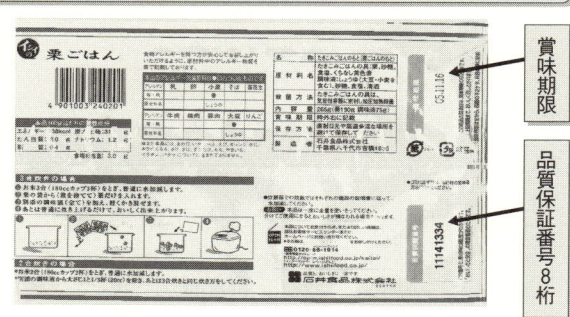

賞味期限
品質保証番号8桁

出所：石井食品株式会社HPより作成

かで，先見的な取り組みのひとつが，品質保証番号である。すべての商品パッケージには，8桁の品質保証番号が印刷されており，その番号によって消費者からの問い合わせに応じて対応している。また自社のホームページでも「OPEN ISHII」による情報公開を行っている。さらに，2009年12月より販売店舗向けに「原材料品質保証書」を発行し，情報の開示活動を進化させていることは注目できる。

また，図8－4，図8－5，図8－6は，いずれも実際の食品パッケージで安全性に

図8−6　石井食品(株)の食品パッケージから(その3)

「今晩のハンバーグ」のパッケージ

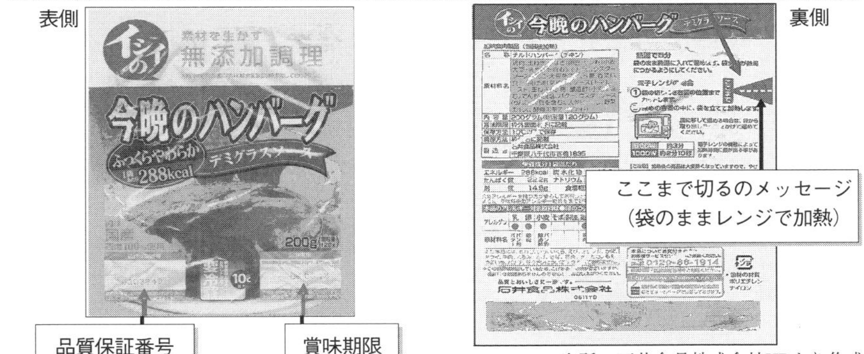

表側　／　裏側

ここまで切るのメッセージ
（袋のままレンジで加熱）

品質保証番号　　賞味期限

出所：石井食品株式会社HPより作成

関するどのような情報提供があるのか，整理したものだ。これらは，食品パッケージにおける安全性に関する情報提供のあり方の参考例である。それぞれ表示内容の特徴については，図のなかで指摘したため，詳細については省略するが，工夫のある情報提供となっている。なかには，使い勝手の良い情報（その3に示した，「ここまで切る」という説明等）もある。

この他の商品の安全性に関する実情を把握するために，小売店でフィールドワークを実践してみよう。他の食品企業，また異業種の商品について，商品の安全性に関する多様な情報提供について確認しておこう。

5 ■ 学習のポイント・キーワード

・**安全性の意義**
　商品の安全性を確保する意義は，①消費者の保護，②産業の発展，③経済社会の安定と発展　にある。
・**ハザード（Hazard）とリスク（Risk）の違い**
　ハザードは危害，リスクは危害の発生可能性の程度。
・**安全性の条件**
　商品の安全性を確保する上での条件には，①安全性と機能性，②安全の範囲，③リスク管理，④ライフサイクル，⑤情報格差への配慮　がある。

- **製造物責任法（PL法）**
  製品の事故で消費者が被害を受けたときには，欠陥を証明できれば損害賠償が受けられる制度。
- **食のトレーサビリティ**
  食品の原材料の生産や集荷，加工，そして流通段階まで，生産・流通に関する情報の追跡可能性。
- **リスクコミュニケーション**
  現代社会には多様なリスクが潜在的ないし顕在的に存在している。いかに，リスクに関する多様な情報交換を行い，リスクを管理していくかが重要となる。
- **食の安全システムから安心システムへの転換の意義**
  企業の生産や流通に関する技術情報は，企業にとっての品質管理による安全システムである。が，その内容は，消費者には専門的すぎて難解な内容であり，消費者の安全システムにはなっていない。消費者にわかりやすい，安心感を得られる情報に転換することで，初めて安心システムに転換したといえる。

6 ■ 練習問題

1. 安全性に配慮した商品のマークには，どのようなものがあるか調べなさい。
2. PL法にもとづいて提訴された訴訟にはどのような事件があるか，国民生活センターのホームページ（http://www.kokusen.go.jp/）や，国民生活センターが発行する『消費生活年報』や月刊『国民生活』などを調べて，その概要と特徴を説明しなさい。
3. 企業が実践する安全システムの意義を説明しなさい。また，その限界とは何か考察しよう。
4. マスコミやメディアが行う安全性に関する情報提供の手法の課題は何か，考察しよう。

〔参考文献〕
稲垣建二・岩下正弘・三品広美・守屋晴雄（1988），『現代商品入門』中央経済社。
谷本寛治編（2004），『企業の社会的責任とステイクホルダー』中央経済社。
中島康博（2004），『食の安全と安心の経済学』コープ東京。
長瀬二三男（2005），『製造物責任法の解説』一橋出版。
松本恒雄（2003），『二十一世紀の消費者政策と食の安全』コープ東京。
宮城島一明（2002），「国際食品規格策定における危険分析の意義」『食品衛生研究』Vol.52（7）。

宮崎隆典著（日本生活協同組合連合企画協力）(2000)，『食品の安全性最前線』コープ東京。
食品のトレーサビリティ導入ガイドライン策定委員会（農水省）(2003)，『食品トレーサビリティ導入の手引き』。

第9章

ライフスタイルと消費行動

消費社会の成熟と消費者ニーズの多様化によって，人々の消費行動には大きな違いが生じている。このような消費行動の違いを理解し，分析するうえで有効な概念のひとつがライフスタイルである。本章では，こうしたライフスタイルとは何か，またそれはマーケティングや消費行動といかなる関係にあるかを考察する。

1 ■ はじめに

　生活するうえで興味を持つ関心事や楽しみ，生きがいなどは人々によって大きく異なる。ファッションの流行に敏感な人もいれば，グルメに大きな関心を持つ人もいる。また，仕事に生きがいを感じる人もいれば，家族と過ごす団欒なひと時に生きがいを感じる人もいる。このように，人々が持っている独特の生活様式もしくは生き方を「ライフスタイル」という。このライフスタイルは，個々人の生活のあり方を規定するものであるが，それは個々人の消費行動にも大きな影響を及ぼす。というのも，現代社会においてわれわれの生活の多くの部分は，何らかの商品を市場で購入し，使用することによって成り立っているからである。従って，ライフスタイルは，われわれがどのような商品を買うか否かという購買意思決定にも大きな影響を及ぼすのである。

　消費社会の成熟に伴い，消費者ニーズはますます多様化し，「十人一色」であった消費者ニーズは，「十人十色」へと変化しつつある。ライフスタイルは，このように多様化する消費者ニーズを効果的に捉え，消費者ごとの特徴や消費者間の違いを分析するうえで有効な分析視点を提供する。本章では，このようなライフスタイルとは何か，またそれはマーケティングや消費行動といかなる関係にあるかを考察する。

2 ■ ライフスタイルとマーケティング

2-1 ライフスタイル概念の由来とマーケティングへの応用

　ライフスタイルという用語の起源は，19世紀後半から20世紀前半にかけて活躍したドイツの社会学者，マックス・ウェーバーにあるとされている。ウェーバーは社会階層を生産手段や財の所有といった経済的側面のみで理解することは不十分であり，社会階層のなかで共有される消費スタイルや生活態度，価値観などといった生活的側面を理解しなければならないと主張した。このようなウェーバーの階層内で共有される複合的な生活パターンという考え方から「ライフスタイル」という概念が登場したのである。

　こうしたライフスタイルは，アメリカで1970年代頃から消費者行動研究やマーケティング研究において，市場細分化の有効な基準として注目されるようになる。市場細分化とは，企業がターゲットとする顧客を明確にするために，消費者をそのニーズや特徴などの側面から分類，分割することである。塩田（2002）によれ

ば，ライフスタイル概念がこのような市場細分化の基準として注目されたのは以下のような理由による。

まず，従来，支配的であったデモグラフィック要因（年齢，性別，所得，教育水準，職業など）による市場細分化の有効性が弱まったということである。すなわち，消費社会化が進展し，消費者や消費現象が多様化するにつれ，デモグラフィック要因による市場細分化は，従来のように，消費者の違いを明確に識別できなくなったということである。

次に，市場細分化の基準が単一基準から複合基準へと移行してきたということである。消費者や消費現象が多様化している今日において，市場細分化を有効に行うためには，市場の分割においても複合的な基準の組み合わせが求められる。ライフスタイルは，消費者ニーズ，価値観，消費行動などを包括する概念であるがゆえに，今日の市場細分化の複合的な基準により合致する概念であるということである。

最後に，社会環境の変化に伴って，従来，マーケティングで想定されてきた消費者像とは大きく異なるライフスタイルが社会に登場するようになったからである。たとえば，1980年代のアメリカでは「ヤッピー」という若いビジネスエリート集団が生まれた。ヤッピーの最も大きな特徴は，仕事熱心という誠実さのみならず，消費行動においてブランド志向が極めて強いといった享楽的な側面も併せ持つことにあった。このような，従来の枠組みで説明できない，新しい消費者集団を既存の消費者と識別し分析するためにライフスタイルという概念が注目されるようになったのである。

以上で考察したように，マーケティングにおいて，ライフスタイルが注目されるようになった背景にはいくつかの要因があるが，デモグラフィック要因による市場細分化の有効性の低下が最も大きな理由であると考えられる。そこで，以下では，なぜ市場細分化の基準としてライフタイル概念が重要となったかをより詳細に検討してみよう。

2-2 市場細分化の基準としてのライフスタイル

前述のように，年齢，性別，所得，教育水準，職業などのデモグラフィック要因は，代表的な市場細分化の基準として用いられてきた。というのも，これらの要因は客観的指標であるため，消費者を明確に分割できる利点があるからである。たとえば，性別という指標を用いれば，消費者を明確に二分できることがそれである。しかし，消費社会化が進展し，消費者が多様化するにつれ，この基準は，従来のように，消費者の違いを明確に識別できなくなってきている。たとえば，

表9-1 デモグラフィックとライフタイルによる市場細分化

	細分化基準	メリット	デメリット
デモグラフィックによる市場細分化	年齢，性別，所得，教育水準，職業など	客観的指標に基づいているため消費者を明確に分割できる	同階層内の消費行動の違いもしくは異階層間の消費行動の類似性を説明できない
ライフスタイルによる市場細分化	価値観，生活における興味，関心事など	同階層内の消費行動の相違もしくは異階層間の消費行動の類似性を説明できる	主観的，心理的な指標に基づいているため，調査・分析に高度なスキルが必要

高級車を様々な階層の人が乗るようになったことや，高学歴，高所得の人々がディスカウント・ストアーなどを利用するといった消費現象などがそれである。すなわち，同じ社会階層のなかでも異なる消費者ニーズや消費行動がみられること，また，異なった社会階層でも類似の消費者ニーズや消費行動がみえるようになったということである。このようにデモグラフィック要因だけでは消費者間の消費行動の違いを十分に説明できなくなったことからライフスタイル概念が注目されるようになったのなのである。

3 ライフスタイル分析の方法

3-1 AIOアプローチ

AIOアプローチとは，1970年代にウェールズらによって開発されたライフスタイルの分析方法である。AIOアプローチのAは「行動」という意味のActivityの頭文字であり，個人の仕事や趣味，余暇に関する行動を意味する。次に，Iは「関心」という意味のInterestの頭文字であり，家族や家庭，仕事，地域社会や娯楽な

表9-2 AIOアプローチの構成要素の一例

行動（Activity）	関心（Interest）	意見（Opinion）	デモグラフィックス
仕事	家族	自分自身	年齢
趣味	仕事	社会問題	教育水準
休暇	地域社会	政治	所得
ショッピング	娯楽	ビジネス	職業
スポーツ	ファッション	経済	世帯規模

出所：Plumber（1974）より一部抜粋。

どの個人の関心領域を意味する。最後にOは「意見」という意味のOpinionの頭文字であり、自分自身の問題や社会問題、政治や経済などに関する個人の考えを意味する。このAIOアプローチでは、行動、関心、意見にデモグラフィック要因を加えた4つの側面からライフスタイルを分析する。より具体的には、消費者に行動、関心、意見に対する様々な質問を行い、それらの回答パターンの類似性に基づいてライフスタイルグループを分類する。

こうしたAIOアプローチを用いて日本人のライフスタイルを分析した調査に飽戸・松田（1989）のニュー・ジャパニーズ・ウェイ・オブ・ライフがある。飽戸らは、消費者に対して「経済的にめぐまれなくても、気ままに楽しく暮らせばよいと思う」、「結婚しても、必ずしも子供を産む必要はない」などの18の質問を行い、その回答結果に基づいて消費者のライフスタイルを図9-1のように「脱伝統家庭型」、「人生享受型」、「消極無志向型」、「自己充足型」、「伝統出世型」、「エグゼクティブ型」、「都会派プロフェッショナル型」の7つに分類している。

7つのライフスタイルうち「エグゼクティブ型」、「伝統出世型」、「脱伝統家庭型」は旧人類に、「自己充足型」、「都会派プロフェッショナル型」、「人生享受型」は新人類に分類される。ここで旧人類は、伝統的な価値観を重視し、新しい価値

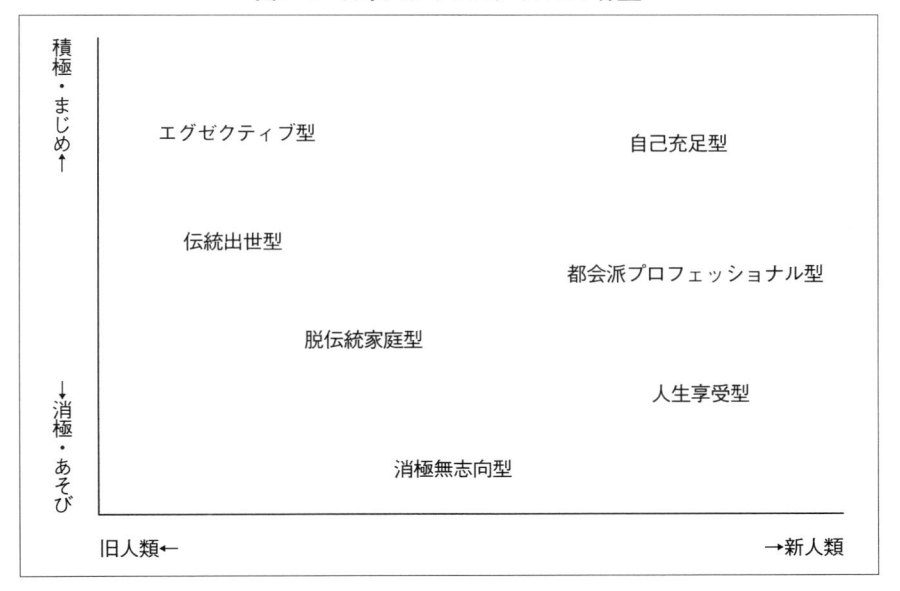

図9-1　日本人ライフスタイルの7類型

出所：飽戸・松田(1989年)。

観やライフスタイルに対しては保守的な態度を示す人々である。一方，新人類は，新しい価値観やライフスタイルを積極的に取り入れる人々である。「消極無志向型」は旧人類にも新人類のどちらでもない人々である。

　このようなライフスタイルの違いは，消費行動にも違いをもたらす。それを示しているのが表9-3である。この表では各ライフスタイルとそのライフスタイルに属する消費者が主に行うレジャー活動が挙げられている。ライフスタイルとレジャー活動の対応関係をみると，全般的に古い価値観を持ち，人生に対する積極性が乏しい「脱伝統家庭型」，「消極無志向型」，「伝統出世型」では，手芸・編み物，料理，園芸・庭いじりが上位を占めている。一方，出世志向，積極的が強い「エグゼクティブ型」ではマージャンやゴルフが，伝統にこだわらず新しいものを積極的に取り入れようとする「自己充足型」ではスキー，スポーツ・レクレーション旅行やテニスの割合が高くなっている。また，消費市場をリードする「都会派プロフェッショナル型」では，その他のライフスタイルに比べ幅広いレジャー活動を行っていることがわかる。

3-2　VALSアプローチ

　VALSとはValue and Lifestyleの略字であり，1970年代後半に，スタンフォード調査研究所によって開発されたライフスタイルの分析方法である。VALSアプローチは「マズローの欲求5段階説」と「リースマンの性格類型」をその理論的枠組みとしており，約800の質問項目（価値観やライフスタイル，消費行動）に基づく大規模な消費者調査からアメリカ人のライフスタイルを大きく4つのグループと9つの類型に分類している。

　図9-2のように，VALSアプローチは「生存者型」から「統合型」に至る垂直的な構造になっているが，こうした川下から川上への流れはマズローの欲求5段階説に対応している。マズローの欲求5段階説とは，人間の欲求には大きく「生理的欲求」，「安全の欲求」，「所属の欲求」，「承認の欲求」，「自己実現の欲求」という5つの階層があり，生理的欲求や安全の欲求といった低次元の欲求が満たされると人間はそれより高次元の階層に位置する欲求を満たそうとするという理論である。一方，「生存者型」から「統合型」へ至る垂直的な流れには2重の筋道があるが，これはリースマンの性格類型に対応している。リースマンによれば，人々の性格類型には行動の基準として自分の内面にある信念や価値観を重視する「内部指向」と自分の内面よりも他者の言動やマスコミなどのように行動の基準を外部に求める「外部志向」があるという。

　以上のような理論的枠組みに基づいているVALSアプローチの大きな特徴のひ

表9-3 AIO分析による日本人のライフスタイル類型とレジャー活動の対応関係

ライフスタイル類型（比率）	ライフスタイル特徴	レジャー活動*
伝統出世型 （14.0%）	旧人類の代表的タイプ。伝統を大切にし、一生懸命頑張って出世しようと考えている。おしゃれや一流ブランドなどには関心がない。やや低学歴の年配層に多い。	園芸・庭いじり（39.5%）、料理（37.2%）、手芸・編み物（25.1%）
エグゼクティブ型 （8.7%）	出世志向がきわめて強く、人生享受で気楽に生きようとすることを最も軽視する。高学歴、男性、30〜40代のいわば働き盛りで、一生懸命働き、かなり出世も果たしている。その分のんびりしたり、レジャーを楽しんだりする暇はない。典型的な仕事人間	マージャン（37.1%）、ゴルフ（28.1%）、園芸・庭いじり（25.2%）
脱伝統家庭型 （15.2%）	伝統的しがらみからは脱け出ようとしているが、そうかといって新人類になりきることもできないタイプ。ただ、意識としては、旧人類から新人類に脱して新人類への移行の途中にある。女性、主婦、30〜40代に多くみられる。	手芸・編み物（26.9%）、料理（26.4%）
消極無志向型 （32.7%）	旧人類型、新人類型のいずれの生き方も積極的に志向していないタイプ。	園芸・庭いじり（31.0%）、料理（30.3%）、手芸・編み物（27.2%）
自己充足型 （10.3%）	個性化と自己充足にきわめて強い志向をもっている。自分の才能の磨き、自己主張をしていくことに強い関心があるが、しかしそれで出世したいという気はあまりない。新人類の一つのタイプであり、若い事務職、学生などに多い。	スキー（34.9%）、料理（34.9%）、スポーツ・レクリエーション旅行（32.5%）、手芸・編み物（29.7%）、マージャン（29.7%）、テニス（29.7%）、球技（26.5%）
都会派プロフェッショナル型 （12.4%）	よく働き、よく遊び、スポーツも積極的に行う。また、ブランド志向と出世志向もきわめて高いタイプ。若年の高学歴、事務職に多くみられる。	料理（40.1%）、スポーツ・レクリエーション旅行（40.1%）、マージャン（35.8%）、テニス（35.4%）、球技（35.1%）、周遊旅行（28.8%）、パソコン（28.5%）、水泳（28.5%）、チェス・オセロ（26.2%）
人生享受型 （6.8%）	出世も望まず、ブランド志向もなく、のんびり、ゆるゆると人生を送るタイプ。、男性の労務職などに多い。	料理（28.3%）、スポーツ・レクリエーション旅行（27.1%）、園芸・庭いじり（26.5%）

*レジャー活動は25%以上のものを記載。
飽戸・松田（1989年）のデータを基に作成。

図9-2 VALSの概念図

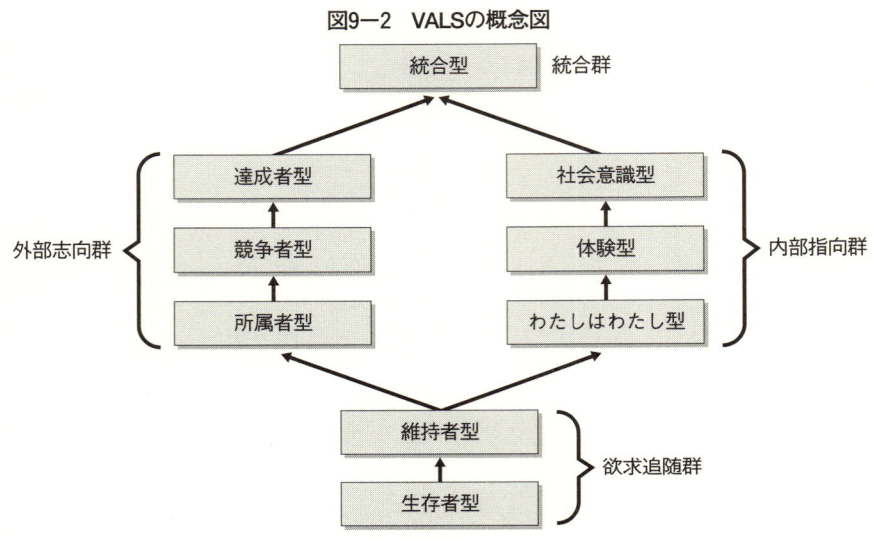

```
                    ┌─────────┐
                    │ 統合型  │  統合群
                    └─────────┘
                         ↑
           ┌─────────┐       ┌───────────┐
           │ 達成者型│       │社会意識型 │
           └─────────┘       └───────────┘
外部志向群 ┌─────────┐       ┌───────────┐ 内部指向群
           │ 競争者型│       │  体験型   │
           └─────────┘       └───────────┘
           ┌─────────┐       ┌───────────┐
           │ 所属者型│       │わたしはわたし型│
           └─────────┘       └───────────┘
                         ↑
                    ┌─────────┐
                    │ 維持者型│
                    └─────────┘  欲求追随群
                    ┌─────────┐
                    │ 生存者型│
                    └─────────┘
```

ミッチェルら(1987)をもとに作成。

とつは，ライフスタイル間の関係性を考慮している点にある。AIOアプローチなど，従来のライフスタイル分析では，ライフスタイルをいくつかのタイプに分類できたものの，それらのライフスタイルは並列に示され，異なるライフスタイル間の関係性は考慮されていなかった。これとは対照的に，VALSでは消費者のライフスタイルが時間の経過とともに，異なるライフスタイル・セグメントに移動することが想定されている点に大きな特徴がある。

一方，VALSアプローチはアメリカの複数の企業が共同で行った調査プロジェクトであるため，調査データは殆ど公表されていないのが現状である。しかし，その例外としてライフスタイルと肉類・魚類の消費の関係性に関する調査結果がある。表9-4は統合型を除く8つのライフスタイルと肉類や魚類の消費傾向が関係を示している。この表をみると，ライフスタイルが異なれば，肉類や魚類に関する消費傾向も異なってくることがわかる。たとえば，「生存者型」と「維持者型」では，肉類や魚の消費が全般的に低い一方，「達成者型」と「社会意識型」では，肉類および魚の消費が全般的に高い。このような違いはおそらく，ライフスタイル類型間に存在する所得水準の相違によるものであろう。しかし，所得水準だけでは説明し切れない消費行動の違いも見受けられる。たとえば，「体験型」と「わたしはわたし型」というライフスタイルに属する人々の所得水準はほぼ同じであるにもかかわらず，消費行動に大きく違いがあることがそれである。表

表9−4 VALSに基づくアメリカ人のライフスタイル類型と消費行動の対応関係

ライフスタイル群	ライフスタイルの類型(比率)	ライフスタイルの特徴	肉・魚の消費*		
			牛肉	羊肉	魚
欲求追随群	生存者型(4%)	貧困,高齢,健康状態が悪い,低学歴	64	21	62
	維持者型(7%)	貧困ではあるが,希望は捨てていない。生存者型よりは若年であり,マイノリティーが多い。	77	54	111
外部指向群	所属者型(35%)	中流階級のアメリカ人。殆どが白人であり,中程度の収入,中年が多い。家族や教会,地域などを重視する。	98	96	90
	競争者型(10%)	達成者を積極的に模倣し,上昇志向が強いが,貯蓄よりも消費支出が多い。	102	62	111
	達成者型(22%)	裕福で,高所得,自営業や専門職。政治に関しては保守的な考えを持つ。	115	125	108
内部指向群	わたしはわたし型(9%)	若年,未婚,新しい考えや価値観,新しい所有物に関心が高く,それらを積極的に取り入れる。	90	174	119
	体験型(7%)	享楽志向が強く,スポーツ活動を好む。独立心が強く,革新的である。中程度の収入,20代後半が多い。	95	36	79
	社会意識型(8%)	社会的な成功,分別力のある成熟した人々。達成社と同様に裕福で,高所得であるが,社会政治的イシューに関しては開放的な考えを持つ。	109	160	121
統合群	統合型(2%)	ごく少数の自己実現を殆ど達成した人々。内部指向と外部志向の良さをバランスよく統合した人々。			

*アメリカ人の平均消費を100とした場合。
Mowen(1998)をもとに作成。

9−4の羊肉の消費水準をみると「体験型」ではがそれが全体平均に比べ極めて低い一方,わたしはわたし型ではそれが極めて高いことがわかる。こうした消費行動の違いは,ライフスタイルによるものであるといえよう。

また,丸岡（2000）によれば,VALSアプローチを用いて広告表現を変更した

事例もあるという。メリルリンチという証券会社は雄牛を企業シンボルとしており，疾走する雄牛の群れを広告映像に使っていた。しかし，VALSアプローチによって，この広告は，適合を求め目立つことを嫌う「所属者型」には好まれているものの，裕福で自信に満ちている「達成者型」には好まれないことが明らかになった。メリルリンチのメイン・ターゲットは「達成者型」であったため，その後，同社は強い個人主義を象徴する一匹でたたずむ雄牛の姿に広告表現を変更したのである。

3-3 ライフスタイル・アプローチの成果と課題

　ライフスタイル・アプローチは，デモグラフィック要因による市場細分化の限界を克服し，多様化した消費者ニーズや消費行動の背後にある原因や理由に対する理解を深めるうえで極めて有効な分析手段である。すなわち，デモグラフィック要因は「誰が」特定の商品を購入するかを明らかにすることに強みがある一方，ライフスタイル要因は消費者が「なぜ」特定の商品を購入するかを，消費者の価値観や行動パターンの特徴などから明らかにすることに強みを持っているといえる。

　このようにライフスタイル・アプローチは現代の消費者ニーズや消費行動を分析するうえで有効な手段となりうるが，このアプローチに残されている課題も少なくない。

　まず，ライフスタイル分析には未だ明確な理論的枠組みは存在しない。それゆえに，ライフスタイル調査ではそれが実施される時期に注目される価値観やライフスタイル変数，消費行動などが場当たり的に測定されることが往々にある。このように理論的枠組みがない状態で調査が実施されるため，調査結果の妥当性や信頼性が乏しいという問題が生じている。また，ライフスタイル研究では，消費者の価値観や生活パターンが一貫していることを想定してきが，同じ消費者でも状況や場面によって，異なる行動原理や価値観に従っているという指摘もある。すなわち，「十人十色」ではなく「一人十色」といったように，消費者の行動指針となるライフスタイルが状況依存的になることについて，現在のライフスタイル・アプローチは十分な説明力を持っていないということである。容易ではないものの，ライフスタイル概念の有効性をさらに高めるためにはこれらの課題を克服することが今後求められよう。

＜ケーススタディ：ロハス（LOHAS）＞

　ロハス（LOHAS）はLifestyles Of Health And Sustainabilityの頭文字をとった略語

であり,「健康や環境に配慮した商品やサービスを選択するライフスタイル」を指す。ロハスはアメリカで登場した新しいライフスタイルのひとつであり,アメリカ人口の約3割がこのロハス層に該当するとされている。日経情報ストラテジー(2006年1月号)によれば,日本でも人口の約3割がロハス層であり,このロハス層には既婚で子供なし,高学歴,高収入というデモグラフィック特徴を持つ人が多いという。

　ロハス層の典型的な消費行動としては,自然食レストランの利用頻度が高く,ヨガ教室に通い,環境に優しいハイブリッドカーに乗るといったことなどがあげられる。ロハスが従来の健康志向や環境志向のライフスタイルと異なる点は,健康を維持し,環境に配慮することを「オシャレ」として楽しむことにある。

　こうしたロハスという新しいライフスタイルは,食品(たとえば,オーガニック食品,機能性食品),ファッション(たとえば,オーガニックコットンを使用した衣料品,リサイクル材料で作ったバッグやアクセサリーなど),代替エネルギー(たとえば太陽光発電),自動車(ハイブリッドカーや電気自動車)など幅広い商品カテゴリーに関連している。このように新しいライフスタイルが登場すると,それはひとつの商品カテゴリーのみならず,様々な商品カテゴリーに幅広

図9－3　LOHASの特徴

出所:NPOロハスクラブ・ウェブサイト。

く影響を及ぼし，商品のあり方や商品コンセプトの根本的な変革を迫る要因として働くようになる。このようにライフスタイルの変化が消費全般に対して大きな影響を及ぼす理由は，それが特定の消費行動ではなく，消費行動のベクトル自体を大きく変えてしまうからである。従って，企業は個別商品に対する具体的な消費ニーズの変化のみならず，そうした変化の背後にどのようなライフスタイルの変化が存在するかについても洞察を深める必要がある。

4 ■ 本章のキーワード

- **市場細分化**
  企業が目標とする顧客を明確にするために，消費者をニーズや特徴などの側面から分類，分割すること
- **デモグラフィック要因**
  年齢，性別，所得，教育水準，職業などの客観的に消費者を分類，分割する要因
- **ライフスタイル**
  人々が持っている独特の生活様式もしくは生き方
- **AIOアプローチ**
  ライフスタイルを個人の行動（仕事，趣味など），関心領域（家族，仕事，娯楽など），意見（社会問題，政治など）の3つの側面から分析する方法
- **VALSアプローチ**
  マズローの欲求5段階説とリースマンの性格類型を基に消費者のライフスタイルを9つの類型に分類したもの

5 ■ 練習問題

1. 市場細分化の基準としてのデモグラフィック要因とライフスタイルにはそれぞれどのような強みと弱みがあるかを整理してみよう。
2. 友人同士でライフスタイルについて議論し，ライフスタイルにどのような違いがあるかを調べてみよう。また，そのようなライフスタイルの相違が各自の消費行動にどのような違いをもたらすかを考えてみよう。

〔参考文献〕
飽戸　弘（1994），『消費行動の社会心理学』福村出版。

飽戸弘・松田義幸（1989），『ゆとり時代のライフスタイル』日経マーケディア。
塩田静雄（2002），『消費者行動の理論と分析』中央経済社。
Joseph T. Plumber, "The Concept of Application of Life Style Segmentation", *Journal of Marketing* 38, January 1974, p.33-37.
丸岡吉人（2000），「消費者の価値意識」『消費行動の社会心理学（竹村和久編著）』北大路書房。
ミッチェル，A．・オグルビー，J．・シュウォーツ，P．（1987），〔吉福伸逸他訳〕『パラダイム・シフト：価値とライフスタイルの変動期を捉えるVALS類型論』TBSブリタニカ。
Mowen John C. and Minor Micheal（1998）*Consumer Behavior 5th Editon*, Prentice Hall.

第10章

ブランドの価値と役割

企業間での技術の同質化や競争の激化によって市場における商品のコモディティ化はますます進展している。こうした状況のなか，自社商品を競合他社のそれといかに差別化するかは現代の企業にとって極めて重要な課題である。本章では，こうした商品の差別化を促すブランドとは何かをその価値と役割の観点から考察する。

1 ▪ はじめに

　近年のマーケティングや経営学などの学問分野，そしてビジネスの現場で「ブランド」という概念が大きく注目されている。多くの企業は企業の最重要課題としてブランド力の強化やブランドの体系化を掲げ，このようなブランド構築のために多くの企業努力を払っている。このようにブランドが大きな注目を集めている理由は，自社商品を競合他社のそれといかに差別化させるかが，ますます激化する市場競争において競争優位を確保し，安定的な収益を確保するための鍵となることに多くの企業が気づきはじめたからである。

　現代の企業にとって商品を識別し，差別化かすることはなぜ重要なのだろうか。それは，われわれの日常の消費経験からも十分に理解できよう。たとえば，ある消費者がパソコンを買いに行ったとしよう。家電量販店に行けば，パソコンだけでも数十種類のものが存在する。また，それらの機能や性能，価格などはさほど変わりない場合が多い。機能や性能，価格がほぼ同等であるため，どのパソコンを買えばいいかを決めることは消費者にとって決して容易ではないのである。このように市場に存在する商品が似通ってきて商品ごとの違いや個性がなくなることを商品のコモディティ化というが，現在，あらゆる商品カテゴリーでこのコモディティ化が進展している。このようなコモディティ化の問題を解決できる有効な方法のひとつが「ブランド」の構築なのである。本章では，こうした商品の差別化を促すブランドとは何かをその価値と役割の観点から考察する。

2 ▪ ブランドの起源と定義

2-1 ブランドの起源

　ブランド（brand）という言葉は「焼き印を付けること」を意味する古代スカンジナビア語「brandr（ブランドル）」から由来するといわれる。古代ヨーロッパにおいて牛の所有者は自分の牛を他人のそれと区別するために焼印を用いた。陶工は自分たちの作品を他者のそれと区別するために，陶器の底に独自の印やサインを入れた。また，中世ヨーロッパのギルド社会では商品の品質を保証する出所表示として商標（trade mark）が用いられるようになった。たとえば，当時のイギリスではスコッチウィスキーの樽に焼印を押すことで，中身のすり替えを防ぎ，品質の保証を行った。このように古くからブランドは製造業者が自分の商品を他者のそれと区別するための手段として使われてきたものの，ブランドの必要

性が大きく高まったのは，輸送手段の発達によって全国市場が成立する近代以降である。消費者にとって，全国市場の成立は，選択できる商品種類の大幅な拡大を意味するものであったが，これは同時に商品の選択がより複雑になることを意味した。そこで製造業者は，特徴のあるロゴや覚えやすい名前をつけることで，消費者が自社の商品を他者のそれと容易に区別できるように工夫したのである。このように焼き付けるという意味を持ち，商品を区別するためのロゴや名前などを工夫してきたことに由来するのが「ブランド」という概念である。

2-2 ブランドの定義

ブランドの定義には「狭義の定義」と「広義の定義」の2つがあると考えられる。狭義の観点からすれば，ブランドとは「企業の商品を競合他社のそれと識別，差別化するための手段」である。アメリカ・マーケティング協会はこの立場からブランドを捉えている。同協会はブランドを「ある売り手あるいは売り手の集団の製品およびサービスを識別し，競合他社の製品およびサービスを差別化することを意図した名称，言葉，サイン，シンボル，デザイン，あるいはその組み合わせ」と定義している。すなわち，狭義のブランドとは商品の識別を促す手段である。こうした手段としてのブランドは「ブランド要素」とも呼ばれる。一方，広義で捉えると，ブランドは「ブランド要素によって識別できる商品」と定義することができる。たとえば，「ファッションブランド」という言葉がよく使われるが，ここでのブランドは，識別性を持つファッション商品を意味している。このようにブランドという用語は，文脈によってその意味が異なる場合がある。

3 ブランドの価値

3-1 ブランド価値の無形性

ブランドが商品の識別性や差別優位性を促す手段であることは既に述べたが，なぜブランドによってこうした識別性や差別優位性が生じるのだろうか。次のような例でその理由を考えてみよう。仮に，材質や大きさ，デザインなどが全く同一のバックが2つあったとする。2つのバックの唯一の違いはブランドである。片方にはいままで聞いたことのない無名のブランドが記されており，もう片方には誰もが知っている有名ブランドが記されている。2つのバックのうち好きなほうをひとつだけ無料でもらえるとしたら多くの人はどちらのバックを選ぶのであろうか。筆者もそうだと思うが，おそらく大半の人は後者のバックを選ぶであろう。商品の物理的特性が同一であるにもかかわらず，なぜ多くの人は有名ブラン

ドが記されているバックを選択するであろうか。それは，人々が前者よりも後者のバックにより大きな価値を見出すからであり，ここにおける価値はブランドから由来するものに他ならない。すなわち，ブランドは単なるユニークな製品の名前やロゴなどではなく，そこには目には見えない無形の価値が存在するということである。無形の価値が大きくなると，そのブランドは企業にとって欠かせない無形の資産となる。こうした無形資産としてのブランドの価値を「ブランド・エクイティ」と呼ぶ。

3-2 ブランド・エクイティの形成

ブランドは企業にとって育成，管理すべき無形の資産であることを主張したアーカー（1997）は，ブランド・エクイティの形成に関するモデルを提唱している（図10-1）。このモデルによれば，ブランド・エクイティは「ブランド・ロイヤルティ」，「ブランドの認知」，「知覚品質」，「ブランドの連想」，「その他のブランド資産」という5つの要素によって形成される。また，商品にこれらの要素が備わっているほど，当該商品のブランド・エクイティは高くなる。以下ではこれらの5つの要素を順にみていこう。

(1) ブランド・ロイヤルティ

ブランド・ロイヤルティは「消費者のブランドに対する忠誠度」を意味する。

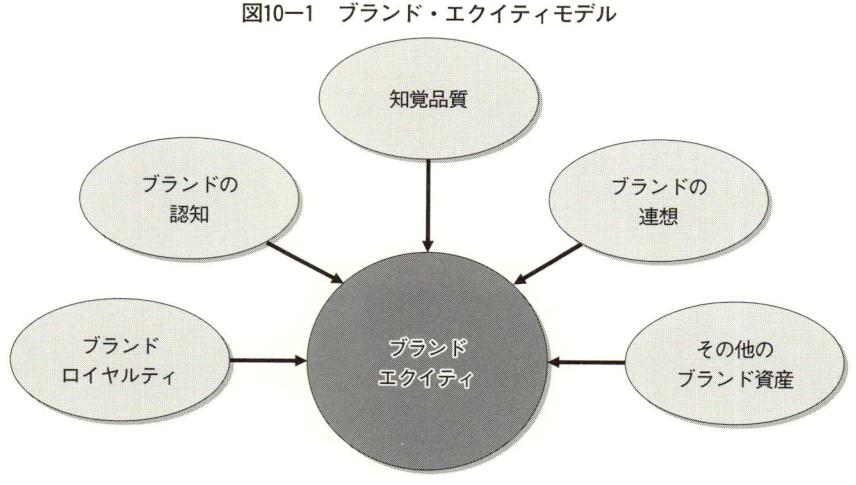

図10-1　ブランド・エクイティモデル

出所：アーカー(1997)p.22を一部修正。

こうしたブランド・ロイヤルティには「行動的ロイヤルティ」と「心理的ロイヤルティ」の2つがある。行動的ロイヤルティは消費者が特定の商品をどれぐらい頻繁に，もしくは継続的に購入するかという購買行動の観点からブランドの忠誠度を捉えるものである。一方，心理的ロイヤルティは，特定の商品に対して消費者がどれぐらい満足しているか，好感を持っているかという心理的評価の観点からブランドに対する忠誠度を捉える。消費者のブランド・ロイヤルティを正確に把握するためには，行動的ロイヤルティのみならず，心理的ロイヤルティを同時に考慮しなければならない。というのも，たとえば，あまり好きではないが安いからもしくは他の選択肢がないので仕方なく特定の商品を反復購入するということも十分にありうるからである。従って，ブランド・エクイティの形成には，消費者の行動と心理の両側面における高いロイヤルティの確保が必要となる。

（2）ブランドの認知

　ブランドの認知は「消費者が当該ブランドをどれぐらい知っているか，または想起できるかに関する度合い」である。このブランド認知は，ブランド・エクイティを形成するために必要最低限の要素である。というのも，ブランドの存在を知らずに，そのブランドを評価することはできないからである。こうしたブランド認知には「ブランド再認」と「ブランド再生」の2つがある。

　まず，ブランド再認は「消費者がブランド名や商品パッケージを見て，当該ブランドをどれぐらい認識できるか」ということである。たとえば，コカ・コーラというブランド名やそのボトルを提示した場合，消費者がそれをどれぐらい認識できるかということである。ブランド再認率が高いということは，多くの人がそのブランドを知っているということを意味する。

　次に，ブランド再生は「製品カテゴリーの連想から，その製品カテゴリーに属するブランドがどれぐらい想起できるか」ということである。たとえば，「炭酸飲料」という製品カテゴリーを考えたときに，頭の中にコカ・コーラーというブランドが思い浮かぶことなどがそれである。ブランド再生率が高いということは，多くの消費者がそのブランドを製品カテゴリーと強く結びつけて想起すること意味する。ブランド再生では一般的に複数のブランドが順に想起されるが，その順番が早いほうがそうでない場合よりも購入される可能性は高くなる。なかでも最初に想起されるブランドはトップオブマインドと呼ばれ，多くの場合，これらのブランドは市場シェアにおいてもトップを占めている。

（3）知覚品質

　知覚品質は「消費者が商品に対して抱く主観的かつ全体的な品質評価」である。知覚品質は，消費者のブランド評価と購入意向に直結する要素である。この知覚品質で重要なことは，以下でみるように，その評価が商品の基本的な性能や物的属性のみならず2次的な機能や非物的な属性によっても大きく異なってくるということである。こうした知覚品質に影響する代表的な要因としては「パフォーマンス」，「特徴」，「信頼性」，「サービス」，「スタイルと完成度」がある。

　パフォーマンスは「商品の基本的な性能がもたらす物理的効用」である。たとえば，自動車の走行性能や燃費などから得られる満足がそれである。

　特徴は「商品の性能を補完する2次的な要素から得られる満足」である。たとえば，化粧品やシャンプーの「香り」などがそれにあたる。

　信頼性は「長期に渡る商品性能の安定性や欠陥率の低さ」である。家電や自動車をはじめとする多くのメイド・イン・ジャパン商品が，世界的評価を受けるようになった要因のひとつとして，こうした商品の信頼性の高さがよく挙げられる。

　サービスは「製品に必要な付随サービスの提供能力」である。いくら商品の性能が優れていても，十分な付随サービスが伴わない場合，商品の全体的な知覚品質は低下することとなる。

　スタイルと完成度は「商品のデザインや最終的な仕上がりの良さ」である。商品のコモディティ化が進展している今日において，こうしたスタイルや完成度を向上させることは，商品の知覚品質と付加価値を高めるための有効な方法のひとつである。

（4）ブランド連想

　ブランド連想は「ブランドが消費者の頭のなかに呼び起こす一連のイメージ」である。ブランド・エクイティを高めるためには，強く，好ましく，ユニークなブランド連想が必要とされる。こうしたブランド連想には「製品属性の連想」，「顧客便益の連想」，「使用状況／使用者の連想」，「国や文化の連想」などがある。

　製品属性の連想は「ブランドが消費者に呼び起こす商品の機能や性能上の特徴」である。たとえば，花王の健康茶飲料である「ヘルシア緑茶」というブランドから「高濃度カテキン」という成分が連想されることがそれである。

　顧客便益の連想は「ブランドが消費者に呼び起こす便益上の特徴」である。さらに連想される顧客便益には機能的便益と心理的便益の2つある。前述のヘルシア緑茶で考えるならば，「高濃度カテキンが脂肪を消費しやすくする」という連

想は機能的便益であり，「脂肪の消費は健康に良い」という連想は心理的便益に該当する。

使用状況/使用者の連想とは「ブランドが消費者に呼び起こす消費シーンやそのブランドを使用すると考えられるユーザイメージ」である。たとえば，ヘルシア緑茶というブランドから「30代，40代のビジネスマン」というイメージが連想されるのがそれである。

国や文化の連想とは「ブランドが消費者に呼び起こす国や文化のイメージ」である。たとえば，ファッションブランドの多くが「フランス」や「イタリア」という国を連想させることがそれである。

(5) その他のブランド資産

その他のブランド資産とは，商標や特許など，ブランドの保護に関連する企業の所有権である。商標は，競合他社が同じような名前やシンボル，パッケージなどを使用できなくすることで企業のブランド・エクイティを保護する役割を果たす。また，特許は，たとえば，競合他社の同一製法による製造を防止することで，商品の製造における優位性の観点からブランド・エクイティを保護する役割を果たす。

4 ■ ブランド要素

4-1 ブランド要素の種類

ブランド要素とは「商品の識別や差別化を促す言語的，視覚的あるいは聴覚的情報」である。ブランド要素は，商品の中核コンセプトを表現すると同時に，商品の特徴を記憶し，想起する際の手がかりとなる。こうしたブランド要素には「ブランドネーム」，「ロゴ」，「キャラクター」，「スローガン」，「ジングル」などがある（恩蔵・亀井，2002）。

ブランドネームは「商品の識別・差別化を可能にする固有の名前」である。こうしたブランドネームには大きく企業ブランドネームとアイテムブランドネームの2つがある。たとえば，「SONY」と「VAIO」はそれぞれ企業ブランドネームとアイテムブランドネームに該当する。こうしたブランドネームは，ブランド要素のなかでも商品を識別，差別化させるための最も中核的な要素である。というのも，商品を評価する際にそのブランドネームを判断材料として用いる場合が多く，また，商品に対する記憶もブランドネームを起点にして形成されるからである。一方，こうしたブランドネームを考案することは「ネーミング」と呼ばれる。

ロゴとは「企業や製品を象徴する図形，文字，もしくはそれらの組み合わせ」である。ブランドネームは言語的側面から商品を識別させる一方，ロゴは視覚的側面から商品を識別させる。こうしたロゴのうち，独特の書体で書かれた企業名や商標を「ワードマーク」という。また，図形を中心に表現されたロゴは「シンボル・マーク」と呼ばれる（図10-2参照）。

　キャラクターとは「企業や製品を特徴付ける人物や動物，擬人化されたものの総称」である（図10-2参照）。このキャラクターも，ロゴと同様に，視覚的側面から商品を識別させる。キャラクターを用いて商品を識別させる方法には，独自のキャラクターを使う場合と，ライセンス契約によってキャラクターの使用権利を取得する場合の2つがある。たとえば，ミシュランタイアのキャラクターである「ビバンダム」（図10-2）は独自のキャラクターである一方，ファンシー文具に表示されているディズニーのキャラクターは一定の使用料を支払い，使用権利を得ているキャラクターである。

　スローガンとは「商品の特徴を伝える短いフレーズ」である。たとえば，CMでよく耳にする「インテルはいってる」や「It's a Sony」などのフレーズがそれで

図10-2　ブランド要素としてのロゴとキャラクターの一例

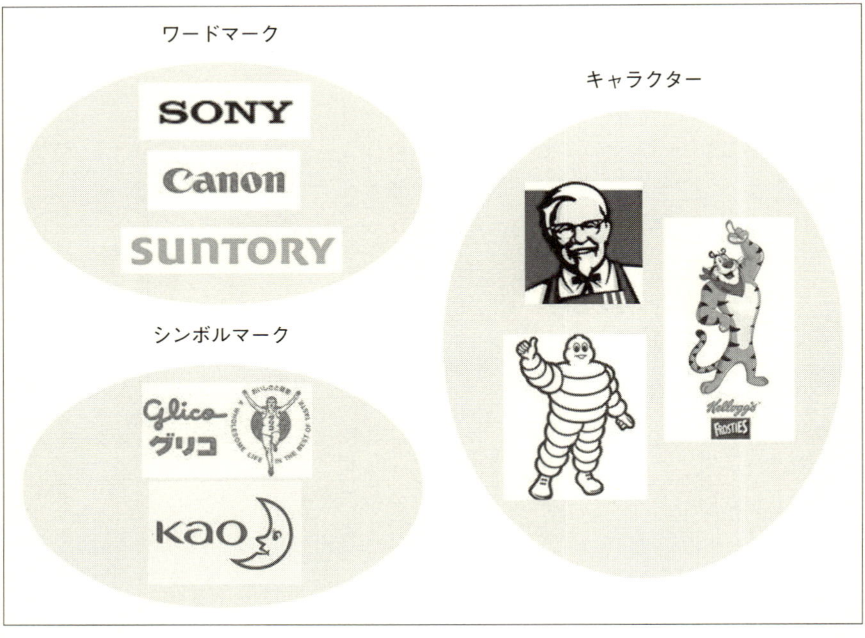

ある。また，こうしたスローガンを短いサウンドや音楽で表現するのが「ジングル」である。たとえば，インテルのテレビ広告の冒頭で流れる短いサウンドがそれである。こうしたスローガンやジングルは聴覚的側面から商品の識別を促すブランド要素である。

4-2 ブランド要素の選定基準

　前項で述べたように，ブランド要素は，商品の中核コンセプトを表現する手段である同時に，商品に関する記憶と想起の手がかりとなるものである。従って，ブランド要素の選定には慎重を期する必要がある。ケラー（2000）によれば，ブランド要素の選定基準には「記憶可能性」，「意味性」，「移転可能性」，「適合可能性」，「防御可能性」の5つがある。

　記憶可能性とは「ブランド要素がどれぐらい覚えやすく，想起しやすいか」ということである。ブランド・エクイティモデルで確認したように，ブランド・エクイティの形成には高いレベルのブランド認知が必要である。記憶可能性の高いブランド要素は，購買もしくは消費場面におけるブランドの再認と再生を促すことで，ブランド認知の向上に貢献する。たとえば，前述したインテルのジングルは覚えやすく，またそのサウンドを聴くだけでインテルというブランドが容易に想起できるという点で記憶可能性が高いといえよう。

　意味性とは「ブランド要素がどれぐらい商品の中核コンセプトを表現もしくは示唆するか」である。意味性に富むブランド要素は強く，好ましいブランド連想を促すことで，ブランド・エクイティの形成に貢献する。たとえば，小林製薬の「のどぬーるスプレー」や「熱さまシート」などは意味性に富むブランドネームである。

　移転可能性とは「商品の海外展開などに伴う市場の地理的変更において既成のブランド要素をどれぐらい利用できるか」ということである。文化や言語によって，ブランドネームやキャラクターなどのブランド要素に対する認識や評価は異なりうる。たとえば，アメリカの自動車メーカーであるGMは，過去に，アメリカで「ノバ（No va）」という名前で発売した自動車をスペイン語圏の国でも同じ名前で販売したが殆ど売れなかった。その理由は，スペイン語でノバは「進まない」を意味していたからである。こうした事例からもわかるように，商品のグローバル展開を視野に入れている場合は，ブランド要素の選択において，その移転可能性を考慮する必要がある。

　適合可能性とは「ブランド要素が消費者の価値観の変化や時代の変化などにどれぐらい対応できるか」ということである。ブランドが現代的なものである続け

図10－3　ブランド要素の変遷（ポッカ缶コーヒーの場合）

| 1973年 | 1987年 | 1992年 | 1994年 | 2004年 |

出所：ポッカコーヒーのウェブサイトより作成。

るためには，ブランド要素も時代に合わせて更新する必要があることが多い。図10－3はポッカーの缶コーヒーのブランド要素の変遷を示している。これをみると，時代の経過に伴い，男性キャラクターのイメージやロゴ，フォントなどが更新されてきたことがわかる。

　防御可能性とは「法律や競争の観点でブランド要素がどの程度防御できるか」ということである。商標や著作権などを違法に使用した不法コピー商品が企業や消費者に大きな被害を与えることがたびたび社会問題になっている今日において，ブランドを法的に防御する必要性はますます高まっている。また，競争の観点からも，ユニークなブランド要素を競合他社が利用できないようにすることが重要である。たとえば，フランスの自動車メーカーであるプジョーは307や406といった3桁のブランドネームを使用しているが，真ん中に「0」が入るすべての3桁数字（すなわち101から909まで）をすべて商標登録している。従って，他の自動車メーカーはこれらの3桁数字をブランドネームに使用することはできないのである。

5 ブランドの役割

5－1　識別・差別化

　ブランドの起源でも説明したように，ブランドという言葉の語源は，家畜を区別するための焼印から由来する。この語源からもわかるように，ブランドの最も基本的な役割は，ある商品がその他の商品と異なること，すなわち，商品の識別

性を高めることにある。現代のあらゆる消費市場では商品のコモディティ化が急速に進展し，類似の競合商品が相次いで市場に投入されている。こうした状況のなか，企業は商品の差別化を図ることで市場での競争優位を確保する必要性がますます高まっている。また，消費者にとっても商品の識別性は，多岐多様な商品が存在する今日の消費市場で，必要とする商品を，迅速かつ的確に選択購買するために重要であるといえる。このように企業や消費者が商品を識別できるのは，各企業の商品ごとに異なる名前やロゴなどを使用しているからである。では，こうしたブランド要素によって，商品の識別性はどのように異なってくるのであろうか。

こうした違いを端的に示しているのが図10－4である。これはブランド名を提示した場合とそうでない場合のビールの味覚評価に関する実験結果である（ケラー，2000）。左のグラフはビールのブランド名を隠して（ブラインド・テスト），味を評価してもらった結果である。一方，右のグラフはビールのブランド名を提示した場合の味覚評価の結果である。

左のグラフ（ブラインド・テストの場合）をみると，ギネス以外のビールは味が殆ど同じものとして評価されている。すなわち，ブランド名がない場合，これらのビールは殆ど識別されていないということである。これとは対照的なのが右のグラフ（ブランド名を提示した場合）である。これをみると，ブラインド・テストでは殆ど区別されなかったビールがそれぞれ異なる味を持つものとして認識されていることがわかる。このようにブランドは商品の個性や特徴を際立たせることで，商品の差別化を促す役割を果たすのである。

図10－4 ビールの味覚実験の結果

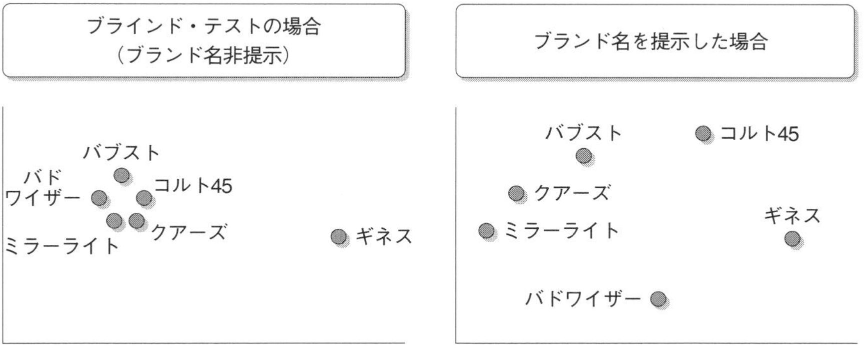

ブラインド・テストの場合 （ブランド名非提示）	ブランド名を提示した場合
バブスト　　　　　　　　　　　 バドワイザー　　コルト45　　　　　　 　　　　　　クアーズ　　　　ギネス ミラーライト	バブスト　　　コルト45 　　クアーズ 　ミラーライト　　　　ギネス 　　　バドワイザー

出所：ケラー(2000)，p.80。

この実験結果がブランドの特性について示唆するもうひとつの興味深い点は，消費者の商品評価は必ずしも客観的ではなく，おおいに主観的であるということである。というのも，消費者がビールの味を客観的に評価できるならば，左と右のグラフの味覚評価の位置は同じになるはずだからである。このような主観的評価は，主に消費者が商品に対して抱いているブランド・イメージによるものである。従って，このような実験結果は，企業が識別性や差別化の程度の高いブランドを開発するためには，商品の客観的評価を高めるための品質管理の徹底や品質改善のみならず，商品の主観的評価を高めるための，好ましく強いブランド・イメージの構築が重要であることを示唆している。

5-2 品質保証

　中世のギルド社会で陶器やスコッチウィスキーの品質を保証するために陶器や樽に独特の印をつけたというブランドの起源からもわかるように，ブランドには品質保証という役割がある。品質保証とは「企業が商品の出所や責任の所在を明らかにし，消費者に対して一定水準の品質が保たれた商品を継続的に提供することを意思表明すること」である。こうしたブランドによる品質保証は，商品の購入や利用において消費者に安心感や信頼感を提供する。これによって，消費者はその企業や商品の品質を信頼し，将来においても同一の商品を購入する可能性が高くなるということである。ブランドがこうした品質保証として役割を果たすようになると，同一の商品を反復購入するリピーターが増えることで，企業は安定的な収益を確保することができる。

　このように品質保証としてのブランドは，企業に大きなメリットをもたらすものの，品質保証としてのブランドは築きにくく，壊れやすいという特徴があることに注意を向ける必要がある。一般的に，ブランドが品質保証として機能するためには，そのブランドを展開している企業が特定の商品に関して長年の伝統と歴史を有しており，商品に対する社会的な名声や評判，信頼を得ていなければならない。すなわち，品質保証としてのブランドを構築するためには，長期に渡って商品の品質維持や顧客満足を高めるための企業努力が必要不可欠なのである。このように品質保証としてのブランド構築には長年の歳月に渡る企業努力を要する一方，それが崩壊するのは一瞬である。雪印事件からもわかるように，長年，信頼の証として機能してきた「雪印」という牛乳ブランドは，食中毒事件によって一瞬に崩壊してしまった。近年，食商品の食中毒事件や表示偽装など，商品の安全性の根幹が問われる問題が相次いで発生しており，消費者はより安全で，信頼できる商品を求める傾向が強まっている。従って，企業は品質保証としてのブラ

ンド構築に注力すると同時に，万が一，商品の安全性に問題が生じた場合，今まで築き上げてきたブランド価値を守るための徹底した事故対応にも万全を期する必要があるといえる。

5-3 象徴的価値の提供

　消費社会の進展につれ，消費の意義は「生存のための消費」から「生活を豊かにし，楽しむための消費」へと変化している。このような意義の変化に伴い，消費者は商品の基本的な機能や性能のみならず，その象徴的価値をますます重んじるようになっている。象徴的価値とは「商品に存在する意味やイメージ」のことである。このような商品の象徴的価値が重視されるわかりやすい例は「ルイ・ヴィトン」や「エルメス」などといった高級ブランド品の消費であろう。これらの高級ブランド品は，景気にあまり左右されず売れ行きが好調であるといわれる。なぜ，多くの消費者は機能や性能に関して大差のない低価格の商品が数多く存在するにもかかわらず，高価格の高級ブランド品を購入しようとするのか。それは消費者がこれらのブランドに存在するステータスやおしゃれなどといった象徴的価値を認め，それらの意味やイメージを利用して自分が誰で，何者であるかを他者に向けて表現したいからである。このように社会的評判と名声を得ている多くのパワーブランドは消費者に明確かつ強力な象徴的価値を提供している。

6 ブランドが企業にもたらす効果

　以上で考察したブランド・エクイティとブランドの役割が企業にもたらす効果は次のように説明できる。

　ブランド・エクイティは「ブランド・ロイヤルティ」，「ブランドの認知」，「知覚品質」，「ブランドの連想」，「その他のブランド資産」という5つの要素から形成される。これらの要素によって高いブランド・エクイティが形成されると，そのブランドの価値は増大し，ブランドは「識別・差別化」，「品質保証」，「象徴的価値の提供」としての役割を果たすようになる。ブランドのこうした役割によって，当該商品の差別優位性が強化されると同時に，商品に対する消費者の評価と満足も高まるようになる。その結果，一般的な商品よりも高い価格を設定することが可能となり，それによって，価格プレミアムを享受することができる。これはブランドが企業の高収益の確保に貢献することを意味する。また，消費者からの強い支持は，企業や商品に対するブランド・ロイヤルティを高めることで，顧客の競合他社へブランド・スイッチングを防止し，それによってロイヤルなリピ

図10-5　ブランドが企業にもたらす効果

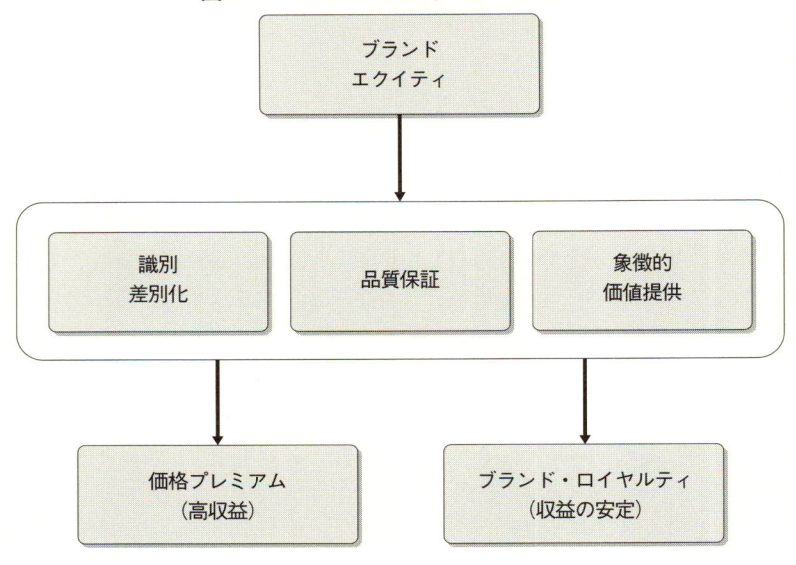

```
                    ┌──────────┐
                    │ ブランド  │
                    │ エクイティ│
                    └────┬─────┘
                         ↓
    ┌────────────────────────────────────────────┐
    │  ┌────────┐   ┌────────┐   ┌────────┐  │
    │  │ 識別   │   │品質保証│   │ 象徴的 │  │
    │  │ 差別化 │   │        │   │価値提供│  │
    │  └───┬────┘   └────────┘   └───┬────┘  │
    └──────┼──────────────────────────┼────────┘
           ↓                          ↓
    ┌─────────────┐          ┌──────────────────┐
    │価格プレミアム│          │ブランド・ロイヤルティ│
    │  (高収益)   │          │   (収益の安定)    │
    └─────────────┘          └──────────────────┘
```

ーター顧客を形成することを可能にする。こうしたリピーター顧客の形成は，企業の収益の安定に貢献するようになる。

　多くの企業がブランドの構築に大きな関心と労力を払っているのは，以上でみたように，ブランドが企業に「高収益」と「収益の安定」という大きな効果をもたらすからである。

　企業がパワーブランドを持つことができれば，商品の販売価格を引き上げ，高い利益を得ることができる。こうしたパワーブランドにはどのような共通点があるのだろうか。それは，これらのブランドが消費者に明確な象徴的価値を提供しているということである。

〈ケーススタディー：象徴的価値がもたらすブランド・エクイティ「ハーレーダビットソン」〉

　ここで取り上げる「ハーレーダビットソン」というアメリカの2輪車もそのようなパワーブランドのひとつである（図10-6）。

　表10-1に示すように，2輪車の国内出荷台数は長期にわたって減少し続けており，2008年には，ピーク時（1982年，約328万台）の6分の1を下回る約52万台にまで落ち込んでいる。このように縮小し続ける市場とは裏腹に，ハーレーダビ

図10-6 ハーレーダビットソン

出所：日経ビジネスオンライン（2009年6月27日）。

ッドソンは国内で新車の販売を増やし続けてきた。

　日経ビジネスオンラインの記事（2009年6月27日）によれば，ハーレーダビッドソンの日本法人，ハーレーダビッドソンジャパンが設立された1989年以降，ハーレーダビッドソンの国内における新車登録台数は19年連続で増加しているという。2008年の新車登録台数は1万5698台であるが，これは1989年の実績（2931台）の5倍を上回る数字である。

　走行性能や燃費などの客観的な品質からすれば，この2輪車は決して優れた商品とはいえない。また，商品価格も同等の性能を持つ国産車に比べ2倍ほど高い（メーカー希望小売価格ベースで88万3000円～444万7000円）。

　走行性能が安定しており，同量の燃料でより長く走れる低価格の2輪車が数多く存在するにもかかわらず，なぜ，ハーレーダビットソンの売れ行きは好調なのだろうか。その原動力はハーレーダビットソンというブランドが醸し出す象徴的価値にある。

　ブランド研究の第一人者であるアーカーは，ハーレーダビットソンを「最も大きく，最も重く，最も騒々しいバイク」であり，それゆえに「最も男らしいバイク」であるという。多くの消費者がハーレーダビットソンに魅了されるのは，それに「タフで力強い男らしさ」といった明確な象徴的価値が存在するからである。

第10章　ブランドの価値と役割　143

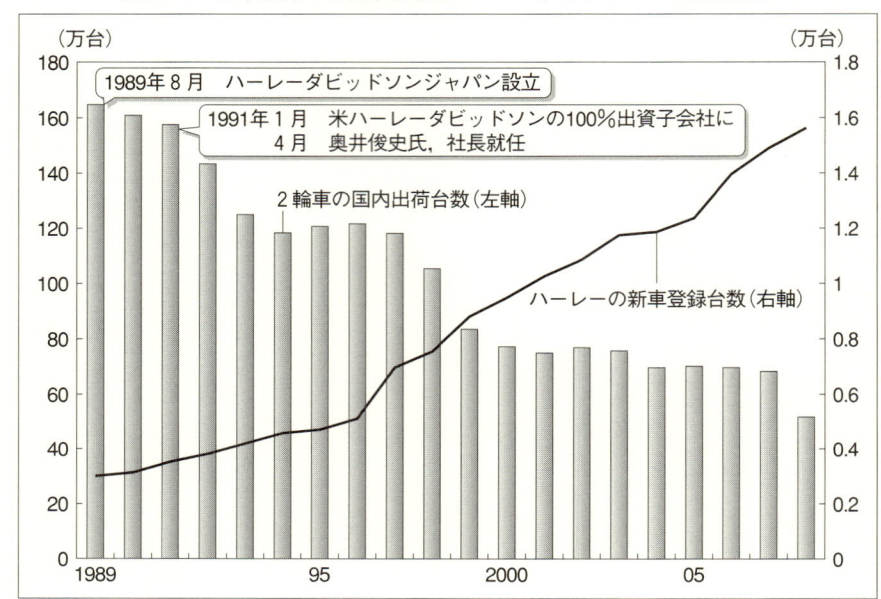

表10-1　日本国内の2輪車市場とハーレーダビットソンの販売推移

グラフ内注記:
- 1989年8月　ハーレーダビッドソンジャパン設立
- 1991年1月　米ハーレーダビッドソンの100％出資子会社に
- 　　　 4月　奥井俊史氏，社長就任
- 2輪車の国内出荷台数（左軸）
- ハーレーの新車登録台数（右軸）

出所：日経ビジネスオンライン（2009年6月27日）。

客観的品質が決して優れているわけではなく，また高価格であるハーレーダビットソンが消費者から絶大な支持を得ているのは，多くの消費者がこのブランドの象徴的価値に大きな魅力を感じ，そのブランドに強い憧れを持っていることに他ならないのである。

7 ▪ 本章のキーワード

・ブランド
　　企業の商品を競合他社のそれと識別，差別化するための手段もしくはブランド要素によって識別できる商品。
・ブランド・エクイティ
　　無形資産としてのブランドの価値。こうした価値はブランド・ロイヤルティ，ブランドの認知，知覚品質，ブランドの連想，その他のブランド資産という5つの要素によって形成される。

- ブランド要素

　商品の識別や差別化を促す言語および視覚的・聴覚的情報。ブランドネーム，ロゴ，キャラクター，スローガン，ジングルなどがある。
- ブランドの役割

　ブランドにはおおきく識別・差別化，品質保証，象徴的価値の提供という3つの役割がある。

8 ■ 練習問題

1．興味のあるブランドをひとつ取り上，そのブランドのブランド・ロイヤルティ，ブランドの認知，知覚品質，ブランドの連想について考えてみよう。
2．食品，洋服，自動車のブランドをそれぞれいくつか取り上げ，ブランドの3つの役割が商品ごとに，またブランドごとにどのように異なるかを比較してみよう。

〔参考文献〕

アーカー，D.A.〔陶山計介他訳〕（1997），『ブランド・エクイティ戦略』ダイヤモンド社。
青木幸弘・恩蔵直人編（2004），『製品・ブランド戦略』有斐閣。
恩蔵直人・亀井昭宏編（2002），『ブランド要素の戦略理論』早稲田大学出版部。
ケラー，L.K.〔恩蔵直人他訳〕（2000），『戦略的ブランド・マネジメント』東急エージェンシー。

第11章

商品と環境，そして環境コミュニケーション

　地球環境問題が深刻化するなか，消費者，企業，自治体・国の各経済主体が，個別にあるいは協働して，多様な取り組みを実践している。市場活動において環境配慮を重視し，新たな市場価値を模索する活動も活発化している。本章では，商品の環境性を追求する企業の環境主義経営の実情を理解し，市民社会における環境コミュニケーションのあり方を考察する。

1 ■ はじめに

　21世紀は環境の世紀といわれる。地球環境問題が深刻化するにつれ，世界の国々が環境問題の改善に向けて協力して取り組むことが不可欠となっている。遡って1987年に，グロ・ハーレム・ブルントラントが『我ら共有の未来』（Our Common Future）という報告書で提唱したのが，「サステナビリティ；Sustainability（持続可能性）；生態系と経済開発の調和を志向する概念）という言葉であった。この概念は，その後，国際社会の重要な環境保全のための戦略的キーワードとなっている。

　わが国においても，1993年に環境基本法が制定された後，持続可能な循環型社会の形成を目指す様々な取り組みが推進されてきた。国や自治体による環境配慮に関する法律や環境政策や対策，また循環型市場を推進する企業の多様な環境主義経営，環境配慮型の商品・サービスの開発，さらに，市民の環境問題への関心の高まり，協働系による自然保護活動，生活に身近なリサイクル活動など，社会を大きく変革する活動や消費生活のあり方を再考する動きが活発化している。

　例えば，2005年2月に発効した「京都議定書」を踏まえ，消費者によるCO_2削減に向けた環境配慮行動を呼びかける「国民運動」が展開している。家庭や地域での環境教育の推進や消費者が環境負荷の小さい製品を選択できるようにするための情報提供の充実を図る活動である。さらに，消費者が身近な化学製品等が身体や環境に及ぼす危険有害性を認識し判断できるようにするために，平易な表示による情報提供の実施，化学物質とその環境リスクに関するリスクコミュニケーションの促進も不可欠である。

　循環型社会の形成に向けて消費者の身近な環境意識の覚醒が，まずはそのスタートである。それには市場活動ならびに消費生活に関する多様な環境教育が必須となり，さらに市民社会における環境コミュニケーション，環境情報の共有と参画活動の理解が大切である。

　一般に，環境問題に関心を寄せ環境配慮の活動を実践する際の認識として，次の「Think Globally, Act Locally」という考え方，視点がある。この考え方は，我々1人ひとりが地球市民として環境問題を考える際に，まずは地球規模でその問題の所在や因果関係を捉え，自身の問題として引き寄せることの必然性を説き，一方，実際に活動する際には自身の足元からできることを確実に実行すること，あるいは地域の身近な環境問題として手繰り寄せ，具体的な個別の活動を実践する重要性を指摘するものだ。

本章では，こうした認識を踏まえて，市場における環境配慮を踏まえた企業活動の意義，環境配慮型商品の市場価値とは何かを考察する。そこから環境配慮型消費を再考し，さらに，市民社会における環境コミュニケーションのあり方を考察する。

1－1 基本的事項；環境問題をどのように理解するのか

(1) 環境問題の捉え方と特徴

　環境問題は，責任の所在・明確さ，範囲，規模から次の3つのレベルに区別される。①公害問題，②環境汚染問題，③地球環境問題である。また，それぞれの環境問題の特徴から，①～③まで環境問題の範囲や規模が拡大するにつれ，次第にその特徴が，ア．被害者の範囲が不鮮明，イ．その対象が人間だけではない，ウ．汚染物質と被害現象との因果関係，相関が不明瞭，エ．解決には時間がかかる　などと変化する。つまり，①公害問題，②環境汚染問題，③地球環境問題という多様な環境問題へアプローチする際には，ひとつの座標軸や物差しだけで考えることはできない。ドメスティックな環境問題からグローバルな環境問題まで，環境問題の所在を認識し学習することが必要である。

(2) 環境問題を見る視点

　先に述べたように，環境問題の領域は多様である。身近な生活環境で発生し，即，解決を図る事から，現代人の生活を支える経済至上主義を反映した市場システム・活動の領域，地域社会や国の領域，さらに地球規模に跨る領域，あるいは科学，経済，政治，文化などの各分野の領域等，a．時間に関する軸，b．空間に関する軸，c．分野に関する軸から，それぞれ区分けして環境問題の実情を学習することが大切である。そこから，領域に固有な事柄，あるいは領域を越えて共通する事柄など，整理して考察することだ。

(3) 環境管理（「環境パラダイム」）の転換

　戦後以降～現代まで，自然と人間との間に生じた環境に関わる摩擦を解消するための取り組みやプログラムが実行されてきた。経済・産業社会が発展するにつれ，どのように環境配慮，環境に対する思想・価値観が変化してきているのか。表11-1には，環境管理のパラダイム転換（環境保全・管理の考え方の変化）について，簡潔に，その基本的な内容を整理してある。大まかに言えば，前半の20年間は消極的対応や考え方であった（「環境に対する防御的対応，考え方」）のに

表11−1 環境管理のパラダイム転換

年代	環境意識・考え方	具体的な活動（例）	
1960	フロンティア経済学 が支配的　　　　　環境保護		「環境汚染，公害」 「環境汚染，環境影響評価制度」 規制と行政処置
1970	環境保護・保全（資源管理）	1972	第一回国連人間環境会議 「人間環境宣言」 「国連環境計画」（UNEP） （1973.1978　オイルショック）
1980	資源管理	1987 1989	モントリオール議定書 ヘルシンキ宣言 （オゾン層保護，フロン全廃） 「バルディーズの原則」 （企業倫理の基準（10原則；セレス））
1990	資源管理（環境勘定） 汚染者負担原則→汚染防止は引き合う	1900 1992 1993	アースデー（4月22日） 国連環境開発会議；地球サミット キーワード；「持続可能な開発」 Sustainable Development 「環境基本法」
2000	エコ開発 EconomicsとEcologyの統合理念 経済開発と環境管理の正の相乗作用	2000 2001	〜，基本法並びに循環6法の施行等が続く 「循環型社会形成推進基本法」施行 容器包装リサイクル法，改正廃棄物処法， 資源リサイクル法，食品リサイクル法，家電リサイクル法，グリーン購入法，建設リサイクル法 ＜3R活動（Reduce, Reuse, Recycle）による 資源循環型ループの推進＞

対して，後半の30年間は，積極的な展開（「環境に対する具体的・実践的な対応，考え方，行動」）へと転じている。

2 ■ 企業の環境主義活動と商品の環境品質

2-1 企業の環境主義活動

（1）環境主義活動の3つの領域

　現在，企業は，企業経営の大きな課題として環境主義経営を推進している。そ

図11−1 発生する企業のリスク

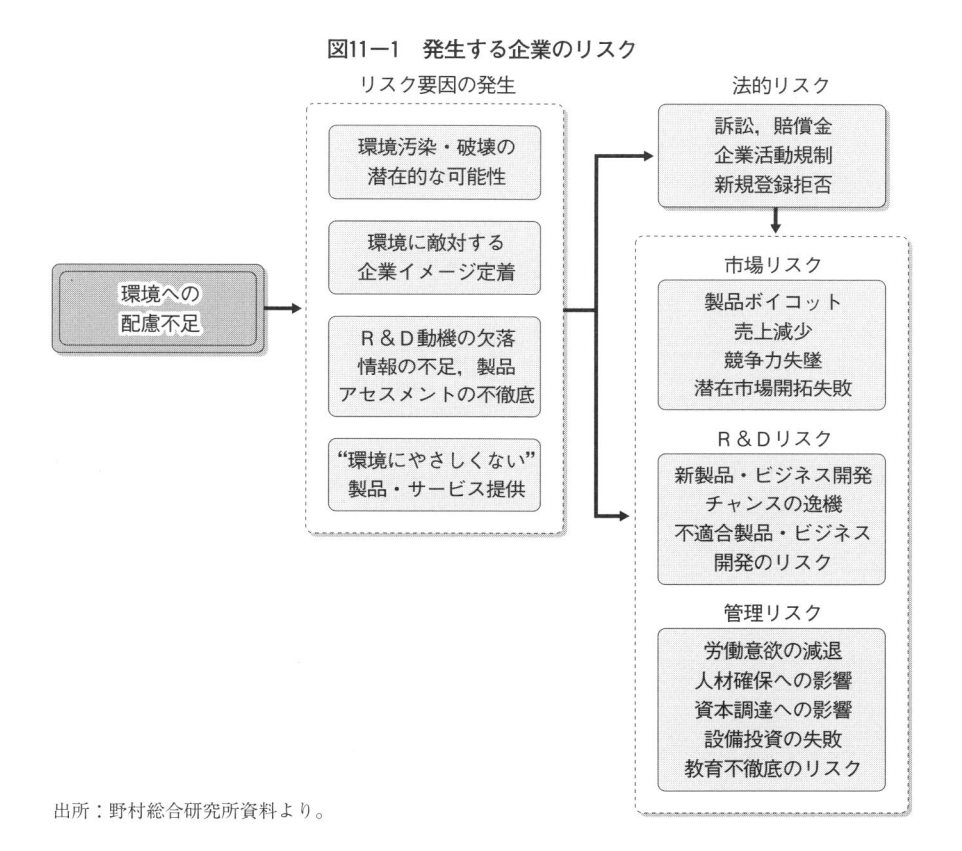

```
リスク要因の発生                           法的リスク
┌─────────────────────┐      ┌──────────────┐
│  環境汚染・破壊の    │      │  訴訟，賠償金  │
│  潜在的な可能性      │─────▶│  企業活動規制  │
│                     │      │  新規登録拒否  │
│  環境に敵対する      │      └──────────────┘
│  企業イメージ定着    │           市場リスク
│                     │      ┌──────────────┐
環境への              │      │  製品ボイコット │
配慮不足 ────▶        │      │  売上減少      │
│  R＆D動機の欠落     │─────▶│  競争力失墜    │
│  情報の不足，製品   │      │  潜在市場開拓失敗│
│  アセスメントの不徹底│      └──────────────┘
│                     │          R＆Dリスク
│ "環境にやさしくない"│      ┌──────────────┐
│  製品・サービス提供  │      │新製品・ビジネス開発│
└─────────────────────┘      │  チャンスの逸機  │
                             │  不適合製品・ビジネス│
                             │  開発のリスク    │
                             └──────────────┘
                                  管理リスク
                             ┌──────────────┐
                             │  労働意欲の減退  │
                             │  人材確保への影響│
                             │  資本調達への影響│
                             │  設備投資の失敗  │
                             │  教育不徹底のリスク│
                             └──────────────┘
```

出所：野村総合研究所資料より。

の理由は，何だろう。逆に，自社が環境配慮への認識を怠れば，どのようなリスクに見舞われるのか。

図11−1は，企業が環境配慮を怠った場合の企業が抱えるリスクを示している。環境への配慮不足の経営環境では，法的リスク，市場リスク，R&Dリスク，管理リスクを発生させる。

企業はこれらのリスクを予測し，リスク回避のために環境主義経営に積極的に取り組んでいる。例えば，企業の環境報告書で示されているように，自社の環境管理の体制を見直し，環境対応の新たな組織化も図っている。ここで，こうした企業の環境主義活動の概要を把握するために，図11−2に，活動のスタンスから3つの活動領域に区分して示そう。

図11-2　企業の環境主義経営における3つの領域

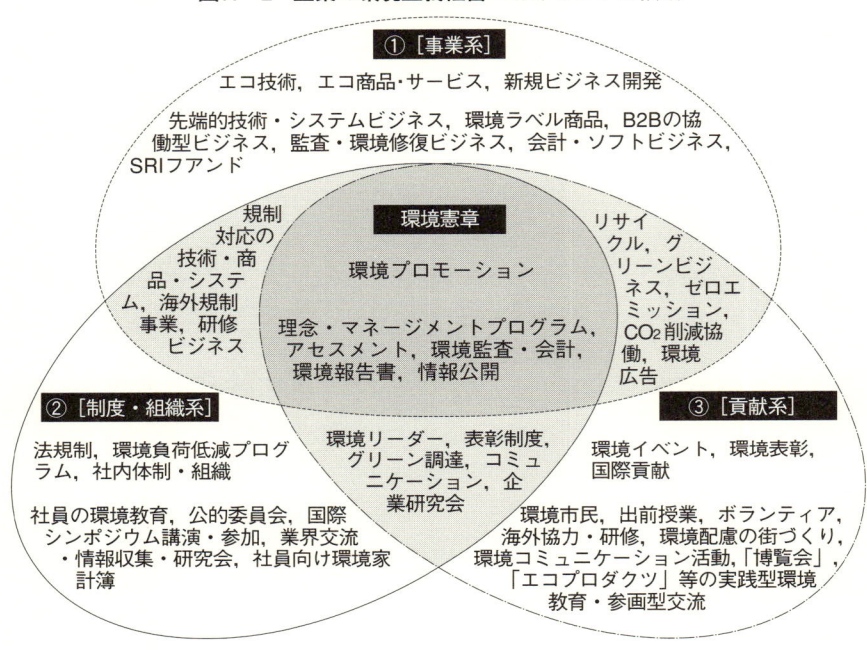

① [事業系]
エコ技術，エコ商品・サービス，新規ビジネス開発
先端的技術・システムビジネス，環境ラベル商品，B2Bの協働型ビジネス，監査・環境修復ビジネス，会計・ソフトビジネス，SRIファンド

規制対応の技術・商品・システム，海外規制事業，研修ビジネス

環境憲章
環境プロモーション
理念・マネージメントプログラム，アセスメント，環境監査・会計，環境報告書，情報公開

リサイクル，グリーンビジネス，ゼロエミッション，CO_2削減協働，環境広告

② [制度・組織系]
法規制，環境負荷低減プログラム，社内体制・組織
社員の環境教育，公的委員会，国際シンポジウム講演・参加，業界交流・情報収集・研究会，社員向け環境家計簿

環境リーダー，表彰制度，グリーン調達，コミュニケーション，企業研究会

③ [貢献系]
環境イベント，環境表彰，国際貢献
環境市民，出前授業，ボランティア，海外協力・研修，環境配慮の街づくり，環境コミュニケーション活動，「博覧会」，「エコプロダクツ」等の実践型環境教育・参画型交流

出所：見目洋子・在間敬子編（2006）『環境コミュニケーションのダイナミズム―市場インセンティブと市民社会への浸透―』白桃書房，p.92より。

①積極的な事業活動領域［事業系］；

　企業の本業である経営的収益を高める活動領域。産業用の環境技術開発，新商品開発，新規ビジネスの創出分野。例えば，エコ技術開発，エコ商品，各種の環境保全技術や新規ビジネスの開発，リサイクルシステム開発など。

②制度・システム・組織整備の活動領域［制度・組織系］；

　自社の環境理念の下，環境管理体制のための組織化とプログラムの作成などの制度や各種の制御的活動に関わる領域。例えば，環境影響のアセスメント，自社の環境基準プログラム策定，汚染物質削減プログラム，省エネプログラム，環境保全投資目標，グリーン調達，社内リサイクルなど。

③支援・貢献のための活動領域［貢献系］；

　企業組織・社員の環境配慮への関心やモラルを高め，環境主義活動推進の方針や姿勢を積極的にアピールし，環境市民としての社員行動や貢献活動を誘導し，新たに地域社会への企業としての責任を果たす。これらの活動系により企業イメ

ージ（企業価値）を社会に伝播・普及する領域。例えば，CI活動，環境イベント，資金協力，環境賞の創設，社員への環境教育，地域社会との連携，海外への技術・資金・人的支援・貢献活動，また他事業者との協働活動など。

　いずれも，現在，企業が推進している活動領域である。

（2）各領域の活動の発展的融合性

　こうした各活動を踏まえ，現段階の環境主義経営の重要性について，改めて次のことに着目しておこう。それは，個々の活動が，①，②，③という各領域別の展開に止まらず，次第に，活動領域を越えて他の領域にも跨る活動系へ，深化し展開していくこと，相互の連携性を深めクロスオーバーする活動系にも注視する重要性である。

　こうしたクロスオーバーした活動は当初とは別の波及効果を生み，活動自体の高度化が一層図られることもある。つまり，個別領域での活動の成果をあげることが前提であったにも関わらず，相互の連携する領域で影響し合い，活動ポテンシャルが高められ，新たな企業活力・ブランド力の構築へとつながっていることも指摘できる。

　最終的に，相互領域に跨る多様な活動系とは，経済的なインセンティブ（例えば，業界トップレベルの環境修復に関する先進技術，世界を席巻するハイブリッド自動車の開発等）として自社の利益向上に大きく貢献する一方で，市場競争を通して社員の環境意識にも変化が生まれ，それをキッカケとして，一般市民に向けた環境意識の覚醒へ，環境コミュニケーションのネットワークが広がっていく構図も描けるだろう。つまり，地域の環境リーダーである企業人が，市民の環境活動を誘導し新たな活動連鎖を発生させる等，様々な社会的インセンティブを実質的に高揚させる潜在力が確実に存在する。こうした一連の環境意識の連鎖は，期待される未来型の環境コミュニケーション活動への接近と考えられる。

（3）環境憲章，企業の環境理念を掲げる意義

　実際の業務では，図11-2の中心の環境憲章（環境マネージメントシステムや環境プログラム，企業の環境理念）を核に，個別活動のブラッシュアップや相互の活動系の連携を目的として，自社の環境戦略を組織化し統合していくことが課題となる。これが，一連の活動や自社の基本理念を横串とした統括的組織を維持すること，組織全体の環境活動のポテンシャルを高めることにつながる。また，自社の環境主義経営に関する一本化した情報提供の企業姿勢は，社会的責任を担う経営体としても理に適うだろう。

つまり，企業の一連の環境配慮の活動を通して多様な環境情報が発信され，他の組織体や活動へも影響を与える，そして環境意識の変革を推し進め，さらに単一組織を超えた新たなパートナーシップにもとづく連携型環境活動の創出へと転換していくことも予想される。企業の環境経営の姿勢と実践は，今日の新たな環境パラダイムの定着に向けた重要なインパクトである。

　ここで，環境憲章，環境管理プログラムの例として環境管理システムISO14001を見ておこう。企業が環境規格認証を取得することは，企業自らが環境配慮へ自主的・積極的に取り組んでいることを示す有効な手段となる。現在までの取得状況の推移を見ながら，その取得が意味することとは何か，取得によって企業活動の実践的側面でどのような変化，意識変革が進んだか等考察しておこう。

　図11-3に，現在のISO14001認証の取得状況を示してある。ここで，企業の取得の背景を考えてみると，次の（ア）から（キ）の目的が考えられる。さらに，今後の活動の進化やコミュニケーションの発展性の課題を考えると，（ク）や（ケ）も想定できる。

　（ア）環境保全への社会的責任，（イ）組織の体質強化，（ウ）リスク管理，（エ）効率的なマネージメント能力，（オ）活動主体のイメージアップ，（カ）情報公開，（キ）地域住民との協調強化　である。そしてさらに，今後の課題には，（ク）環境市民としての社員覚醒，貢献活動，制度の導入，（ケ）本業を越えた環境活動への発展性　も挙げられる。

　ここで注意することは，「認証取得は決して目標・到達点ではなく，今後の環境配慮活動へのスタートである」という確認である。安易なシステム構築や認証取得の形骸化に陥らない様に，十分に留意することが基本であり，〈経営理念→事業全般→実際の業務〉という一連の環境経営のなかに取得がもつ本来的な課題を的確に位置づけ，恒常的な業務の見直し作業に反映させることが必然的な課題となる。

　つまり，企業が認証取得し，企業価値を高めることだけに留まらず，市民社会に向けて環境コミュニケーション活動として具体的に何を成果とし，何を提示し伝播したいのかが重要である。それによって，ステイクホルダーの消費者やユーザー，投資家等との間に環境情報として何を共有していくのか，その後の発展として予測される活動とは何かなど，常に先を予測し環境経営の社会的進化を促す観点から指向することこそが，重要な環境主義経営のスタンスである。今後の（キ）や（ク）の具体的な工夫が鍵を握り，それが必ずや（ケ）へとつながることを指摘しておく。現在，2008年11月におけるISO14001取得状況は，総数28,778件にのぼり，取得状況は増加している（なお，その内訳には大幅変更はない）。

図11-3 業種別ISO14001審査登録状況(2005年11月)

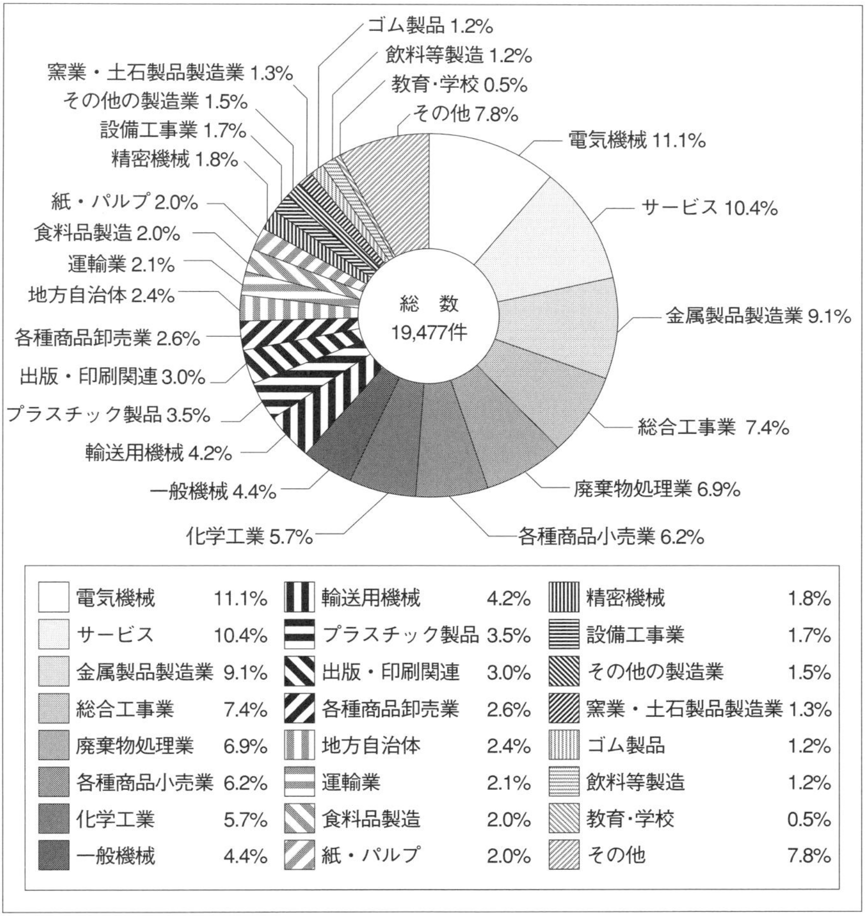

電気機械	11.1%	輸送用機械	4.2%	精密機械	1.8%
サービス	10.4%	プラスチック製品	3.5%	設備工事業	1.7%
金属製品製造業	9.1%	出版・印刷関連	3.0%	その他の製造業	1.5%
総合工事業	7.4%	各種商品卸売業	2.6%	窯業・土石製品製造業	1.3%
廃棄物処理業	6.9%	地方自治体	2.4%	ゴム製品	1.2%
各種商品小売業	6.2%	運輸業	2.1%	飲料等製造	1.2%
化学工業	5.7%	食料品製造	2.0%	教育・学校	0.5%
一般機械	4.4%	紙・パルプ	2.0%	その他	7.8%

総数 19,477件

出所：図11-2と同掲書, p.95より。

2-2 商品の環境品質

(1) 環境品質の理解

　実際の商品の環境性能の数値や個別の環境配慮を工夫した技術情報・項目など商品の環境品質につながる情報は，企業と消費者の間で，最も身近で具体的な情報となる。消費者には，生活者視点で商品の省エネ設計の効果等が数値で示され，

しかも，その内容が平易でわかりやすい内容であれば，それらの情報は，商品選択の際にひとつの目安として，大きな意味をもつだろう。つまり，今日の省エネ志向を意識する消費生活のステージでは，環境品質の情報は商品選択の際の大切なシグナルであり，自らの環境意識を覚醒させるための基本的な情報源となり，有効なコミュニケーション・ツールとしての性格を有すると考えられる。そのため，商品設計の工夫や情報提供の場合，より具体的な環境情報として提示されること，さらに消費生活では身近な環境活動に結び付きやすいこと等が重要となる。

商品の品質論における環境品質の理解を整理しよう。第2章で，商品の品質構造について学習したが，さらに，商品の環境品質を考えてみよう。これまでの商品学の品質構造の理解に照らすと，環境品質は品質構造上では，三次品質に属するものと考えられる。しかし，最近の商品情報の提供を見れば，先の第2章でも指摘したように，個々の環境性能について省資源や省エネ設計等による具体的な数字・指数で示されることが多い。こうしたことを考慮すると，環境性能の数値は一次品質の物的な機能・性能属性の品位としての優劣の見極めと判断材料となるため，三次品質だけに留まらないことがわかる。

今後の商品の環境品質は，一次品質から三次品質にわたりそれぞれの評価要素の側面から判断されること，その上で，商品の顧客や市場，社会的適合性の各側面から相対的に考察することが相応しいといえよう。それだけに，商品の環境品質に関する具体的なわかりやすい環境情報の提示のあり方，工夫が必要となる。

①**環境ラベルの有効性**

国際標準化機構により，環境ラベル制度としてISO規格が整備されているが，環境ラベルには次の3タイプの規格化がされている（なお，ISO14020に，一般原則として環境ラベルの基本精神，目的，特定考慮事項が提示されている）。

■タイプⅠ：第三者認証による環境ラベル（14024）
　　　　　（例：日本の「エコマーク」等）
■タイプⅡ：事業者の自己宣言による環境主張（14021）
　　　　　（例：各社のシンボルマーク等）
■タイプⅢ：製品の環境負荷の定量的データの表示（TR14025）
　　　　　（例：（社）産業環境管理協会の「JEMAIプログラム」等）

タイプⅠは，第三者認証によるものである。タイプⅡは，自己宣言というよう

に，組織や企業がこの製品は「環境に良い」と優位性を主張する（説明文やシンボルのマーク・図表の形態でなされるため，わかりやすさは訴求はできるが，一方で，自己宣言型であるために推奨表示でプロモーションツールとなりがち）ものである。つまり，不鮮明さが残される環境ラベルという性格から，企業のなかには，自社のシンボルマークの付与の理由について具体的な数値や説明とともに記載することも始めている（例えば，東芝は「東芝グループ地球環境マーク」に特定の環境性能の改善効果の大きな製品の場合，数値を示す，ソニーは「eco-info」に「この箱は，100％再生紙を使用しています。この箱は再資源化できます。」）ところもあるが，こうした小さな努力が，より透明で具体的な環境情報の推進活動につながる。

それに対してタイプⅢは，ライフサイクルアセスメント（LCA）を基礎とし，ライフサイクル・インベントリー（LCI）やライフサイクル・インパクトアセスメント（LCIA）を測定し，その定量的な環境情報を表示するもので，環境ラベルとしての性格は異なる。つまりタイプⅢは，製品のライフサイクル（資源採取→製造→流通→消費→廃棄→リサイクル）の各段階に亘る環境負荷の定量データを数字でそのまま開示し，購買者がその優劣を判断するもので，より客観的に総合的な製品の環境性能を知るための有効性が高い。しかしながら，事業者ならその判断も容易になるが，一般の消費者には難解であるところが課題となる。

②企業の製品別環境自主基準─「環境調和型製品」─

企業の環境報告書に，自社製品の環境負荷低減を達成する取り組みや環境配慮型商品の分類等に関する情報が掲載されている。代表的な記載内容では，例えば，自社の環境配慮型商品の分類をJISQ14021（ISO14021）に適合するものと，自社商品の特性と関連する自社独自の定義にもとづくものとから商品分類を行っているものがある。他方，製品のライフサイクルの各段階で環境に与える生涯環境負荷量をできるだけ低減するように，環境適合設計アセスメントを導入し，製品アセスメント項目（例；減量性，長寿命性，再資源化，分解容易性，処理容易性，環境安全性，省エネルギー性，情報提供性等）で，自社製品を評価し，自社の環境配慮型製品と定義する手法は，一般に多く採用されるものである。環境報告書で，その内容を調べてみよう。

（2）環境に優しい商品デザイン

実際の消費生活の場面では，消費者は商品の環境品質について，商品自体だけから評価したり判断したりはしない。商品自体や付随情報，店頭のプロモーションなどで示される多くの断面的な環境情報を，消費者は，適宜，読み取っている。

表11-2　グリーン・デザインの条件

条　件	内　容
1．原材料が 　　環境にやさしいこと	・廃棄物、リサイクル素材を原料にする ・希少動物・希少資源などを原料にしない ・自然破壊につながる原材料を使わない
2．つくるときに 　　環境にやさしいこと	・なるべく有害物の出ない製造プロセスを使う ・省資源・省エネ型の製造プロセスを使う
3．運ぶ・売るときに 　　環境にやさしいこと	・流通段階で不必要な環境負荷を与えない ・最大限の省エネルギー化をはかる ・クリーンエネルギーを用いる
4．使うときに 　　環境にやさしいこと	・使用中に有害物質を出さない ・リサイクルを考慮した設計をする ・有害物質を含まない製品とする
5．廃棄するときに 　　環境にやさしいこと	・処理困難な廃棄物になりにくい素材を使う ・包装を簡素化する
6．開発・試験段階で 　　環境にやさしいこと	・自然破壊につながる大規模開発は行わない ・不必要な動物実験などを行わない

出所：図11-2と同掲書，p.101より。

　つまり，あくまでも，個人レベルの不鮮明な理解や感覚で収集する商品に関する諸々の環境品位（トータルとしての環境品質）につながる情報によって，環境品質の良し悪しを主観的に判断しているといえる。そのため，商品に関わる多様な環境情報を想定した議論が必要となる。
　そこで，表11-2に，環境に優しい商品デザイン，グリーン・デザインの一般的な内容を示す。
　1．原材料が環境にやさしいこと，2．つくるときに環境にやさしいこと，3．運ぶ・売るときに環境にやさしいこと，4．使うときに環境にやさしいこと，5．廃棄するときに環境にやさしいこと，6．開発・試験段階で環境にやさしいことなど，6項目から環境に優しい商品デザインの条件を示した。開発段階から，製造・流通段階，消費・使用段階，廃棄段階までの循環型の工程を通して，環境負荷低減やごみにならない商品開発の視点に立つ環境配慮のデザイン・設計である。そして，それらが，消費者に環境配慮の意味がわかりやすい内容として示されること，それによる使い勝手の良さもあわせて提示されること，これらを通して商品による環境教育につながることが大切となる。
　また，商品の環境に優しいデザインは，環境コミュニケーションの観点からも

図11－4 環境対応のパッケージ・デザインの例から

(株)ヨコタ東北（山形県新庄）の「P＆Pパック」

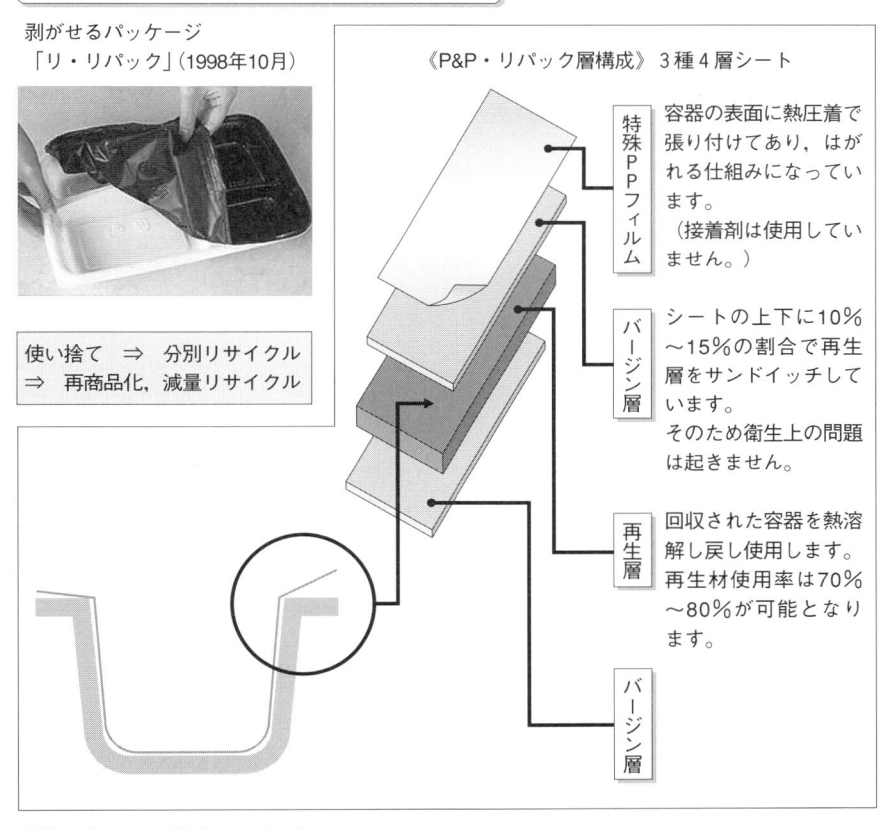

剥がせるパッケージ
「リ・リパック」（1998年10月）

使い捨て ⇒ 分別リサイクル
⇒ 再商品化，減量リサイクル

《P&P・リパック層構成》3種4層シート

特殊PPフィルム：容器の表面に熱圧着で張り付けてあり，はがれる仕組みになっています。（接着剤は使用していません。）

バージン層：シートの上下に10％～15％の割合で再生層をサンドイッチしています。そのため衛生上の問題は起きません。

再生層：回収された容器を熱溶解し戻し使用します。再生材使用率は70％～80％が可能となります。

バージン層

出所：図11－2と同掲書，p.103より。

重要なメッセージ性を発揮するものであり，広く普及させる商品力を発揮する。そこで次に，環境コミュニケーションとしての機能を具体的ケースから考えてみよう。

〈ケース：「剥がせる食品容器；P&Pパック」㈱ヨコタ東北〉

　消費生活を再考するための先端的な環境配慮型の商品を見てみよう。図11－4に示す食品容器のケースは，具体的なCO_2削減効果を高め，しかも環境配慮を意識する生活提案にもなる，商品それ自体が環境コミュニケーション機能を発揮する一例と考えられる。

第11章　商品と環境，そして環境コミュニケーション　159

㈱ヨコタ東北（山形県新庄市）は，プラスチック製食品容器の製造販売事業を展開する企業である。その活動を支える横田健二社長の経営理念は，環境＆福祉を連携した実践活動といえる。図に示すように食品容器は，使い手（あるいは収集者）が容器の表面の「使用済みシートを剥がす」というユニークな発想を基盤としている。しかもこの容器は，漁箱をリサイクル原料として，その再資源化材料を使用する「4層構造」から形成される。CO_2排出抑制を高めた環境負荷低減への効果も評価されている。(注)

　その一方では，先に環境＆福祉の連携と示したように，この活動は福祉活動がベースとなっていることも着目できる。例えば，社会福祉法人の知的障害者授産施設に通う青年達の経済的な活動（使用済みの食品容器の再生化作業を通して，労働の対価としての報酬を得る）が環境配慮活動，ひいては環境啓発活動に結びついていることである。

　常に，使用者が「シートを剥がす」という場面が用意されている訳で，廃棄段階での一般的な分別だけでなく，さらに手を実際に使わせるその時間・手法（参加させる手法）のユニークな発想は，環境意識を覚醒させる具体的な作業となる。こうした消費者の「小さな環境実習」が，環境啓発そして環境教育，さらに大きな環境コミュニケーション活動への入り口である。環境と福祉の連携した経営理念の先見性は，先に示した環境主義活動の3つの領域でも，環境＆福祉からの活動が，①事業領域と③貢献領域に跨る活動の展開例にもなっている。再生資源使用比率も極めて高く，「エコマーク」を取得している。本事例は，「環境」「福祉」「教育」の参加型活動系から成り立つ，環境コミュニケーション・ツールとして有効なパッケージ・デザインといえる。

3 ■ 市民社会における環境コミュニケーション

3-1　環境コミュニケーションの多様な展開

　市場活動や地域社会における多様な環境コミュニケーションが，地域社会全体の環境意識の覚醒や先進的な環境活動の進展に大きく寄与するだろう。1人ひとりの環境意識を覚醒させる上で，また消費生活を再考するために，多様な環境コミュニケーションのダイナミズムを考えてみよう。

　図11-5は，環境保全を目標とする市民社会の形成に向け，各経済主体が多様

(注)「2006年気候保護賞；Climate Protection Award」（The U.S.Environmental Protection Agency；EPA（アメリカ環境保護局）2006年1月）を受賞した。食品トレー「P&Pパック」のCO_2排出抑制への貢献が受賞理由である。

図11−5 市民社会における環境コミュニケーション

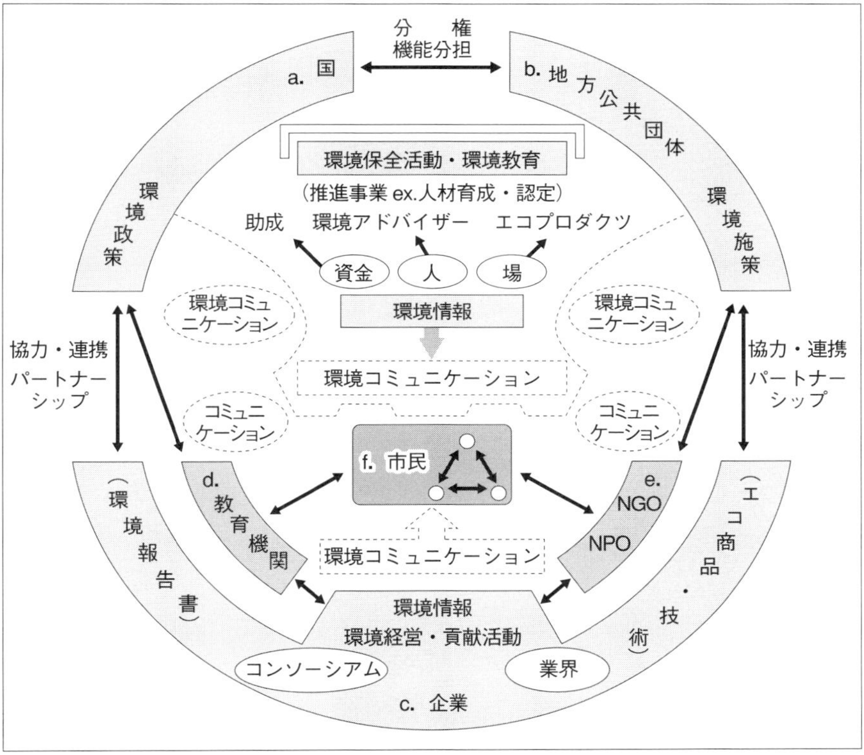

出所：図11−2と同掲書, p.5より。

なパートナーシップにもとづく環境コミュニケーションを推進すること，環境コミュニケーションによって市民社会全体の環境意識が醸成されていくことを描き示したものだ。消費生活のなかで，消費者は，まずは身近な環境配慮の商品やサービスによって環境意識を覚醒し環境問題に関心を寄せていくことだろう。例えば，地域における身近な3Rの環境配慮の活動，ごみの発生抑制（リデュース），再使用（リユース），再生利用（リサイクル）の普及啓発を実践することで，より環境意識を顕在化していく。次第に，多様な環境情報を収集し，市民参加型の環境学習・活動へと展開していくことが期待される。

　国や自治体による環境政策・対策，企業・事業体による環境主義経営，環境マーケティング活動，そして市民による環境活動，また大学など教育機関が推進する環境学習や教育活動など，地域コミュニティにおける多様で実践的な環境活動から，必ずや，環境コミュニケーションのダイナミズムが生まれる。こうした活

動系の広がりと深まりが，市民が環境問題を1人ひとりの身近な問題として捉え直し，環境市民として定着することを促すと期待している。

個別のそれぞれの事例を図11-5にその活動を配置して，その活動はどこの領域のどんな環境コミュニケーション活動なのか，いかなる環境学習や情報伝達の機能を発揮しているのか，考えてみよう。

3-2 環境情報から環境コミュニケーション活動へ

(1) 環境コミュニケーション活動の考え方

マーケティングにおけるコミュニケーションの目的には，次の4つの側面がある。1．情報や知識伝達（商品やサービス，企業活動などの成果やメリットを伝播する）2．認知・納得（期待される行動を顧客に認知，納得させる）3．イメージ形成とブランド形成（対象としての相手に，自社と自社商品やサービス等のイメージを形成する。これにより，ブランド力の構築を図る）4．再確認・ブランドロイヤリティーの形成（自社のファンを作りロイヤリティーを高める），という各側面がある。そしてこうした一連の活動目的を達成するために，多様なコミュニケーションの手段・手法がコミュニケーション・ミックスとして採用される。

さて，ここでいう「コミュニケーション」とは，単に「情報交換とそれによる共通認識」という側面だけで捉えるものではない。コミュニケーション効果として高次の段階を捉え「異なる経済主体間の情報交換によって，共有される認識や目標・活動が顕在化し，共通の成果（価値の共有）が得られること」と筆者は定義している。それにより，「環境コミュニケーション活動」を「多様な経済主体間における環境情報の交換により，環境活動に関する何らかの認識や目的等を共有し，社会的あるいは教育的，また市場的な成果が得られること」と指摘する。

よって，環境コミュニケーション活動とは，ステイクホルダーに向けた一方向型の情報提供の形式でなされる一般的な活動系を想定したものではない。あくまでも，双方向型の多岐にわたる活動主体が交感（＝環境価値の共有と実感，そして実践）する形態で成り立つコミュニケーション活動を想定するものである。

以上の認識を踏まえ，環境コミュニケーション活動を環境情報の内容や適用・位置づけ，また成果等から次の3つのレベルに分けて考察する。図11-6には環境情報から環境コミュニケーションの多様性を整理し，多様な環境コミュニケーション活動により，環境市民の育成が実践され，そこから地球環境保全活動への活動の展開を想定し，提示したものだ。

「環境情報」の3つのレベルは，

図11−6　環境情報の理解と多様な環境コミュニケーション活動

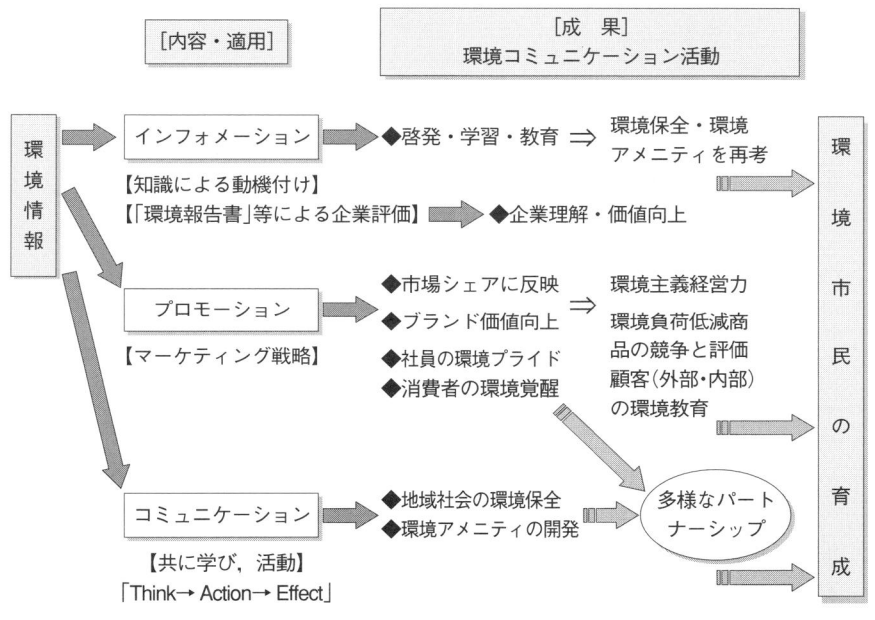

[内容・適用]　　　　　　　　　[成　果]
　　　　　　　　　　　　　　環境コミュニケーション活動

環境情報 → インフォメーション → ◆啓発・学習・教育 ⇒ 環境保全・環境アメニティを再考
　　【知識による動機付け】
　　【「環境報告書」等による企業評価】 ⇒ ◆企業理解・価値向上

→ プロモーション → ◆市場シェアに反映　⇒ 環境主義経営力
　　【マーケティング戦略】　◆ブランド価値向上　　環境負荷低減商品の競争と評価
　　　　　　　　　　　　　　◆社員の環境プライド　顧客（外部・内部）の環境教育
　　　　　　　　　　　　　　◆消費者の環境覚醒

→ コミュニケーション → ◆地域社会の環境保全　多様なパートナーシップ
　　【共に学び，活動】　　　◆環境アメニティの開発
　　「Think→ Action→ Effect」

→ 環境市民の育成

出所：図11−2と同掲書，p.114より。

①**環境に関するインフォメーション相当のレベル**
②**環境に関するプロモーション相当のレベル**
③**環境に関するコミュニケーション相当のレベル**

　①と②はいずれも有効な環境情報で，一般的な内容から専門性の高い内容まで多様性もある。しかし，環境情報の伝達手法としては第一段階であり，期待される効果としても未だ課題は多い。また，③も，手法としては双方向型ではあるが，初期的な活動も多く，より多様で実践的な内容への課題も多い。

4 ■ 学習のポイント・キーワード

・**環境問題への接近**
　　観察する環境問題を，「公害問題」「環境汚染問題」「地球環境問題」の3区分にそれぞれ当てはめて，具体的な環境配慮の視点を整理して学習すること。
・**企業の環境主義経営の3つの領域**
　　企業の環境主義経営を，①事業系領域，②制度・組織系領域，③貢献系領域

のどの領域に位置するのかを確認してその活動の意義を考察すること。さらに，領域を跨る活動系への発展性はどうかも考察しよう。
- 企業の「環境報告書」「社会性報告書やCSRレポート」

企業や事業所が発効している「環境報告書」「社会性報告書やCSRレポート」を調べ，環境憲章の内容を確認しよう。
- 環境配慮の活動

環境配慮活動の3R活動，リデュース（Reduce；ごみの発生抑制），リユース（Reuse；再使用），リサイクル（Recycle；再生利用）の活動を観察する。
- 環境品質

商品の環境品質について，具体的な表示やマーク（エコマーク等）を観察する。平易な情報提供がなされているか，工夫の程度を考察する。また，個別企業による独自の環境品質に関する情報提示のあり方を観察し考察する。
- 環境情報と環境コミュニケーション活動

環境情報の3つのレベル，①インフォメーション，②プロモーション，③コミュニケーションの内容を学習する。それぞれの環境情報伝達の機能性を考察し，総合的な環境コミュニケーション活動へ発展する意義を考察する。

5 ■ 練習問題

1．異業者あるいは同業種の企業の環境報告書を比較検討し，それぞれの特徴や情報提供の実態から，問題点や課題を考察してみよう。
2．地域で展開する「3R」活動について取り上げ，消費者への環境意識の覚醒や環境配慮活動への実践的意味，さらなる普及への課題を考察しよう。

〔参考文献〕
植田和弘・森田朗・大西隆・神野直彦・苅谷剛彦・大沢真理編（2004），『持続可能な地域社会のデザイン』（新しい自治体の設計3）有斐閣。
見目洋子・在間敬子編（2006），『環境コミュニケーションのダイナミズム－市場インセンティブと市民社会への浸透－』白桃書房。
西尾チヅル（1999），『エコロジカル・マーケティングの構図』有斐閣。
丸尾直美・西ケ谷信夫・落合由紀子（1997），『エコサイクル社会』有斐閣。
宮本勝美編（1998），『地球環境時代の市民，企業，そして行政』（自治体・地域の環境戦略7）ぎょうせい。
環境省編（2005），『環境白書　平成17年版』。

第12章

少子高齢社会における商品, 市場創造

現在, 少子高齢社会を迎えている。人がより良く生きることを, どのように実現していくのか。そのための市場の仕組みとは何か。すべての世代にわたる消費者ニーズに適う商品やサービスの開発, 市場創造が求められる。そこでは, 従来の福祉観とは異なる新たな考え方・アプローチが必要となる。本章では, 「生活福祉」という新たな福祉の観点から商品やサービスの開発, 今後の市場のあり方を考察する。

1 ■ はじめに

　わが国は，他の先進諸国と比較しても短期間に少子化ならびに高齢化が進展している。そこでは，社会全体の急速な構造変化を余儀なくされている。これまでの経済・産業・消費社会を構築してきた基本的な枠組や前提を変えていかねばならないだろう。一方，市場活動としては，社会全体の要請や消費者ニーズを的確に反映し，現代的な機能性を提供する多様な活動の創出が期待されている。

　しかも，多様な高齢者，小規模化した家庭を維持する現役世代，そして少子化のなかで生活する子供達など，また，都市や地方の居住者では異なる生活環境にあるなど，消費者の生活のありようは実に多様で，それぞれの消費者のニーズを想定した商品・サービスの開発，そして新たな市場創造が不可欠となっている。

　本章では，まずは少子高齢社会の概要を理解しよう。そして，その社会において，人がよりよく生きることの意味を考えてみよう。そのためには，どのような考え方や価値観が必要となってくるのだろうか。生活者が期待する商品やサービスとはどのようなものであるのだろう。これまでの商品と何が違うのだろうか，また，そのためには新たな，どのような視点が必要になるのか，考察しよう。現在の市場活動の課題を考えながら，新たな活動領域やその機能性，そして今後の市場創造を展望しよう。

1-1 基本的事項；少子高齢社会の理解

（1）少子化と高齢化

　一般に，少子高齢化として一緒に議論をすることが多いが，それはいささか短絡的かもしれない。まずは，少子化と高齢化の各々に応じ，市場の課題やその基軸を洗い出すことが大切となろう。さらに，少子高齢化現象には，実は多様な側面があることも踏まえておこう。例えば，家庭の小規模化や，女性の外部活動時間の増大化もあり，それらが従来までの家庭における機能分担関係を変化させ，家庭を維持する機能低下を引き起こしていることにも着目しよう。また，世帯の特徴を見ても若者世代から高齢世代まで，単身世帯が増加していることにも注意しなければならない。つまり，新たな生活者像や世帯観を想定し，すべての世帯に向けた生活支援型の市場の機能や活動の課題を考察していかねばならない。

　つまり，少子高齢社会の世帯の実態には，これまでの「標準世帯」という括り方が次第に通用しにくくなっていると指摘できるだろう。従来の標準世帯へのア

プローチから現実の多様な世帯の存在，暮らしぶりに焦点を当てることが重要となり，それに相応した市場活動が前提となることを認識しよう。企業にとっては，世帯での個別でマルチな生活支援型活動に焦点を当てた事業への転換こそが，基本となるだろう。

（2）少子高齢社会を考える視点

図12−1〜図12−3に，少子高齢社会の概要を各々示してある。図12−1に1950年から100年後の2050年までの高齢化の推移を示してある。ここで，最初に，わが

図12−1　高齢化の推移（将来推計）

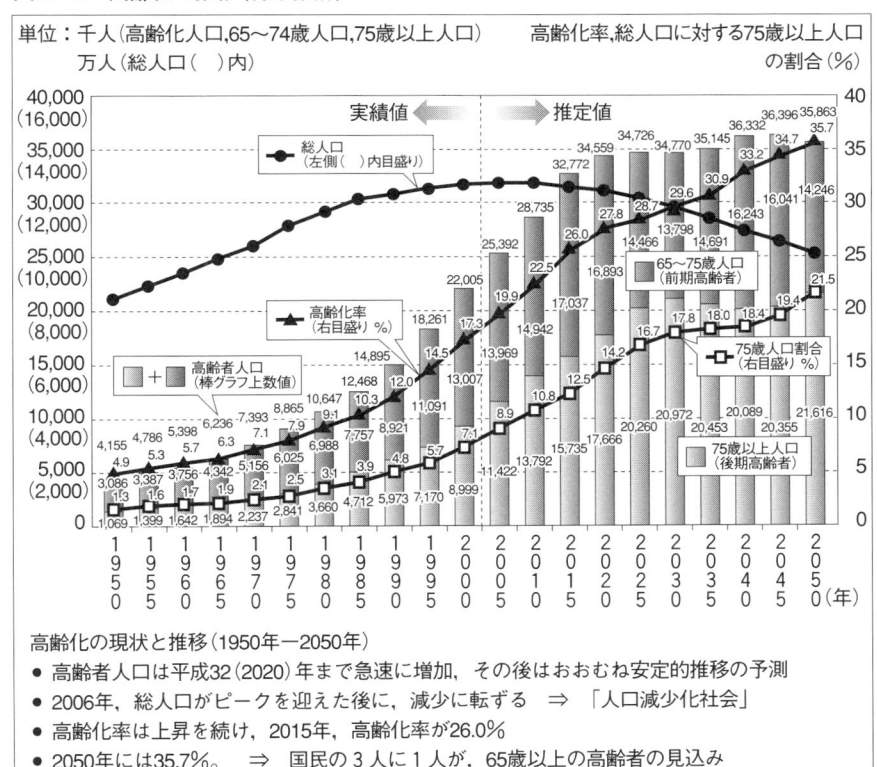

高齢化の現状と推移（1950年−2050年）
- 高齢者人口は平成32（2020）年まで急速に増加，その後はおおむね安定的推移の予測
- 2006年，総人口がピークを迎えた後に，減少に転ずる　⇒　「人口減少化社会」
- 高齢化率は上昇を続け，2015年，高齢化率が26.0％
- 2050年には35.7％。　⇒　国民の3人に1人が，65歳以上の高齢者の見込み

出所：2000年までは総務省「国勢調査」，2005年以降は国立社会保険・人口問題研究所「日本の将来推計人口（平成14年1月推計）」のデータによる。これを基に作成。
（注）　1995年の沖縄は70歳以上人口23,328人を前後の年次の70歳以上人口に占める75歳以上人口の割合を元に70〜74歳と75歳以上人口に按分。

図12-2

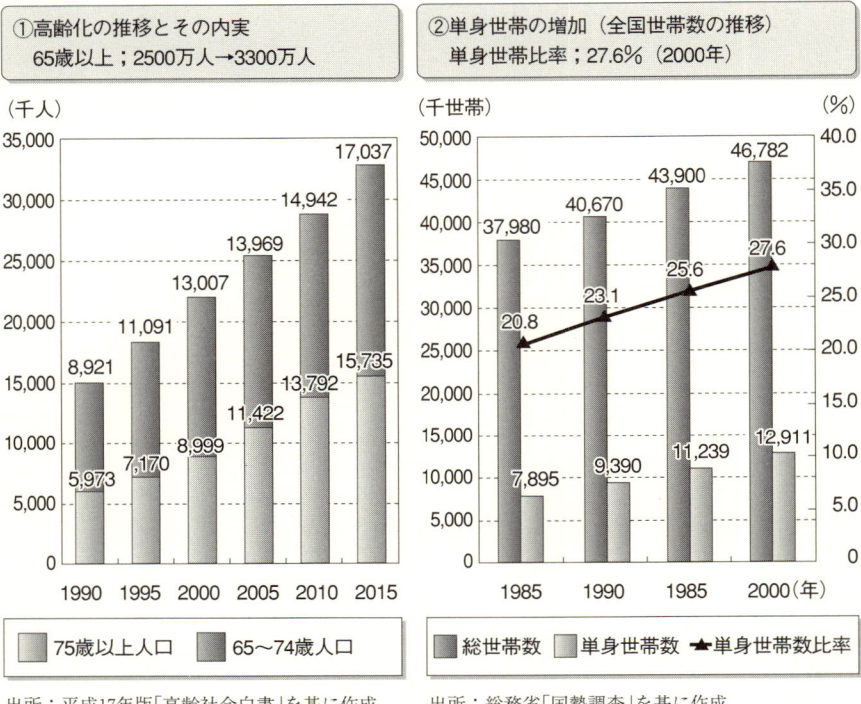

①高齢化の推移とその内実
65歳以上；2500万人→3300万人

②単身世帯の増加（全国世帯数の推移）
単身世帯比率；27.6％（2000年）

（千人）
年	75歳以上人口	65〜74歳人口	合計
1990	5,973	8,921	
1995	7,170	11,091	
2000	8,999	13,007	
2005	11,422	13,969	
2010	13,792	14,942	
2015	15,735	17,037	

（千世帯）
年	総世帯数	単身世帯数	単身世帯数比率（％）
1985	37,980	7,895	20.8
1990	40,670	9,390	23.1
1985	43,900	11,239	25.6
2000	46,782	12,911	27.6

出所：平成17年版「高齢社会白書」を基に作成

出所：総務省「国勢調査」を基に作成

国の少子高齢社会の特徴を見る視点を，次に6つの視点から論点を指摘しておこう。

ひとつは，超スピードで高齢化が進行したことである。わが国は，わずか36年間という短い間に20％の高齢化率をとげた国である。一方，先進的な福祉国家のひとつといわれているデンマークは，102年間という約1世紀をかけて20％になっている。このことからも容易に想像できるように，今後，日本の高齢化が進展した消費社会においては，新たな市場や準市場の仕組みの構築が，大変，急務かつ重要な課題として大きく横たわっているといえる。

2つには，高齢者の単独世帯（独居世帯）や高齢者夫婦のみ世帯が増大していることである。なかでも，女性の高齢者単独世帯が2020年には全高齢世帯の1／3まで到達すると予想されている。特に，今後は，地方で生活する女性高齢者の単身世帯の生活を想定し，地域に相応しい新たな地域社会全体に関わる工夫も必要となるだろう。なお，図12-2は，少子高齢社会の，①高齢者の内実について，

③女性の社会進出（雇用状況）
女性の雇用比率；41.4％（2006年）

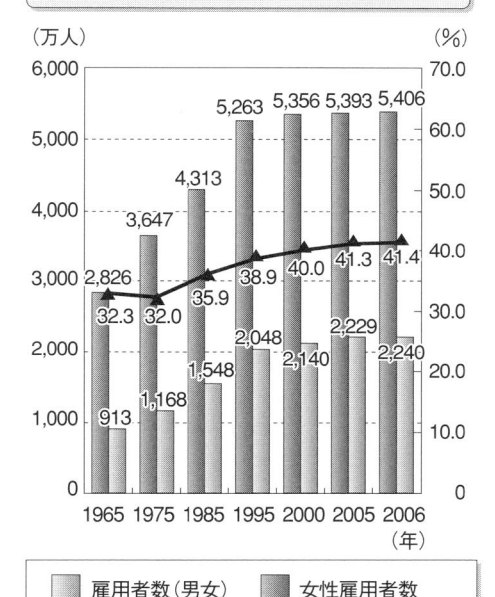

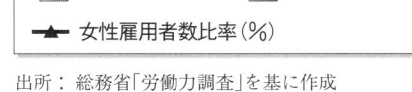

④世帯の小規模化
1世帯人員；2.58人（2005年）

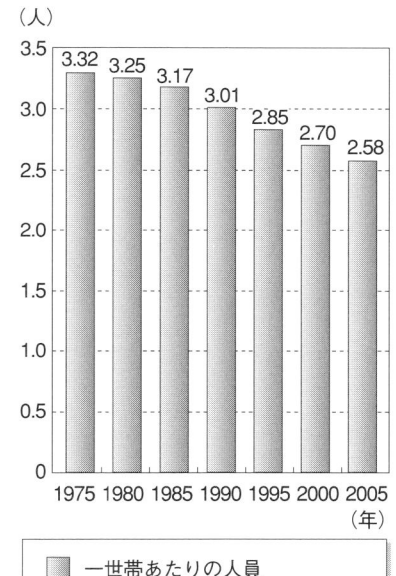

出所：総務省「労働力調査」を基に作成

出所：総務省「国勢調査」を基に作成

③女性の社会進出の状況について，②と④は，世帯の小規模と単身世帯の増加の状況を示したものである。

3つには，高齢者といっても，実に多様な高齢者が存在することにも着目することが大切である。65歳をすぎても積極的に活動を続ける元気な人，身心の衰えが進行している要介護対象の人，自宅で身近な生活サポートがあれば基本的な生活は1人で対応できる人など，実に多彩な高齢者の姿が見える。一般には，65歳以上の方を高齢者と規定するが，さらに65～74歳の方を前期高齢者，75歳以上の方を後期高齢者と区分けする。なかでも，後期高齢者の方は，介護保険制度における軽度の要介護認定の予備群人でもある。

要介護認定高齢者に状況を簡単に把握すると，2003年3月には要介護認定者は374万人で，高齢者全体の15％である。その要介護認定の45％の約176万人は，軽度の「要支援」と「要介護1」のレベルである。一方，85％の人が元気な高齢者

第12章　少子高齢社会における商品，市場創造　169

で，2005年推定で約2,500万人である。

 4つには，地域高齢者と都市高齢者の生活環境の差異にも着目することが必要である。高齢期は，恵まれた自然環境の地域が望ましいと感じがちだが，却って，都市部周辺の方が，コンビニエンスストアーの活用などを想定すればわかるように，高齢者にとっては生活の利便性が高いかも知れない。他方，地方では移動手段などで高齢になる程，一人暮らしの不便さが増加するともいえよう。

 5つには，高齢世帯では，所得状況，貯蓄の程度などで経済格差が大きいことも指摘しなければならない。それぞれの経済環境をベースにした生活支援の充実が課題となるが，低額所得者層の家庭に対する課題が優先的な課題である。

 そして6つとして，今後の少子高齢社会における市場活動を考える際，現段階での高齢者だけを対象とするだけでなく，消費者としての年齢範囲をもう少し広げて考えることも大切である。今後の高齢者予備軍には，従来までの高齢者と生活スタイルと異なり，消費意欲も高く，行動も多彩で活発な団塊世代が存在するからだ。中高年層を対象に「エルダー＋シニア」層の消費者を想定した議論が，今後の市場観察には相応しいだろう。つまり，今後の元気で，支出余力のあるエルダー＋シニア層は，5～15年後に最盛期を迎える。多くの団塊シニアが壮健な高齢者へと進んでいくわけだから，この高齢者予備軍がどの様な高齢者となるのか，人がよりよく生きるためのヒントもありそうだ。

2 ■ 市場変革を促す新しい概念と領域

2-1 「生活福祉」という概念

 今，高齢社会を迎えて，私たちの消費生活のあり方が大きく変わろうとしている。多くの顕在的あるいは潜在的な市場の課題があるが，それらに対して従来までの認識や価値観に委ねるだけでは，今後の市場変革を見据える有効策にはなかなか届かないだろう。ブレークスルーするための今後の変化に対処可能な新たな理解や価値観が必要となってくる。

 それは，すべての人々の消費生活を快適にするための新たな福祉観でなければならない。

 そこで，従来までの考え方とは異なる福祉の有り様を考察するための新しい考え方を，「生活福祉」という概念に立って考察することとしよう。表12-1に，従来までの「福祉」の考え方と新しい福祉の考え方「生活福祉」を比較し提示した。

表12-1　市場変革を促す新たな概念

「福祉」から「生活福祉」への転換		
	福　祉	生活福祉
行為の主体	国・自治体	国・自治体・民間企業・個人
行為の形態	単独・(委託)	単独・(委託)、ネットワーク型
対　象	社会的弱者対応	すべての国民に対応
目　的	救済、養護・保護、最低限の生活保障	自立パーソナル・サポート トータル・ライフサポート
利用方法 (権利)	限定、供給者主導	自由／選択性 需要者主導(人権の尊重)
質	画一的、単一機能、限定的な規模・時間、受動型時間・空間限定型の「福祉」	多様性／日常性、多機能規模の拡大、タイムリー性、連携性、参画型、自立型、24時間型の「生活福祉」
費　用	公的負担・一部個人負担	公的負担・一部個人負担、 個人負担(自助努力)

出所：見目洋子〔1997〕『「生活福祉」を実現する市場構造－円熟社会の高質化のために－』中央経済社，p.82より。

(1)「福祉」と新たな福祉観「生活福祉」の違い

表12-1に示したように，従来までの社会的弱者対応の視点に立つ「福祉 (Welfare)」と新たに提唱する「生活福祉 (Total-well-beings)」とは，大きく異なる概念である。

従来の「福祉」とは，消費生活上の「マイナス」を「ゼロ」に押し上げる考え方に立つもので，いわば生活における最低保障としての基本的な環境整備を果たすものであった。しかし，これからの生活福祉型の市場活動では，人がより快適な生活を維持するための考え方が必要となるため，「マイナス」から「ゼロ」へ押し上げることは前提範囲であり，さらに「ゼロ」から，多様な「プラス」を実現し支援することを重視することや市場活動の創出が目的である。つまり，要介護高齢者や身障者という社会的弱者を対象とした議論だけでなく，元気な高齢者やその家族などすべての現役世代や子供達等，高齢者の生活活動を対象とする考え方である。

〔福祉〕　　　　　　　　〔生活福祉〕
「Welfare」　　⟹　　「Total-well-beings」
「社会的弱者」　　　　　「すべての生活者」

「生活福祉」とは「いつでも，どこでも，誰にでも，どのようにでも利用できる日常生活の支援」と指摘している。キーワードは「日常性，選択性，自在性，そしてユニバーサル性」である。言い換えると，「生活福祉」とは広く，生活全般についてのホスピタリティー（おもてなし；hospitality）という精神性にもとづく概念と説明できる。

市場活動を，改めて「生活福祉」という概念から再考しよう。

「生活福祉」から市場活動を再考して積極的に実践することは重要である。多彩な商品やサービスの確保が不可欠なことである。従来のように，国が行っていた中央集権的なアプローチから，分権的・多元的なアプローチがその基盤である。例えば，コミュニティーにおける身近なソーシャルワークの事例を考えればわかるように，多彩な生活地域密着の活動系が求められている。多くのビジネスチャンスが様々な領域に潜んでいると考えられる。商品づくり，サービス提供のあり方，事業領域の範囲，そして経営の視点や労働環境の工夫など，多くの課題に向けた新たな挑戦がすでに始まろうとしている。

（2）生活福祉の考え方と商品

花王の掃除用具「クイックルワイパー」という商品がある。従来までの生活様式が，畳→絨毯→フローリングへと変化してきたことにともなって，便利な道具として，今日，多くの家庭で使用されている商品である。しかし，この商品の開発当初は，対象となる使用者は，主として身体機能の低下した身障者を想定していた。その後，「便利だ，楽に掃除ができる」という反響が企業の消費者センターに届き，一般の家庭向けに商品が普及した商品事例である。24時間型の生活スタイル，いつでも気兼ねなく簡単に掃除がしたい，高齢者や子供でも自分で楽に掃除ができるなど，ユニバーサル志向の商品のひとつであろう。「生活福祉」の概念に沿った典型的な例である。

2-2　市場活動の理解

（1）市場の理解─「市場」と「準市場」，そして社会的機能─

先に，少子高齢社会の市場を考察する際は，「人がより良く生きること」の意味を探ることを焦点に，生活の質を落とさない・維持管理の「知恵」が必要と説

明した。さて，この知恵とはどのようなものだろう。

　ここでは，その知恵のひとつとして，市場を形成する活動領域と機能性の変革から考察しておこう。図12－3に少子高齢社会の市場の活動領域とその機能性について示してある。

　【家庭機能】，【市場機能】，【社会的機能】という３つの機能性の発揮，それらが有機的に結合した生活サポートの仕組みとして，提示してある。正しく，これからの市場活動とは，【家庭機能】，【市場機能】そして【社会的機能】という「公」と「私」のミックスによる活動を基盤として再考することが大切であると指摘しておこう。

　この３つの機能が発揮される活動の場あるいは市場の場として，これまでの生産・流通・消費から構成される「市場」という活動の領域，次いで，市場と家計の間にある「準市場」という新たな活動をも含めた市場の領域が示されている。準市場の領域とは，一方で公的制度に維持されながら，他方で相互の互助性を柱に複合した活動で成立するものである。

　家庭機能の低下や従来までの隣近所における互助的機能も低下してきているなかで，新たなコミュニティーの創出（都市の「地域」の括り方等）を促す社会的機能の芽も考えられよう。従来の市場の補完的な領域でもあり，自治体や市民，企業が協働する新たな活動で実現される。市場と準市場を内包する市場創出・変

図12－3　市場活動の理解　－市場と準市場，そして社会的機能－

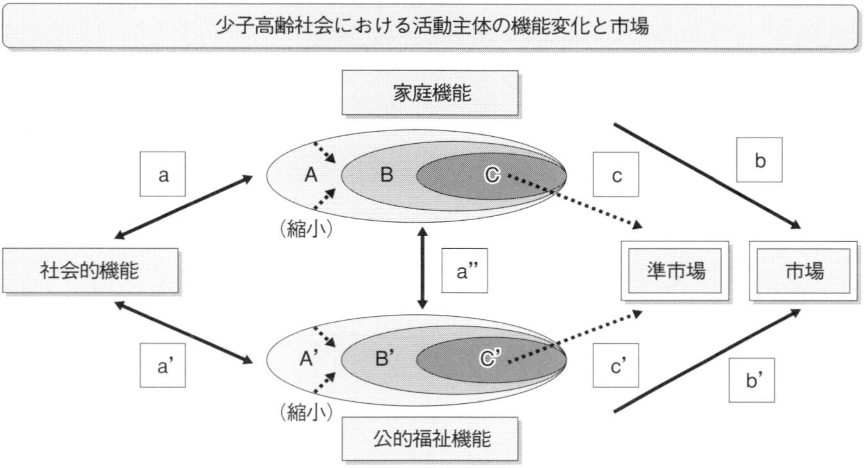

少子高齢社会における活動主体の機能変化と市場

出所：見目洋子（2000），「少子高齢化社会における商品問題への対応(１)－「準市場」から「市場」への社会的ダイナミズムへの形成のために－」『商品研究』第50巻3・4号より。

革が急務と理解する。例えば，多彩なコミュニティー・ビジネスの始動，多様な家事代行業などの登場は，今後の多彩な生活支援ビジネスの創出へと確実につながる。

さらに，図には，市場や活動領域における活動主体の機能変化も示してある。これまでの市場機能や家庭機能に加えて，それを補完するための新たな「社会的機能」の必要性を示してある。人がよりよく生きるためには，多様な活動系が連携し結合すること，そのための各経済主体間で新たな機能分担が再構築されることが基本である。新たな「パートナーシップ性」にもとづく社会的コンビネーションをいかに創出していくかを考えていこう。

3 ■ 市場活動の実情と市場創造

3-1 市場活動の実情

初めに，高齢者の生活環境を想定して，「生活福祉」型の商品やサービスの全体像をまずは見ておこう。図12-4には，従来まで中核となって実施された医療・保健・福祉のサービス領域から，新たな「生活福祉」型商品やサービスの展開を想定した内容を示してある。

確かに，高齢者にとって医療・保険・福祉サービスの領域は，従来までの「福祉」においても必需的な生活領域であり，高齢者の身心の実態に即したきめ細かな商品やサービスの提供が必要となる。これらは，基本的な必須領域の活動である。

しかし，図からも明らかなように，図の左側の領域を拡大し，活動の質を高めていかねばならない。さらに，従来の領域においても新たな「生活福祉」から，従来までの活動を再考することも大切となる。

具体的には，高齢者の生活実態を尊重し，さらに家族の状況にも合致させ，高齢者の日常生活をカバーする生活領域の全体を包含する領域議論とならなければならない。そこには，多様で個別な検討課題が多く存在している。また，その活動を支える人や専門家を養成し，新たに配置することも重要な検討課題である。さらに，すべての世代に向けた，快適で利便性の高い商品やサービスの提供，さらに多彩な社会参加活動の可能性，また高齢者の移動性なども考慮した自治体のまちづくり議論など，広く生活全般を見越した市場活動の創造を期待する議論が待たれている。

図12−4　少子高齢社会の市場領域―基本的な「医療・保健・福祉」サービスから「生活福祉」型商品・サービスへの展開―

「医療・保険・福祉領域」の深耕と「生活福祉の市場領域」の拡大

	（入院）施設入所	（在宅ケア）施設利用	（在宅ケア）家庭	職業・スタッフ／市民
医療	特定機能病院 一般病院 急性期の治療 外来治療	主治医院・診断所・歯科医院 外来，デイケア 訪問看護指示 看護指導／教育	往診 訪問看護 訪問リハビリ 訪問歯科 訪問看護ステーション 訪問看護 訪問リハビリ	●医師 ●歯科医 ●看護士 ●保健士 ●栄養士 ●理学療法士 ●作業療法士 ●言語療法士 ●ソーシャルワーカー ●ケアワーカー
保健	医療サービス 日常生活サービス 家族介護指導・教育 ケアハウス	老人保健施設 デイケア，ショートステイ 在宅看護支援センター 訪問サービス 相談サービス	例：高齢者サービスチーム 調整サービス 社会福祉協議会・行政民間サービス 民間シルバービジネス	●ホームヘルパー ●ボランティア ●民生委員 ●警察署員 ●消防署員 ●行政職員 ●教師／宗教従事者
福祉	日常生活サービス 相談助言サービス （軽費老人サービス） 特別養護老人ホーム 常時介護サービス 生活サービス 有料老人ホーム	ショートステイ デイサービスセンター 民間デイケアサービス	食事サービス 入浴サービス ホームヘルパー ボランティア 介護機器 介護保険 各種サービス提供	●各種専門家 ●クラブ／施設委員 ●生活カウンセラー ●スポーツインストラクター ●ボランティア 他

左側縦軸：新たな生活福祉型ビジネスの登場／ヘルスケア付きマンション／（住）（食）（その他生活関連）（レジャー・スポーツ）（趣味／学習）（社会参加）／シルバービジネス

下部：
- ●各種保養研修センター（高齢者〜一般）
- ●世代間交流活動・バリアフリーの街づくり
- ●「生活福祉」型の地域社会の基礎整備

生活相談員派遣

「生活福祉」型地域づくり

●自治体・学校
●自営・企業
●NPO
●市民（大人〜子供）

出所：見目洋子（1997），『「生活福祉」を実現する市場創造−円熟社会の高質化のために−』中央経済社，p.94〜95を若干修正。

3-2 新たな市場創造への課題

（1）基本的視点——高齢化と少子化のそれぞれの視点から——

多様な高齢消費者への対応として，①高齢期消費者の暮らしの多様性（健康状態，生活や世帯環境，経済的格差，所得，貯蓄状況の格差）を想定し，他方で②高齢者本人と介護する家族への対応を区分けして考えることが必要である。例えば，高齢者ニーズとして特別な括りで捉えるよりも，さらにゆるやかに，「エルダー＋アクティブシニア」（50～69歳の消費者⇒エルダー＋前期シニア層）をターゲットとする活動的なニーズで捉えた方が，実際の高齢者のニーズにマッチングするだろう。エルダーならびにシニア市場におけるビジネス展開を新たに考えてみよう。

次いで，少子化への課題や対応に関する領域を分けて考察し，その上で重なる活動領域を改めて組み合わせて考えることも大切である。議論される対象として，③子供の生活環境，④子供の生活力の低下，⑤女性の就業支援，⑥高齢者と一緒に行う協働作業などがある。

（2）これからの市場の課題
——多様な世帯，生活者を想定したマーケティング——

今後，生活福祉型の市場を誘導していくために，具体的に市場のニーズを想定して考えてみよう。多様な消費者の生活を踏まえ，ここでは重点的な市場の課題へのニーズ等から，7つの項目を提示しておこう。

- ■ 日常生活支援型ビジネスの活性化（軽度介護対応の高齢者ニーズ）
- ■ 元気な高齢者の社会参加と活用
- ■ エルダー＋アクティブシニアのニーズ
- ■ 地域における子供の生活支援ビジネス
- ■ 勤労女性の多様なニーズ
- ■ コミュニティ・ビジネスの活性化
- ■ 情報の発信とコミュニケーション活動（ITの活用と参画性）

次に，これらの7つの項目を想定し，市場の課題を指摘しておこう。

①今後,増加が見込まれる軽度認定高齢者への対策

　食事や排泄などは自分でできるものの,掃除,洗濯,買い物,調理,さらに話し相手など,自立した生活を維持するためには,多様な日常生活の支援サービスを求める軽度認定高齢者の増加が見込まれる。さらに,自宅に「引きこもり高齢者」を増やさない交流の工夫も大切となる。これらの効果的な対策が,要介護高齢者としての「虚弱老人」を増やさないことにつながる。特に,単独世帯の後期高齢者（75歳以上～）を,外出させる楽しい工夫や支援活動,他世代との交流が大切となる。

②高齢者家族へのきめ細かな支援サービスの展開

　高齢者本人はもとより,一緒に住む,介護をする家族が利用しやすい多様な支援のあり方,工夫が大切である。家族の継続的な介護時間を支える地域の工夫,なかでも,家族の家庭生活を維持するために必須な時間休暇を取りやすくする身近な工夫が必要となる。

③元気な高齢者の社会参加,支援,活用のあり方

　心身ともに健康で,好奇心や活力を備えた元気な高齢者も増加している。例えば,地域の知恵袋として,また子供の見守り機能の強化や何でも相談室など,地域の子供達の生活環境整備の活動,あるいは高齢者自身の技術や趣味を生かす多彩な自己実現に向けた活動,さらに地域の住環境を整備する環境リサイクル活動など,高齢者の社会参加のあり方なども考えてみよう。その潜在的な能力は,極めて高いと思う。わが国の高齢者は,実に貴重な人的資源であると理解できる。

　さらに,高齢者とパソコン,一見ミスマッチのように感じられるが,実に,高齢者のパソコン利用状況も多様である。趣味を生かして,自分のホームページを趣味の発表の場にしたり,全国からネットを利用した「お取り寄せ商品」への関心も高い。ここで,ひとつのケースを見てみよう。

〈ケース：パソコン教室を展開する「仙台シニアネット」の活動〉

（仙台市：事務局長　庄司平弥さん）

　「仙台シニアネット」というグループの活動を紹介しよう。パソコンを操作する元気な高齢者達が,地域の小学校などで出前パソコン教室を展開している。お洒落なおじいちゃん先生やおばあちゃん先生が,小学校で優しく教えるパソコン教室を想像して欲しい。市民,自治体,そして支援企業の協働系が基盤となって,進展してきた活動である。

この活動の成果は，高齢者にとっては貴重な社会参加の活動で生き甲斐探しになる一方，子供達は緊張もしないで楽しい学習の機会に恵まれる，さらに学校や自治体にとっても経済的で利便性も高く，地域との連携も図られるなど，教育効果，地域社会との共生，高齢者の専門性の活用・社会参画など，良いことずくめの活動例ではないだろうか。

④少子化市場への対策，子供の生活環境の整備

高齢化の一方で，少子化による対策や家庭の小規模化に対する対策も必要となる。要は，子供が住む「地域の快適さ」をいかに高めることができるかが重要である。遊び場，くらしや買い物の仕方を教わる場，学習の場，コミュニティー活動に参加する機会など，子供の生活全般に関わる多様な仕組みと場が想定される。現代のように核家族の時代であればこそ，特に，幼児や学童が高齢者とともに過ごす時間，施設の工夫は望ましいだろう。学校の食育活動やビジネス学習などに，すでに地域が積極的に関わる活動例もある。

ここで，地域における食育活動，食事や食材の提供を高齢者が支援している2つの例を見てみよう。

〈ケース：地域における「食」への挑戦の活動例〉

地域は「食の受け皿的役割を担える」という観点から，「食育」活動への挑戦の事例を見てみよう。

ひとつは，地域における食育活動を，学校や地元農家（高齢者集団）や自治体と一緒に行う活動にヒントがある。東京都国分寺市立第六小学校で行われている地域密着型の食育活動を紹介しよう。

全校生徒を対象とした教育プログラムとして，生活科，家庭科，保健体育科，総合科の各教科と「給食」を結びつけた，ユニークな「食育活動」を実施している。入学したばかりの1年生ではパネルを使用して給食の導入学習が行われる等，年次に応じて学年別メニューがある。例えば，5年生では「野菜の鍋パーティ」の開催，さらに6年生では「和食会」を開催する。地域の高齢者にアンケートを行い食材や作り方などを教えてもらいながら和食を作る活動である。和食会当日には，農家の方（もしかしたら，祖父母の方かも？）や協力してもらった高齢者，父母などが一緒に集い，交流のなかで生徒達と食事をする。これは，身近な地産地消の教育であり，栄養士の先生は，最後に「必ずお家の方にも伝えてね」と，言葉をかけるという。家事を担う家人への再教育にもなるらしい。

2つは，図12-5に示す地域（高知市）で展開する地産地消の例である。

図12−5　徳谷レッドクラブ（生産者組織）と三愛病院の連携の活動

地産地消の事例

三愛方式（食と医療の連携）

徳谷レッドクラブ（生産者組織）と三愛病院の連携

- 中高年生産者が病院食への地域農産物提供（新鮮な食材の提供）
- 中高年を活用する現場
- 組織間の高いコミュニケーション性

通常食／父の日行事食／お花見弁当／かぼちゃのプリン／ひな祭り用デザート

出所：「高知県の地産地消HP」より作成。

　この徳谷レッドクラブを中心とした活動の要点は，図示してあるが，この活動のユニークさは，地域の食育活動の中心に高齢者自らが位置しているということだ。

　中高年世代の生産者組織が病院食の提供に参加している。世代特性故だろうか，労働や活動の質が高く，互いのコミュニケーション性も強い堅実な活動を継続されている。

　さて，この他食育活動を企業が率先する場合は，その活動に関する情報を的確に発信することが大切となる。それによって，さらなる新しい活動へのビジネス開発や飛躍が隠されてもいるからだ。つまり，食育活動は，単に食の教育や学習だけではない。人の交流や楽しみという行為を通して，新しいビジネス展開へと複合的に融合し発展する可能性がある。そして，こうした活動の場には，必ず，

多くの高齢者の活躍の機会が待っている。多忙な現役世代を支える食ビジネスの展開，また食の外部化やファスト化の方向を再考する一助として，新たな食育活動を考えてみよう。わが国の食生活を支える未来型の家庭機能の代行業としてのHome Meal Replacement（HMR）の深耕につながる「コト」を期待したい。

⑤女性の外部労働時間の増大化への対応

今，家庭の小規模が進行しているが（平均世帯人数2.58人，2005年），これは家庭機能の低下をさし示すものである。かつては，大勢の家族が家庭のなかで様々な役割分担を果たして生活をしてきた。それができない状況になってきているのだ。特に，労働力として女性の担う割合も高まり，専業やパートなど形態は多様だが，仕事に従事する女性の比率は確実に高まっている（図12－2の③を参照）。当然，家庭での家事労働の低下が引き起こされよう。

現役世代の家庭における生活の有り様や営み方，そのための家事労働時間の設計は大きく変化してきている訳だから，家庭の小規模化を補う多彩な生活支援ビジネスの創出，多様で便利な家庭を支える仕組みが急務な課題となってくる。

言い換えれば「介護・保育，そして生活サポートの地域化，社会化」という概念提起が必要に迫られているといえるだろう。多彩な家事代行業の創出，さらに生活支援型ビジネスの市場創造が待たれる。

以上，少子高齢社会の市場の課題に言及し市場創造について考察してきた。こうした社会の消費価値とは，何によって実現されるのか。

第2章でも指摘したが，単に「モノ」を提供するだけでは，消費の価値は生まれない。「モノ」に楽しさ，優しさ，モダンさ，心地よい情報とサービス性をクロス・オーバーすることで，新感覚・魅力を発揮させることができるだろう。新しい魅力的な「コト」（生活そのもの）として，感動させる消費価値として演出する様式や形態を工夫することが大切である。新たな「生活価値観」を，どうしたら創出できるのか考えてみよう。どのように具体的に実施するのか，新たな発想から再考することが必要だろう。特に，高齢者向けの市場創造，ビジネスでは，「生活福祉」というホスピタリティー（hospitality）に立つ精神性を活動の基礎に据えることが重要である。そうした新しい活動を構築するためには，必ずこれまでの「通念」をいかに打破し，挑戦を続けるかが大切となるだろう。

4 ■ 学習のポイント・キーワード

- 「福祉」と「生活福祉」

    従来までの「福祉」観と新たな「生活福祉」観の違いを理解する。（表12-1参照）

- 少子高齢社会の概要

    人口構造の変化，世帯構成の変化，女性の社会進出など，データを通して社会変化の動向を理解する。

- 多様な高齢者の姿

    65歳以上の高齢者の実情を考えてみよう。前期高齢者（65～74歳），後期高齢者（75歳～）の生活状態や活動の違いを理解する。高齢消費者として，また市民として地域で交流する活動を観察する。

- 子供の生活環境の変化

    子供の人口減少や情報化社会における子供の生活時間の変化，地域の防犯の高まりなどによって，子供の生活環境がどのように変化してきているのか考える。

- 少子高齢社会の市場

    現在の市場活動において，多様な世代をターゲットと考えた際，商品やサービスの不足や対応の不備を理解する。またどんな企業活動や市民活動が必要なのか身近な活動を通して考える。

5 ■ 練習問題

1. 高齢者向けの商品やサービス開発の例を取り上げて，生活福祉の視点からその内容を分析してみよう。
2. 高齢者と子供達が一緒に行う活動について，どのような活動があるか調べてみよう。どんな工夫がなされているか考察しよう。

〔参考文献〕

片岡寛・見目洋子・山本恭裕編（2005），『21世紀の市場創造―商品の市場性と社会性の調和―』白桃書房。

金子勇（2006），『少子化する高齢社会』NHKブックス。

見目洋子（1997），『「生活福祉」を実現する市場創造―円熟社会の高質化のために―』中央経済社。

第13章

商品と社会

現代社会には少子高齢化や地球環境など様々な社会的課題がある。本章では，商品やサービスの提供を通じて，そのような社会的課題を解決する社会的企業やCSR，NPOについて解説する。

1 ▪ はじめに

　1990年代に始まった平成不況により，日本社会には様々な変化が生じた。企業は不況下で，「リストラ」や「コスト削減」といった言葉に表現されるように，効率性を追求し，利益を得ることができない事業から撤退を図った。政府や行政機関は小泉改革の旗印の下，「規制緩和」や「行政のスリム化」といった言葉に表現されるように，組織構造や活動の見直しが行われ，小さな政府化が進行した。

　これら二つの経済主体の行動変化は，我々生活者の日々の生活に影響を与えた。例えば，これまで政府が中心となって提供されてきた公共サービスが民営化（企業が参入可能）されたり，これまで当たり前のように提供されてきた商品やサービスが，我々生活者に提供されなくなったりした。政府はこれまで誰でも財の便益を享受でき，その需要量が変化しない公共財（Public Goods）を供給することで，市場では満たされない，生活者ニーズに応えてきた。これまでは市場では提供不可能な商品やサービス（市場の失敗）を政府が補っていたのである。しかし，一方では政府もすべての生活者のニーズに応えることはできない（政府の失敗）。つまり，我々生活者のニーズは，もはや企業や政府だけでは満たすことのできないのである。

　そして，そのニーズを満たすことができるのが社会的企業である。社会的企業は我々が生活する社会での課題（少子高齢化や地域コミュニティの崩壊といった身近な課題から，地球環境破壊といった国際的な課題まで）を商品やサービスを提供することで解決している。それは経済学での財の分類でいうと，私的財（Private Goods）のときもあれば，準公共財（Quasi-Public Goods）のときもあり，純粋公共財（Pure-Public Goods）のときもある。本章では，このような社会的課題を解決するために開発された商品を「社会的商品（Social Goods）」や「社会的サービス（Social Services）」と呼び，それを提供している組織を「社会的企業（Social Enterprise）」と呼ぶ。本章では，このような社会的企業を中心にCSRやNPOなどを通じてビジネスと社会との関係を解説する

2 ▪ 商品と社会のかかわり

2-1 社会的企業とは

　少子高齢化，障害者，女性，地球環境，貧困，ホームレス，青少年教育，コミュニティ再開発など，我々は様々な社会的課題に直面している。このような多種

多様な課題の解決を図っているのが社会的企業である。社会的企業とは、「社会的課題の解決に様々なスタイルで取り組む事業体」（谷本編，2006）である。社会的企業は社会的課題の性質に応じて、国や時代ごとにその形態が異なる。例えば、アメリカで社会的企業というと、「事業型NPO」を意味し、フランスでは「協同組合（Association）」、イギリスでは「クレジット・ユニオン（Credit Union）」や「ソーシャル・ファーム（Social Firm）」というように、まさに解決すべき社会的課題に応じた形態をとっている。そして、それは企業のときもあれば、NPO（Non-Profit Organization：非営利組織）のときもあり、協同組合のときもある。このように国や時代によって形態の異なる社会的企業であるが、それらには共通する3つの要件がある（谷本編，2006）。

①社会性：社会的ミッション（Social Mission）
　　組織が事業活動を行う上でのミッション（使命）として、社会的課題の解決を掲げている。
②事業性：社会的事業体（Social Business）
　　社会的課題の解決を一過性のものではなく、継続的に事業として行っていく。
③革新性：ソーシャル・イノベーション（Social Innovation）
　　革新的な社会的事業を行うことで、これまでの社会的価値の変革を促し、より良い社会の実現へ向けた活動を行う。

　このような要件を満たす組織が社会的企業であり、その形態には「非営利組織形態」と「営利組織形態」、その「中間形態」の3つの形態がある。まず非営利組織形態の社会的企業とは、特定非営利活動法人（NPO法人）や社会福祉法人などに代表されるNPOである。次に営利組織形態の社会的企業とは、株式会社や有限会社に代表される、いわゆる企業であり、それは企業の社会的事業（企業の社会的責任）と社会指向型企業からなる。さらに非営利と営利の中間形態が、中間法人や協同組合である。

2-2　企業の社会へのかかわり

　企業は社会とどのように関わっているのか。そのためには、企業は社会を構成する一構成員であると理解する必要がある。この前提に立ち、企業を理解すると、企業は経済学で扱われているように、ただ単に利益の最大化を追及する存在ではなく、社会の発展に寄与する存在であると理解することができる。つまり、企業は様々なステークホルダー（Stakeholders）に囲まれた社会の一構成員なのである

（図13－1）。企業は図13－1に示したようにステークホルダーの存在なくしては，社会に存在できない。なぜなら，まず企業は株主がいないと事業を行う資金を得ることができない。次に従業員がいないと商品やサービスを製造・販売することができない。そして，それを買う消費者がいないと利益を得ることができない。さらに言えば，企業はどこかの地域に会社を作らなくてはならず，地域コミュニティとも関係を保つ必要がある。

このように企業は社会の中に「埋め込まれた（Embedded）」存在なのであり，様々なステークホルダーに配慮した活動を行うのは当然なのである。例えば，企業が安全な商品を販売しない，言い換えると欠陥があるにもかかわらず，安全と偽って商品を販売するという倫理に反する行為は企業が消費者というステークホルダーを無視した活動と理解することができる。その他，粉飾決算に代表されるような法律に反する行為も株主というステークホルダーを無視した企業活動である。さらには，汚染物質を含んだ排水を川に流すという地球環境の破壊をしてまで利益を追求することも，社会の一構成員として失格に値する。つまり，現代社会の中で企業は社会の中に埋め込まれた一構成員であり，様々なステークホルダーと共に，社会の発展に寄与していくことを目的とした存在であると理解しなければならない。

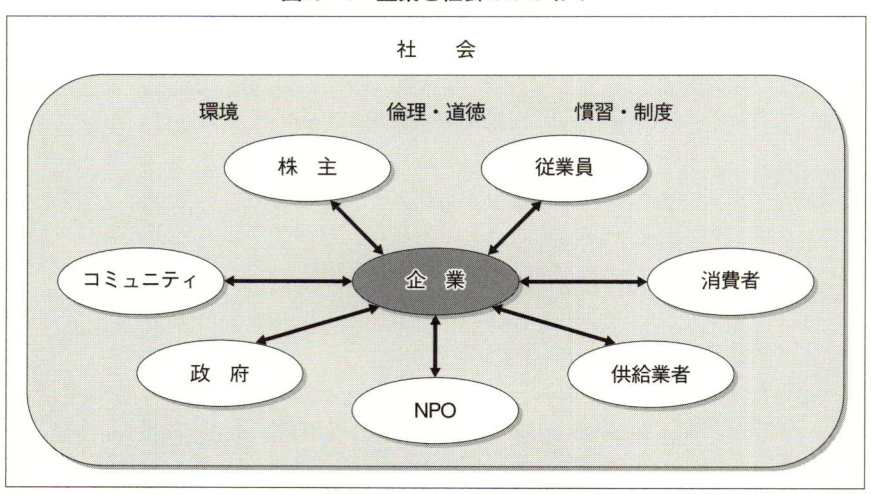

図13－1　企業と社会のかかわり

(1) 企業の社会性

　企業は様々なステークホルダーとのかかわりの中で社会に存在していることから，企業にはその一構成員としての責任がある。それがCSR（Corporate Social Responsibility：企業の社会的責任）である。CSRとは，「①企業活動のプロセスに社会的公正性や環境への配慮などを組み込み，②ステークホルダーに対してアカウンタビリティを果たすことで③経済的・社会的・環境的成果の向上を目指し，④企業のレピュテーション（reputation）を高めること」と定義することができる。この定義のうち，①は企業が原材料を調達し，製品やサービスを製造し，それを販売するまでの一連のプロセスで法令を遵守したり，環境への配慮を取り組んだ活動をすることを意味している。②は企業を取り巻く様々なステークホルダーに対して社会の一構成員としての説明責任を果たすことを意味している。③は企業が事業活動を通じて，経済的成果だけでなく，環境や社会にも貢献できる成果を上げることを意味している。④は①～③までの一連の取り組みを戦略的に行うことで，社会での企業の評判を高めるという意味である。

　そして，そのようなCSRは以下の三つの次元がある（谷本，2006）。

①経営活動のあり方へCSRを取り込むこと

　経営活動のあり方へCSRを取り込むこととは，企業の経営活動のプロセス（原材料の仕入れ，生産・販売，従業員の採用など）に倫理・道徳や環境への配慮，慣習・制度などを組み込むことを意味する。これは例えば，環境対策，採用や昇進の公正性，人権対策，製品の品質や安全性，途上国での労働環境・人権問題，情報公開などにCSRを取り込むことであり，企業にとっては法令遵守・リスク管理の取り組みから企業価値を創造する積極的取り組みとなる。

②社会的事業への取り組むこと

　社会的事業への取り組むこととは，社会的商品やサービス，さらには社会的事業を開発することを意味する。これは例えば，環境配慮型商品の開発，障害者・高齢者支援の商品・サービスの開発，エコツアー，フェアトレード，地域再開発にかかわる事業などを開発することであり，企業が自発的に行う新しい社会的課題への取り組みであり，ソーシャル・イノベーションの創発につながる。

③社会貢献活動

　社会貢献活動とは，企業の経営環境を利用した地域コミュニティへの支援活動

を意味する。これは例えば，金銭的寄付，施設・人材などを活用した非金銭的支援，本来業務・技術などを活用した社会貢献活動などがあり，企業にとっては戦略的フィランソロピーへの取り組みとなる。

（2）企業の社会性評価

　我々も企業への投資を通じて，企業の社会へのかかわりを評価することができる。世界には無数の企業が存在し，それら企業が様々な方法で社会へのかかわりを行っている。それを株式投資という面から，企業の社会性を評価できるのがSRI（Socially Responsible Investment：社会的責任投資）である。SRIとは，「財務的評価と社会的評価によって，企業を評価し，投資すること」を意味する。つまり，これまでいかに利益を稼ぐことができるかといった財務的評価のみで企業への投資が決められていたものに，企業がどのようなCSR活動を行っているかという社会的評価を加え，2つの基準から投資する企業を決定するものである。

　企業は我々にどのようなCSR活動をしているかを知らせるために，「CSR報告書」や「社会・環境報告書」などをホームページ上などを通じて公開している。このような報告書を作成し，公表することも我々が企業の社会性を評価するためのひとつの情報となるのである。

　そして，SRIには，①ソーシャル・スクリーン，②株主行動，③ソーシャル・インベストメント3つがある。

①ソーシャル・スクリーン（Social Screen）

　ソーシャル・スクリーンとは，投資家が企業の発行する株式や債権などへ投資する際に，企業を財務的評価などの経済的側面からだけでなく，その事業内容や事業活動のプロセスにおいて地域社会や環境へどれだけ配慮しているかという側面からも評価し，投資先を決定することである。このソーシャル・スクリーンには，「ポジティブ・スクリーン（Positive Screen）」と「ネガティブ・スクリーン（Negative Screen）」の2つの評価基準がある。まずポジティブ・スクリーンとは，企業の事業内容や事業活動のプロセスにおいて行う，地域社会や環境などに対する配慮を評価し，社会的責任を果たしていると認められる企業を積極的に投資対象に含めていくというものである。一方，ネガティブ・スクリーンとは，社会的批判の多い産業に関連する企業を投資対象から除外するものである。

②株主行動（Shareholder Activism（Engagement））

　株主行動とは，株主の立場から企業の活動に意見することである。企業の株主

になるのは，企業に出資する人間として，企業の得た利益を配当として得る権利だけでなく，株主として企業活動に意見する権利も同時に得ている。例えば，企業の株主総会で株主として社会的責任を果たしていないと主張したり，それを議決権行使に反映させたりすることで，企業の行動を変えることができるのである。

③ソーシャル・インベストメント（Social Investment）

　ソーシャル・インベストメントまたはソーシャル・ファイナンス（Social Finance）は，さらに3つに分類することができる。ひとつは「地域開発投資（Community Development Investment）」であり，荒廃・衰退した地域の経済開発の支援を目的に行われる投資である。2つ目は「社会開発投資（Social Development Investment）」であり，自然エネルギーの開発やフェアトレードなどの社会的事業を行う組織に対する融資や投資である。3つ目は「社会的に責任のある公共投資（Socially Responsible Government Expenditure）」であり，これは公共事業の入札において入札参加企業の社会的責任の取り組みをその評価基準として組み込むことである。

（3）事業活動を通じてのかかわり（社会志向型企業）
（→2-5 ケース・スタディ（1）参照）

　さらに企業のなかには，社会的ミッションをもち，社会的課題への取り組みをビジネスと結び付けている社会志向型の企業がある。大企業とは異なる方法でビジネスの手法を社会的課題の解決へ応用する企業は2つのタイプに分けることができる。ひとつは，これまで主に政府やNPOが提供してきた社会的サービス（デイケアセンター，医療・健康，職業訓練センターなど）の提供に新たな仕組みを提示して参入してきた企業である。もうひとつは，社会的ミッションを強く持った企業として，社会における様々な課題（コミュニティの崩壊や環境破壊など）への取り組みとビジネスとして事業を行う企業である。

　このような社会的企業の例として，『ザ・ボディ・ショップ（The Body Shop）』がある。ザ・ボディ・ショップは世界各地に伝わるハーブや木の実など天然の原料を使ったスキン・ヘアケア製品を製造・販売する企業である。ザ・ボディ・ショップが製造・販売している商品は，地球環境を破壊する農薬を使った原料などは一切使用していない。一般的には化粧品の製造・販売過程で行われる動物実験を動物愛護に観点から行わず，それに反対するキャンペーンを展開している。さらには，支援を必要としている小さなコミュニティと持続性のある取引関係を築

き，長期的なサポートを続けるための取り組みを行っている。社会・経済的に恵まれない生産者から，直接原料やアクセサリーを公正な価格で購入し，そこに住む人々の雇用，医療，教育を充実させることで，彼らの持つ文化や伝統を守りながら生活できるようにしている。このように企業のなかには，ビジネス活動を通じて，社会的課題の解決を図る企業が存在するのである。

2-3 NPOの社会へのかかわり

NPOとは，「獲得した利益を利害関係者に配分することを制度的に禁止され，社会的使命にもとづいて行動する自発的な民間組織」である。NPOといって，まず頭に浮かぶのは，地域活性化の市民団体や介護サービスを提供しているNPO法人であろう。しかし，日本のNPOは，NPO法人だけでなく，財団法人，社団法人，社会福祉法人，医療法人，学校法人，更生保護法人，宗教法人も含まれる。地縁団体のように法人格のない市民団体も広義ではNPOといえるが，NPOの定義に法人格があることを条件に含める狭義の定義でNPOを捉えると，それらはNPOではない。また，NPOといっても利益を得ることが禁止されているわけではない。あくまでも得た利益を利害関係者に配分する点が禁止されているのである。つまり，株式会社のように得た利益を株主といった利害関係者に配分することが禁止されているのであって，利益を得て，それを従業員の給料や設備投資などに使用することは禁止されていないのである。

NPOは，グローバル・レベルでは第3セクター（third sector；independent sector；nonprofit sector）と呼ばれている。これまで私たちの生活する社会を支えてきたのは，第1セクターである政府・行政機関をはじめとした公共部門，第2セクターである企業を中心とした民間部門であった。しかし，社会情勢の変化により，そのような従来の2つのセクターだけでは，対応できなくなった。そこで台頭してきたのが，第3セクターと呼ばれるNPOであった。日本では，第3セクターというと，官民出資の事業体を指す際に称される言葉であるが，世界的には第3セクターとはNPOを意味している。また，NGO（Non Governmental Organization）とは，個々の国益・国境を越えて具体的な社会問題解決への調整と交渉を行う非政府の民間組織である。

NPOはその活動内容から四つの形態に分類することができる。それはまず民間の慈善行為によって設立された（1）慈善型NPOである。次に市場・政府の失敗を補完する（2）活動補完型NPOである。そして企業や政府・行政機関に対してNPOの価値を提案していく（3）政策提案型NPOである。さらに事業活動を通じてNPOの価値を社会に提案していく（4）事業型NPOである。

(1) 慈善型NPO

慈善型NPOとは，NPO法人に代表される市民の自発的な社会貢献活動が組織化されたNPOである。例えば，阪神淡路大震災で活躍したボランティア団体や街の清掃や活性化を推進する団体が法人化された組織である。このような市民の活動は，行政機関が対応できない，もしくは気付かなかった社会的課題を市民自らの手で解決することを目的としている。慈善型NPOの特徴は，活動資金は寄付金，従業員はボランティアという無償の経営資源でボランタリズムや博愛主義の精神に基づいて活動し提供する財やサービスは無償で提供される。

(2) 活動補完型NPO

活動補完型NPOは，企業や政府・行政機関では提供できない，あるいは企業や政府・行政機関の代わりに活動をしているNPOである。経済学的に言うと，市場の失敗や政府の失敗を補完する活動しているのである。このタイプに該当するNPOとして，学校法人や医療法人，社会福祉法人などを挙げることができる。行政機関は大多数の住民のニーズに対して財やサービスの供給を行う。つまり，その大多数に該当しない，小数のニーズに対しては行政機関では対応しない。そのニーズに対応するために組織されたのが上述のようなNPOである。

例えば，社会福祉法人の高齢者福祉の関する分野は，一部は企業などが参入可能となったが，行政機関もしくは社会福祉法人のみに高齢者福祉サービスの提供が限定されていた。これは高齢者福祉サービスが公共財であり，企業にそれをゆだねると市場の失敗が生じる可能性があることから，行政機関がNPOにそのサービスの提供を代替させていたのである。また，企業名の付いた財団法人・社団法人も，企業が行う社会貢献活動のために設立されたものであり，NPOの名称で社会貢献活動を行った方が消費者の信頼を得やすいという理由で設立されている。この活動補完型NPOの特徴は，活動資金は行政機関からの補助金や企業からの助成金を中心に運営され，従業員は有資格者などで構成され，財やサービスは比較的安い価格，もしくは無償で提供される。

(3) 政策提案型NPO

政策提案型NPOは，企業や政府・行政機関の活動に対して，第三者的な見地から，組織の考える価値を提案するNPOである。例えば，環境NGOであるグリーンピースの捕鯨禁止のための活動も生態系を維持するという自らの組織の価値を政府・行政機関に提案している。このようなNPOは，企業や政府・行政機関の活動

を時には過激な活動を通じて，監視・批判するというケースもある。

このようなNPOは何も企業や政府・行政機関を批判しているだけではない。企業や政府・行政機関の活動に代替案を提示するアドボカシー（advocacy）活動も行っている。実際，上述したグリーンピースも多くの政府間国際会議にオブザーバー資格で参加し，環境問題に関する国際規制の強化，各国間の協力義務などを促す活動にも取り組んでいる。このように政策提案型NPOは専門的知識を持ったプロのスタッフが職員としており，企業や政府・行政機関に政策を提案するために，それら組織から独立した立場から調査・研究を行い，第三者としての社会的価値を掲げ，それを企業経営や政府・行政機関の政策策定のプロセスに組み込むための活動をしているのである。

（4）事業型NPO
　　（→2-5 ケース・スタディ（2）参照）

事業型NPOとは，企業のように事業活動を展開し，組織の活動資金をビジネスを通じて得るNPOのことである。このようなNPOが台頭してきたのはアメリカであった。アメリカはレーガン政権以降，小さな政府化を推進し，それに伴いNPOへの補助金なども削減された。そのため，NPOは組織の生き残りのために財やサービスの提供を有償として，その対価を組織の活動資金とすることでNPOを商業化した。

その例として，アメリカのサンフランシスコにあるジュマ・ベンチャーズ（Juma Ventures）というNPOがある。このNPOは若者の育成を目的として活動している。ジュマ・ベンチャーズは，様々理由で社会からドロップアウトしてしまった若者に職業訓練の場を提供し，若者の社会復帰を支援している。その支援はアメリカのアイスクリーム会社であるベン・アンド・ジェリー（Ben & Jerry）と協働し，そのフランチャイズ店で若者を働かせることで職業訓練を行うという方法である。ジュマ・ベンチャーズは，若者が販売するアイスクリームの売り上げを活動資金として組織の運営をしている。一般的に非営利組織形態の社会的企業はこの事業型NPOのことを指している。

2-4 企業とNPOの協働

　　（→2-5 ケース・スタディ（3）参照）

近年，企業とNPOが協働して，社会問題を解決する事例が増えてきている。このような協働が増えたのは，企業がCSR活動を積極的に展開するようになった一

方で，専門性のあるNPOが社会に認知されたという背景がある。企業は専門性のあるNPOと協働することで，より効果的に社会的責任を果たすようになってきたのである。

企業とNPOの協働のひとつの形態として，CRM（Cause-Related Marketing）がある。CRMとは，「企業とNPOが協働して，社会的課題を解決するためのキャンペーンを展開すること」である。コーズ（cause）とは，「主義・目標」を意味し，NPOと企業が社会的課題の啓発や解決という目標を掲げ，それを社会に普及させるためにマーケティング手法を活用したキャンペーンを展開することを意味している。このようなCRMはCSRの中の企業の社会貢献活動のひとつとして理解することができる。

CRMには，①商品の売り上げに基づくもの，②協働での取り組み，③ライセシングという3つの方法がある。

①商品の売り上げに基づくものとは，商品の販売収益に応じて，一定量の寄付をNPOの行うものである。この例として，CRMの事例として有名なアメリカン・エクスプレスが1983年10～12月に自由の女神の修復のために，新規カードを1枚発行すると1ドル，カード使用1回ごとに1セントを寄付として集め，合計170万ドルをNPOのエリス・アイランド財団に寄付したキャンペーンがある。このキャンペーン期間中，アメリカン・エクスプレスの利用件数は30％増加し，新規カードの発行は15％増加したのであった。

②協働での取り組みとは，企業とNPOが商品やサービスの販売や広告を通じて社会的課題の解決に取り組んでいることを示すものである。この例としては，後述する，ボルヴィックとユニセフとの『1ℓ for 10ℓ』キャンペーンや日本では『ベルマーク』がある。

③ライセシングとは，NPOの名称やロゴを企業が使用することでその使用料を寄付するものである。これは例えば，WWFがパンダのロゴマークを団体のマークとしている。このパンダのマークを利用して社会的キャンペーンを展開したり，それの付与された商品を製造・販売する時に，そのロゴマークの使用料をNPOに寄付金として支払うことである。

2-5 ケース・スタディ

以下では，様々な社会的企業の中でも，営利組織形態の社会指向型企業である『ビッグイシュー日本』と非営利組織形態の事業型NPOである『北海道グリーンファンド』をケースとして取り上げる。また，企業とNPOの協働のケースとして，ボルヴィックとユニセフによる『1ℓ for 10ℓ』を取り上げる。

（1）ビッグイシュー日本（有限会社）

　ホームレスがホームレス生活を抜け出すためには，どうすればよいのだろうか。この社会的課題を解決するために起業されたのが『ビッグイシュー日本』であり，ホームレスの自立を支援する社会的企業である。ビッグイッシューはホームレスに雑誌の販売を委託し，ホームレスがその売上に応じて，収入を得て，自力でアパートを借り，住所をもつことができるようになるまでを支援している。その一方，ビッグイシューはホームレスの売った雑誌の売上のうち，給料を差し引いた利益で事業活動を行う有限会社である。より具体的には，まずホームレスが1冊300円の雑誌を10冊無料で受け取り，この売り上げの3,000円を元手とする。それ以降は，雑誌を140円で仕入れ，それを300円で販売することで，160円が販売者の利益となる（図13－2）。

図13－2　ビッグイシューによるホームレスの自立支援のための仕組み

出所：ビッグイシュー日本ホームページ。
（http://www.bigissue.jp/about/system.htm）より。

　そして，ビッグイシューはホームレスが自立するまで，3つのステップを考えている。
①**路上生活からの脱出**
　　はじめのステップは簡易宿泊所に宿泊するための費用を稼ぐことであり，そのためには1泊1,000円前後が必要となる。そのためには，雑誌を1日に25～30冊を売らなくてはならない。
②**住所を持つ**
　　2つ目のステップは，アパートなどを借りて，住所を取得することである。ビッグイシューは月に2回発行されるので，1日35～40冊を売り，それらから得られる収入の1,000円程度を貯金することで，7～8ヶ月で敷金を貯めるこ

とができる。
③ **新たな就職活動**
　　最後のステップは，新たな住所を取得した上で，新たな職を求めて，就職活動を行う。

　我々の理解ではホームレスが雑誌を売ることができるのかという疑問もあるであろう。しかし，ホームレスのなかには，自分の意思に反してホームレスになってしまった人やホームレスから抜け出したい人もいる。日本経済は長い不況に悩まされてきた。「リストラ」という言葉に代表されるように，日本企業はそれまで日本的経営の特徴であった終身雇用をやめ，人員削減を行った。その中には，企業を不当解雇された人たちもおり，次の就職先も見つからずに自分の意思に反してホームレスになった人たちもいる。平成不況の影には，社会がホームレスを作り出してしまったという面もあったのである。その一方で，日本社会にはこのようなホームレスを支援する仕組みがない。それを日本社会の中で作り出したのがビッグイシュー日本という社会的企業なのである。

　雑誌『ビッグイシュー』は1991年イギリスで発行・販売され，現在世界28カ国，55の都市・地域で販売されている。日本では2003年9月11日に創刊され，現在は日本全国の都市で販売されている。平成不況の影響で，まだ様々な都市でホームレスが生活している。そのことから考えても，ビッグイシュー日本の活動範囲は今後さらに広がり，その仕組みが日本社会に普及・定着する日は遠くないだろう。

（2）北海道グリーンファンド（NPO法人）

　北海道グリーンファンドとは，自然エネルギーの利用と省エネルギー化の普及を推進する特定非営利活動法人である。
　地球の環境破壊が進行しているのをはじめて聞いたという人は少ないだろう。地球環境は「地球温暖化」やそれに伴う「オゾン層の破壊」といった言葉に代表されるように，日々悪化の一途をたどっている。地球温暖化の原因のひとつが，温室効果ガスである。この削減を世界で決定したのが，1997年の「地球温暖化防止京都会議（国連気候変動枠組み条約第3回締約国会議）」で採択された「京都議定書」である。
　京都議定書で決定した内容は，温室効果ガスの一種である二酸化炭素，メタン，亜酸化炭素などについて，先進国における削減率を1990年基準として各国別に定め，共同で約束期間内に目標を達成することである。これを契機に世界は温室効

果ガス削減のために，エネルギー源変換とエネルギー消費削減へと動き出した。

特にEU加盟国では原子力や化石燃料から自然エネルギーへの変換が国の政策として推進した。その中でもドイツは風力発電を国の政策として推進した。その一方で，日本は原発増設に固執し，自然エネルギーの普及が遅々として進まない国となってしまっている。そのような状況の中で，北海道グリーンファンドは1999年7月に産声を上げ，2000年1月に特定非営利活動法人となった。

北海道グリーンファンドは，設立当初，①「グリーン電気料金制度」と②「市民共同発電所による非営利発電事業」で事業を開始し，現在はさらに③「自然エネルギー・省エネルギー普及啓発活動」，④「エネルギー政策提案」，⑤「ネットワークづくり」の3つの事業が加わっている。ここでは，そのうち①グリーン電気料金制度と②市民共同発電所による非営利発電事業を見てみよう。

①グリーン電気料金制度

グリーン電気料金制度とは，月々の電気料金に5％のグリーンファンド分を加えた額を我々電気使用者が支払い，そのグリーンファンド分を自然エネルギーによる「市民共同発電所（風車による風力発電所）」を建設するための基金として積み立て，運用する仕組みである。

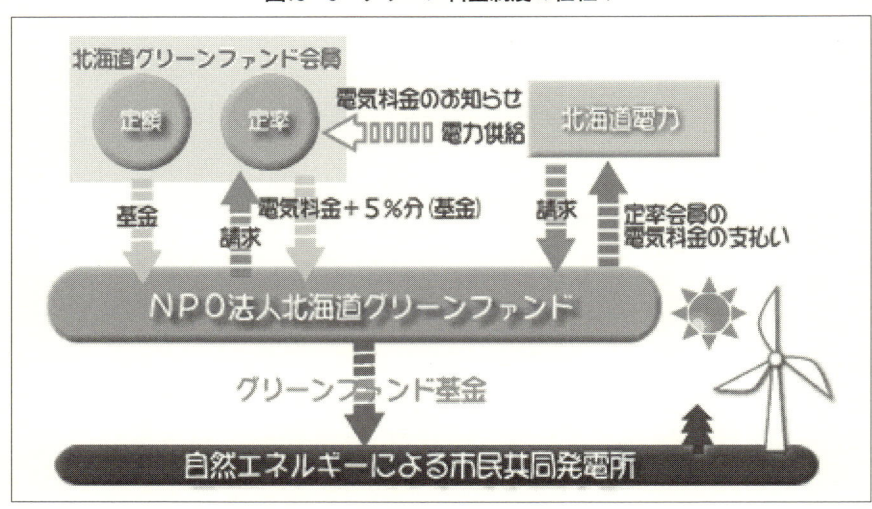

図13－3　グリーン料金制度の仕組み

出所：北海道グリーンファンドホームページ。
(http://www.hgreenfund.jp/whatis/whatis3.html) より。

例えば，1ヶ月の電気料金が8,000円だとすると，400円が基金となる（図13-3）。この仕組みは電気使用者が電気料金の5％を追加的に負担するのではなく，省エネや節電をすることで電気料金を5％浮かせて，その分を基金にすることを意図している。北海道グリーンファンドでは，「コーヒー1杯分の基金で原発も地球温暖化もない未来をつくろう」というスローガンのもとで，この制度の普及を図っている。

②市民共同発電所による非営利発電事業

北海道グリーンファンドは，上述のように，グリーン電気料金制度を利用して基金をつくり，それをもとに風力発電のための風車を建設している。それを北海道グリーンファンドでは，市民自らが事業者となり，組合を組成するなど広く市民の出資参加により取組まれる風力発電事業を「市民風車」と呼んでいる。

日本国内初の市民風車は2001年9月に北海道浜頓別町で運転を開始した「はまかぜちゃん」である。この風車はグリーン電気料金制度の基金と市民からの出資で建設された。市民からの出資は約1億6千万円であり，総事業費のおよそ8割が市民からの出資で賄われている。その際に特定非営利活動法人は出資を扱うことができないことから，「株式会社北海道市民風力発電」という企業を設立した。

そして，2003年3月には秋田県天王町（現，潟上市）に2基目の市民風車である「天風丸」を建設し，さらには2003年に青森県で初めての市民風車「わんず」の建設に協力した。その後は2005年石狩市に市民風車「かぜるちゃん」，続いて「かりんぷ」を建設した。このような市民風車は日本全国に広がり，2010年1月現在，10基が稼働中である。

現在，北海道グリーンファンドの作り出した，グリーン電気料金制度は，北海道電力をはじめ，東北電力など，電力会社10社が同じような制度を始めている。また，2003年2月に株式会社自然エネルギー市民ファンドを立ち上げ，市民の出資でつくる市民風車を全国的に広めるための活動をしている。

NPOでありながら，事業から利益を得て，それを風車の建設資金にするという仕組みは，まさに環境破壊を防ぐという社会的課題を解決するための革新的なビジネススタイルである。このような仕組みが日本社会に広がっていけば，経済発展と地球環境の維持の両方を同時に行う「持続可能な発展」を推進することができるだろう。

（3）『1ℓ for 10ℓ』：ボルヴィックとユニセフ

NPOは企業にとって，社会的責任を果たしていく上での重要なパートナーとし

てもかかわりを持っている。飲料水のボルヴィックは，2007年に日本でユニセフ (United Nations International Children's Emergency Fund：UNICEF) と協働することにより，『1ℓ for 10ℓ』というキャンペーンを展開した。

このキャンペーンは，消費者がボルヴィックを購入すると，その購入代金の一部がユニセフに寄付され，その寄付金を基にアフリカなどの国で井戸が掘られることで，間伐に苦しむ地域に水を提供するというものである。このキャンペーン名の意味は，我々消費者が1リットルのボルヴィックを購入すると，それがアフリカの国々に10リットルの水をもたらすという意味である。

ユニセフとボルヴィックが協働して，このキャンペーンを始めたのは，2005年ドイツであり，2006年にはフランスでも同様のキャンペーンが展開された。2008年からは，アメリカ，イギリス，スイス，オーストリア，ルクセンブルグまで広がり，合計8カ国で展開されている。日本で2007年に展開されたキャンペーンでは，マリ共和国に手押しポンプつき深井戸20基の建設，故障して使用できない手押しポンプの修復，そのメンテナンスのための現地人のトレーニングに寄付金が使われ，7億1224万リットルもの水が提供されるに至った。

このようなキャンペーンは，ボルヴィック単独では展開できないキャンペーンである。ユニセフというNPOは発展途上国への支援をするためのノウハウを持っ

図13－4　『1ℓ for 10ℓ』の概要

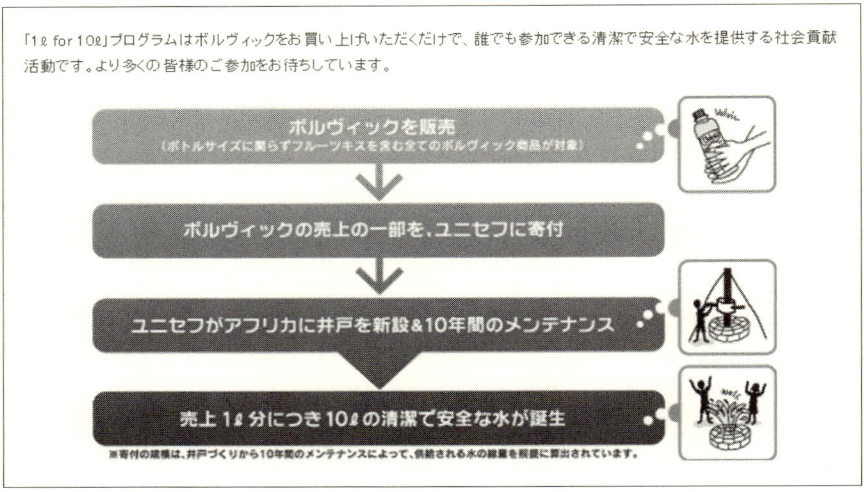

「1ℓ for 10ℓ」プログラムはボルヴィックをお買い上げいただくだけで、誰でも参加できる清潔で安全な水を提供する社会貢献活動です。より多くの皆様のご参加をお待ちしています。

ボルヴィックを販売
（ボトルサイズに関らずフルーツキスを含む全てのボルヴィック商品が対象）

↓

ボルヴィックの売上の一部を、ユニセフに寄付

↓

ユニセフがアフリカに井戸を新設＆10年間のメンテナンス

↓

売上1ℓ分につき10ℓの清潔で安全な水が誕生

※寄付の規模は、井戸づくりから10年間のメンテナンスによって、供給される水の総量を目安に算出されています。

出所：ボルヴィックホームページ『1ℓ for 10ℓ』プログラムの概要。
(http://www.volvic.co.jp/1Lfor10L/about/index.html) より。

ており，そのノウハウを持つユニセフと協働することで，ボルヴィックが商品の販売成果を社会的責任に生かした事例である。

2-6 まとめ：ソーシャル・イノベーションの創出にむけて

　事例を通じて，社会的企業や一般企業，NPOが様々な社会的商品・サービスを提供することで社会的課題の解決を図っていることが理解できたであろう。またこれまでの解説や事例から，社会的企業が企業や政府に次ぐ存在となりえることも理解できたであろう。しかし，このような社会的企業は日本社会ではまだ規模が小さく，ある特定の地域のみで活動していることが多い。そのため，社会的企業には我々の生活上の課題を解決する能力を持った存在となりえることを示すことが求められているのである。そのためには，社会的企業がネットワークを形成し，ソーシャル・イノベーションを起こすことが鍵となる。

　ソーシャル・イノベーションとは，「社会的課題の解決を事業として取り組み，新しい仕組みや社会サービスを提供することを通じて社会変革の起点を作り出すこと」である。社会的課題に対して，企業や政府では考えつかないような仕組みを開発し，それを社会に普及させることで，社会的企業は社会の中で企業，政府に次ぐ第3の主体となりえる。

　そのためには，まだ財政・活動が小規模で，地域に点在している社会的企業がネットワークを形成することが必要不可欠となる。また，大企業によるCSRも本来の事業活動に比べれば，それに対する予算も極々僅かである。さらに政府や行政機関もスリム化のため，財政支出が減少している。つまり，現代社会ではひとつの主体だけで，様々な社会的課題を解決することが難しくなっているのである。

　社会的課題の解決のためには，大企業や政府・行政機関も社会的企業のネットワークに参加することで，それぞれの主体の長所を生かした社会的課題の解決が可能となる。例えば，近年，日本の各地で盛んに取り組まれている「コミュニティ・ビジネス」も小規模な主体が単独で行っていることが多い。地域コミュニティでは生活者がおり，その人たちが働く企業があり，市役所や町・村役場が必ずある。これら主体が組織形態の垣根を越え，協働することではじめて，多様な意見が集まり，ひとつの主体だけできない，新しい視点からの地域活性化策を講ずることができるのである。つまり，多様な主体が協働することで，自分たちにはないアイディアや能力が組み合わされ，ソーシャル・イノベーションを誘発することができるのである。

3 ■ 学習のポイントアップ・キーワード

- **社会的企業（Social Enterprise）**
  社会的課題の解決に様々なスタイルで取り組む事業体。
- **CSR（Corporate Social Responsibility：企業の社会的責任）**
  企業活動のプロセスに倫理・道徳や環境への配慮，慣習・制度などを組み込み，社会の一構成員としてステークホルダー（株主，従業員，消費者，NPO，コミュニティなど）に対してアカウンタビリティを果たしていくこと。
- **SRI（Socially Responsible Investment：社会的責任投資）**
  財務的評価と社会的評価によって企業を評価し，投資するもの。
- **NPO（Non-Profit Organization：非営利組織）**
  獲得した利益を利害関係者に配分することを制度的に禁止され，社会的使命に基づいて行動する自発的な民間組織。
- **CRM（Cause-Related Marketing）**
  企業とNPOとが協働して，社会課題を解決するためのキャンペーンを展開すること。
- **ソーシャル・イノベーション（Social Innovation）**
  社会的課題の解決を事業として取り組み，新しい仕組みや社会サービスを提供することを通じて社会変革の起点を作り出すこと

4 ■ 練習問題

1. 身近な社会的課題を挙げ，それが他の人にどのように理解されているか議論しなさい。
2. 社会的課題の解決のために，どのような社会的企業が社会的商品や社会的サービスを提供しているのか調べなさい。
3. 企業のCSRについて，業種ごと（製造業，流通業，小売業など）の取り組みの違いを述べなさい。
4. 企業とNPOの協働について，どのような協働をして社会的課題の解決をしているのかを調べなさい。

〔参考文献〕
秋山をね・菱山隆二（2004），『社会的責任投資の基礎知識』岩波アクティブ新書。

神原理編（2005），『コミュニティ・ビジネス』白桃書房。
斉藤槙（2004），『社会起業家』岩波新書。
コトラー，P.・リー，N.（2007），『社会的責任のマーケティング』，恩蔵直人監訳，早稲田大学大学院恩蔵研究室訳，東洋経済新報社。
谷本寛治（2003），『SRI社会的責任投資入門』日本経済新聞社。
谷本寛治編（2004），『CSR経営』中央経済社。
谷本寛治（2006），『CSR』NTT出版。
谷本寛治・田尾雅夫編（2002），『NPOと事業』ミネルヴァ書房。
谷本寛治編（2006），『ソーシャル・エンタープライズ』中央経済社。
塚本一郎・古川俊一，雨宮孝子編（2004），『NPOと新しい社会デザイン』同文舘出版。
中川雄一郎（2005），『社会的企業とコミュニティの再生』大月書店。
ヘントン，D.・メルビル，J.・ウォレシュ，K.（1997），『市民起業家』，加藤敏春邦訳，日本経済評論社。
ボルザガ，C.・ドゥフルニ，J.（2004），『社会的企業』，内山哲郎・石塚秀雄・柳沢敏勝邦訳，日本経済評論社。
町田洋次（2000），『社会起業家』PHP新書。
渡邊奈々（2005），『チェンジメーカー』日経BP社。

索引

【あ行】

アラビア商人のハンドブック ………… 33
安心システム …………………………… 109
安全性確保 ……………………………… 99
維持・修理コスト（メインテナンスコスト）………………………………… 26
一次品質 ………………………………… 21
インテグラル・アーキテクチャ ……… 51
インフォメーション …………………… 163
エルダー＋アクティブシニア ………… 176
オープン・モジュラー型 ……………… 51

【か行】

買回品 …………………………………… 35
介護保険制度 …………………………… 169
価格設定 ………………………………… 22
家計 ……………………………………… 2
家計の外部化・サービス化 …………… 89
家庭機能 ………………………………… 173
家庭機能の低下 ………………………… 173
環境汚染問題 …………………………… 149
環境管理 ………………………………… 149
環境管理システムISO14001 ………… 154
環境憲章 ………………………………… 153
環境コミュニケーション ……… 147, 162
環境主義経営 …………………… 147, 150
環境情報 ………………………………… 162
環境調和型製品 ………………………… 157
環境配慮 ………………………………… 147
環境パラダイム ………………………… 154
環境品質 ………………………………… 156
環境問題 ………………………………… 149
環境ラベル ……………………………… 156
完成の否定 ……………………………… 63
官房学 …………………………………… 33
企業 ……………………………………… 2
企業価値 ………………………………… 153
機能性 …………………………………… 73
機能・性能的側面 ……………………… 75
京都議定書 ……………………………… 148
虚弱老人 ………………………………… 177
グッドデザイン賞 ……………………… 75
グリーン・デザイン …………………… 158
クリティカル・マス …………………… 49
クローズド・モジュラー型 …………… 51
経済主体 ………………………………… 2
経済のサービス化 ……………… 36, 86
欠陥商品 ………………………………… 61
公害問題 ………………………………… 149
後期高齢者 ……………………………… 169
公と私のミックス ……………………… 173
購買価格（購入価格）………………… 22, 25
購買コスト（買い物コスト）………… 24
高齢化 …………………………………… 166
高齢者 …………………………………… 169
高齢者の社会参加 ……………………… 177
顧客満足創出 …………………………… 57
コスト的評価要素 ……………………… 22
コト性 …………………………………… 28
個別研究 ………………………………… 2
コミュニケーション …………………… 162
コミュニケーション・ミックス ……… 162
コミュニケーション機能 ……………… 78
コミュニティー・ビジネス …………… 174

【さ行】

サービス・クオリティ・マネジメント …… 93
サービス・クオリティの不安定性 …… 92
サービス・デリバリー・システム …… 94
サービス・デリバリーの地理的分散 …… 92
サービスの概念 ………………………… 90
サービス需給の時間的斉合 …………… 92
サービス生産における消費者の関与 …… 92
サステナビリティ；Sustainability（持続可能性）………………………………… 148
三次品質 ………………………………… 21
事業型NPO ……………………………… 192
自主行動基準 …………………………… 60

203

自主合意標準	46	商品の社会性	58
自主ルール	60	商品の適合性	13
市場機能	173	商品の値打ち（コスト・パフォーマンス）	19, 27
市場細分化	114	商品のパッケージ	80
市場性	56	商品の範囲	14
慈善型NPO	191	商品問題	61
質的評価要素（Q）	27	商品理論	33
市民社会	160	情報価値的側面	75
社会性	55	情報収集コスト	24
社会的企業（Social Enterprise）	184	情報的価値	74
社会的規制	3	静脈系活動領域	2
社会的機能	173	食育活動	178
社会的コンビネーション	174	触知可能性と不可能性	8
社会的弱者	172	触知不可能性	90
収益	20	ステイクホルダー	162
循環型社会形成	26	生活支援	166, 167
準市場	172	生活福祉	165, 170, 171
使用価値	5	生産価値	58
商業の観察	32	生産と消費の同時性	90, 91
商業の美	32	製造物責任法（PL法）	99, 103
使用コスト（ランニングコスト）	26	製品アーキテクチャ	50
少子化	166	製品開発	56
少子高齢社会	165	製品・商品・財の概念	15
情緒的価値	73	政府	2
情緒的側面	75	前期高齢者	169
消費価値	56, 58	専門品	35
消費社会	55	ソーシャル・イノベーション	199
商品開発	55	ソーシャルワーク	172
商品化技術	65		
商品学（Warenkunde）	33	**【た行】**	
商品化現象	1, 2		
商品化政策	3, 61	大衆消費社会	34
商品鑑定	32	探索型マーケティング活動	57
商品コンセプト	12	地球環境問題	141
商品叙述	32	調和	58
商品知識	33	調和価値社会	55
商品テスト	34	使い勝手の良さ	73
商品特性	64	デザイン	73
商品の安全性	101	デジュリ・スタンダード	46
商品の概念	8	デファクト・スタンダード	46
商品の環境性	147	デモグラフィック要因	115
商品の均質性	14	動脈系活動領域	2
商品の構造	8	トータルコスト（TC）	23
商品の市場性	58		

トレーサビリティ …………………… 107

【な行】

二次品質 ……………………………… 21
人間工学的 …………………………… 76
ネットワーク外部性 ………………… 48

【は行】

パートナーシップ …………………… 154
パートナーシップ性 ………………… 174
廃棄コスト …………………………… 26
ハザード（hazard）………………… 106
パッケージ …………………………… 73
引きこもり高齢者 …………………… 177
品質 …………………………………… 20
品質構造 ………………………… 4, 20
品質3要素 …………………………… 20
品質保証番号 ………………………… 110
フォーラム型スタンダード ………… 48
福祉 …………………………………… 171
ブラックボックス …………………… 64
ブランド ………………………… 126, 127
ブランド・アイデンティティ ……… 128
ブランド・イメージ ………………… 128
ブランド・エクイティ ……………… 134
ブランド・ロイヤルティ …………… 134
ブランドの機能 ……………………… 130
ブランド形成 ………………………… 162
ブランド要素 …………………… 127, 129
プロモーション ……………………… 163
便益 …………………………………… 20
ホスピタリティー …………………… 172

【ま行】

マーケット・イン …………………… 62
マーケティング・ミックス …… 64, 71
モジュラー・アーキテクチャ ……… 51
持ち帰りコスト ……………………… 25
モノ性 ………………………………… 28
最寄品 ………………………………… 35

【や行】

ユニバーサルデザイン …………… 75, 76
要介護認定 …………………………… 169

【ら行】

ライフサイクルアセスメント（LCA）…… 157
ライフスタイル ……………………… 114
ラッピング …………………………… 78
リスク（risk）………………………… 106
リスクコミュニケーション ………… 106
リスク社会 …………………………… 99
利便性 ………………………………… 73
ロハス ………………………………… 122

【英数字】

3R（リデュース，リユース，リサイクル）……………………… 26, 150, 161
4P ……………………………………… 64
AIOアプローチ ……………………… 116
CRM（Cause-Related Marketing）…… 193
CSR（Corporate Social Responsibility：企業の社会的責任）……………… 107, 187
HACCP ……………………………… 107
hospitality …………………………… 172
ISO …………………………………… 46
NPO …………………………………… 190
SRI（Socially Responsibility Investment：社会的責任投資）…………………… 188
Think Globally, Act Locally ……… 148
Total-well-beings …………………… 171
VALSアプローチ …………………… 119
Welfare ………………………… 171, 172

【編著者紹介】

見目　洋子（けんもく　ようこ）
執筆分担：序章，第2章，第5章，第6章1節，2節，第8章1節，4節，5節，6節，第11章，第12章
出身：東京都生まれ
学歴：東京学芸大学教育学部（化学科）卒業
現在：専修大学名誉教授
主要著書
　『「生活福祉」を実現する市場創造―円熟社会の高質化のために―』中央経済社，1997年。
　『21世紀の商品市場―市場性と社会性の調和―』（編著書），白桃書房，2005年。
　『環境コミュニケーションのダイナミズム―市場インセンティブと市民社会への浸透―』（編著書），白桃書房，2006年。
　『商品・ビジネス開発のケースブック』（編著書），白桃書房，2013年。
　『市場力学を変える商品多様化戦略』（共著）中央経済社，1990年。
　『産業社会の進展と化学』（共著）朝倉書店，1999年，等。

神原　理（かんばら　さとし）
執筆分担：第1章，第3章，第6章3節，第7章，第8章2節，3節
出身：愛知県生まれ
学歴：神戸商科大学（現：兵庫県立大学）大学院経営学研究科博士課程
現在：専修大学商学部教授
主要著書・論文：
　『コミュニティ・ビジネス―新しい市民社会に向けた多角的分析―』白桃書房，2005年。
　『ソーシャル・ビジネスのティッピング・ポイント』白桃書房，2011年。
　『サービス・マーケティング概論』ミネルヴァ書房，2019年。

【執筆者紹介】

大原　悟務（おおはら　さとむ）
執筆分担：第4章
出身：名古屋市生まれ
学歴：同志社大学大学院商学研究科博士課程（後期課程）退学
現在：同志社大学商学部准教授
主要著書・論文：
　「医療におけるユーザーイノベーションの実現可能性」『マーケティングジャーナル』第39巻第2号，2019年。
　「ビジネス教育における商品解剖の意義」『同志社商学』第69巻第5号，2018年。

朴　宰佑（ぱく　ぜう）
執筆分担：第9章，第10章
出身：韓国ソウル生まれ
学歴：一橋大学大学院商学研究科博士課程修了〔博士（商学）〕
現在：中央大学商学部教授
主要著書・論文：
　「審美性知覚と消費者行動の接点」『マーケティングジャーナル』，2019年。
　"Shivering for Status: When Cold Temperatures Increase Product Evaluation" *Journal of Consumer Psychology*, 2020.
　"Turning the Other Cheek: Facial Orientation Influences Both Model Attractiveness and Product Evaluation" *Psychology & Marketing*, 2021.
　"A Sound Brand Name: The Role of Voiced Consonants in Pharmaceutical Branding" *Food Quality and Preference*, 2021.

大平　修司（おおひら　しゅうじ）
執筆分担：第13章
出身：群馬県生まれ
学歴：一橋大学大学院商学研究科博士課程修了〔博士（商学）〕。
現在：武蔵大学経済学部教授
主要著書：
　『消費者と社会的課題：ソーシャル・コンシューマーとしての社会的責任』千倉書房，2019年。
　"Cultural Effects on Voluntary Simplicity in Japan" *Advances in Consumer*

Research, 2020.

「日本におけるバイコットとボイコットに関する一考察：応援する消費行動の考察に向けて」
『JSMDレビュー』，2021年。

"Voluntary Simplicity Consumption in Japan: Alternative Consumption and Backward Consumption among Minimalists" *Advances in Consumer Research,* 2021.

■ **現代商品論**〔第2版〕

■ 発行日──2006年12月 6 日　初　版　発　行　　〈検印省略〉
　　　　　2010年 3 月26日　第 2 版　発　行
　　　　　2024年 4 月 6 日　第 10 刷　発　行

■ 編著者──見目　洋子　　神原　　理
■ 著　者──大原　悟務　　朴　　宰佑
　　　　　大平　修司

■ 発行者──大矢栄一郎
■ 発行所──株式会社　白桃書房
　　　　　〒101-0021　東京都千代田区外神田 5-1-15
　　　　　☎ 03-3836-4781　📠 03-3836-9370　振替00100-4-20192
　　　　　https://www.hakutou.co.jp/

■ 印刷・製本──藤原印刷

Ⓒ Yoko Kenmoku, Satoshi Kanbara, Satomu Ohara, Baku Zeu, Shuji Ohira, 2006, 2010 Printed in Japan
ISBN 978-4-561-65188-8 C3063

本書のコピー，スキャン，デジタル化等の無断複製は著作権法上での例外を除き禁じられています。本書を代行業者等の第三者に依頼してスキャンやデジタル化することは，たとえ個人や家庭内の利用であっても著作権法上認められておりません。

JCOPY＜出版者著作権管理機構　委託出版物＞
本書の無断複写は著作権法上での例外を除き禁じられています。複写される場合は，そのつど事前に，出版者著作権管理機構（電話 03-5244-5088，FAX 03-5244-5089，e-mail : info@jcopy.or.jp）の許諾を得てください。

落丁本・乱丁本はおとりかえいたします。

好 評 書

見目洋子・在間敬子【編著】
環境コミュニケーションのダイナミズム（改訂版）　　　本体 2,800 円
――市場インセンディブと市民社会への浸透

見目洋子【編著】
商品・ビジネス開発のケースブック　　　本体 2,381 円

神原　理【編著】大林　守・川名和美・前川明彦【著】
コミュニティ・ビジネス　　　本体 2,000 円
――新しい市民社会に向けた多角的分析

神原　理【編著】大林　守・川名和美・前川明彦【著】
ソーシャル・ビジネスのティッピング・ポイント　　　本体 1,905 円

矢作敏行・川野訓志・三橋重昭【編著】
地域商業の底力を探る　　　本体 3,400 円
――商業近代化からまちづくりへ

畢　滔滔【著】
なんの変哲もない
取り立てて魅力もない地方都市
それがポートランドだった　　　本体 3,100 円
――「みんなが住みたい町」をつくった市民の選択

畢　滔滔【著】
チャイナタウン，ゲイバー，レザーサブカルチャー，ビート，
そして街は観光の聖地となった　　　本体 2,750 円
――「本物」が息づくサンフランシスコ近隣地区

──────────── 東京　白桃書房　神田 ────────────

本広告の価格は本体価格です。別途消費税が加算されます。